লেখক পরিচয়

শ্রী রাম নিবাস লখোটিয়া ভারতের একজন সু-প্রসিদ্ধ আয়কর পরামর্শ দাতা। শৈশবকাল থেকেই তিনি অতি মেধাবী ছাত্র ছিলেন। বি.কম. এবং এম.কম.-এ তিনি বিশ্ববিদ্যালয়ের মধ্যে প্রথম স্থানাধিকার করেছিলেন এবং ইনকাম ট্যাক্স অফিসারের পরীক্ষায় সারা ভারতের মধ্যে প্রথম স্থানাধিকার করেছিলেন, তিনি গোল্ড মেডেলিস্ট। বর্তমানে সুপ্রিম কোর্টের এডভোকেট এবং দিল্লীতে বরিস্ঠ কর-পরামর্শদাতা রূপেই উনি কাজ করছেন। নিরামিষাশি, অহিংসা এবং আধ্যাত্মিক বিষয়ে তার বিশেষ আগ্রহ আছে।

তিনি মোহনলাল গঙ্গাদেবী লখোটিয়া ধর্মশালা, আজমেরের প্রতিস্ঠাতা, লখোটিয়া কলেজ অফ ট্যাক্সেশান এ্যাণ্ড ম্যানেজমেন্টের প্রতিস্ঠতা এবং ওয়েজ 4 ইউ ও রাজস্হানী অ্যাকাডেমি নিউ দিল্লীর অধ্যক্ষ। তিনি হিন্দী ভবনের আজীবন ট্রাস্টি। তিনি আন্তজাতিক লায়ন্স ডিস্ট্রিক্ট 322-বী-এর ডিস্ট্রিক্ট গভর্নর এবং অখিল ভারতীয় মাহেশ্বরী মহাসভার মহামন্ত্রী ছিলেন। আজ পর্যন্ত তাঁকে "মানব সেবা পুরস্কার, 2003", "উদ্যোগ রত্ন", "সমাজ রত্ন", "সমাজ গৌরব", "লায়ন্স হিন্দী রত্ন", "মানব সেবা পুরস্কার", "বিশিস্ঠ ব্যক্তিত্ব" এবং "শাকাহার মশাল বাহক" প্রভৃতি এওয়ার্ড দিয়ে সম্মানিত করা হয়েছে। তিনি শাকাহার পরিষদ, দিল্লী এবং 'ওয়েজ 4 ইউ'-এর অধ্যক্ষ।

শ্রী রাম নিবাস লখোটিয়ার জ্যেস্ঠ্য পুত্র হলেন শ্রী সুভাষ লখোটিয়া। বাবার ছত্র-ছায়াতে থেকেই তিনি গত 40 বছর ধরে আয়কর পরামর্শ দাতা হিসাবে কাজ করে চলেছেন। মাঝে মধ্যেই ভারতের বিভিন্ন সংবাদ পত্রে তাঁর বহু লেখা ছাপা হয়। তিনি 'ট্যাক্স সেভার' নামক মাসিক পত্রিকার সম্পাদক এবং লখোটিয়া কলেজ অফ ট্যাক্সেশান এ্যাণ্ড ম্যানেজমেন্টের ডায়রেক্টর। বর্তমানে কর-প্রদান, বিনিয়োগ, অর্থ নিয়োগ, দলিল পত্রের পরামর্শ দাতা হিসাবেই তিনি কাজ করেন। ভারতের বিভিন্ন শহরে ট্যাক্স সম্পর্কিত যে ক্যাম্প হয় তিনি তাতে অংশ গ্রহণ করেন এবং 'জিরো টু হিরো ইন ইনকামট্যাক্স' নামক বিখ্যাত কোর্সের পরিচালক তিনি। 1970 তাঁকে ভারতের সর্বশ্রেস্ঠ্য যুবা প্রতিনিধি হিসাবে মনোনিত করা হয়েছিল এবং তিনি আন্তজাতিক যুবা গোস্ঠী আমেরিকাতে অংশ নিয়েছিলেন। তিনি 'লায়ন্স ক্লাব অফ দিল্লী অলখনন্দা'-র প্রাক্তন অধ্যক্ষ ছিলেন এবং 'আন্তজাতিক আধ্যত্মিক ক্লাব'-এর অধ্যক্ষ এছাড়া ইনভেস্টার্স ক্লাবের মানব সচিব। প্রত্যেক সপ্তাহে 'আওয়াজ' টি.ভি. চ্যানেলে তাঁর ইন্টারভিউ দেখানো হয়।

AF520364

অধিক অর্থ উপার্জনের জন্য

টাকা

কোথায় নিবেশ করবেন

লেখক ঃ
শ্রী রামনিবাস লখোটিয়া
শ্রী সুভাষ লখোটিয়া

ডায়মণ্ড বুকস

Publisher	**:**	**Diamond Pocket Books (P) Ltd.** X-30, Okhla Industrial Area, Phase-II New Delhi-110020
Phone	:	011-40712200
E-mail	:	wecare@diamondbooks.in
Website	:	www.diamondbooks.in
Edition	:	2025
Printed by	:	Repro (India)

Adhik Artha Uparjoner Janya Taka Kothai Nibesh Karben (Bengali)
By: Ramniwas Lakhotia, Subhash Lakhotia

বিষয় সূচী

ত্রয়োদশ সংস্করণ ঃ প্রস্তাবনা

এই বইয়ের একাদশ সংস্করণটি নিয়োগকর্তাদের খুবই উপযোগী বলে মনে হয়েছিল সেই কারণে 12 বছরের মধ্যেই এর বারোতম সংস্করণটি উপযোগী হয়ে উঠেছিল।

একজন সচেতন অর্থ-নিয়োগকারী অর্থাৎ ইনভেস্টর তখনই তার ইনভেস্টমেন্ট থেকে সবাধিক আয় পেতে পারে যখন সে ইনভেস্টমেন্টের বিভিন্ন প্রয়োজনীয় দিকগুলি সম্পর্কে ওয়াকিবহাল হবে। যেমন, অর্থ নিয়োগ করলে বছরে কত টাকা বৃদ্ধি পাচ্ছে, বার্ষিক আয়, করমুক্তি সম্পর্কিত ব্যবস্থাপনা, তার সুগম হস্তান্তরণের ব্যবস্থা, প্রভৃতি। এইভাবে একজন অর্থ নিয়োগকারী সঠিক অর্থ নিয়োগের মাধ্যমে নিজের অর্থ নিয়োগ কতটা সুরক্ষিত তাও জেনে নেয়, ঠিক সেই ভাবেই কতটা লাভবান হতে পারবে সেটাও খতিয়ে দেখে নেয়।

বিভিন্ন প্রকারের অর্থ নিয়োগ, অর্থাৎ ইনভেস্টমেন্টের সঙ্গে বিভিন্ন আয়কর এবং সম্পত্তি করের ছাড় এবং সেই সম্পর্কিত ব্যবস্থাপনা। আয়কর আইনের 1961-এর বিভিন্ন ধারায় এই সম্পর্কিত যে ব্যবস্থাপনা আছে, তা বিভিন্ন স্থানে ছড়িয়ে আছে। একজন সাধারণ অর্থ নিয়োগকারীর পক্ষে কোন খাতে পয়সা খাটানোর সময় সেই সম্পর্কিত সমস্ত জ্ঞান মাথায় রাখা সম্ভব না। তাই তার কাছে সহজ ভাষায় লেখা এই বইটির প্রয়োজন আছে, এই বইয়ের মাধ্যমে সমস্ত রকম প্রয়োজন একই সাথে মিটে যেতে পারে। আজ পর্যন্ত বাংলা ভাষায় অর্থ নিয়োগকারীগণ অর্জন করতে পারে যা যে কোন প্রকার অর্থ নিয়োগের জন্যই প্রয়োজন। এই বই ইংরাজী বর্ণমালা অনুযায়ী 'এ টু জেড' শীর্ষক প্রদান করা হয়েছে এবং নিম্নে বাংলাও দেওয়া হয়েছে। 2010-এ আর্থিক আইনে যে সংশোধন করা হয়েছে এই বইতে তাও অন্তর্ভুক্ত করা হয়েছে ফলে এর উপযোগিতা আরোও বৃদ্ধি পেয়েছে।

শ্রী কপিল মালহোত্রা খুবই আগ্রহের সাথে এই বইটি অতি শীঘ্র প্রকাশ করতে যথেস্ট সাহায্য করেছেন, তাঁর প্রতি কৃতজ্ঞতা প্রকাশ করাটা আমরা কর্তব্য বলে মনে করি।

মার্চ, 2010

এম-228, গ্রেটার কৈলাশ
ভাগ-2, নূতন দিল্লী-48
ফোন ঃ 29215434, 9811025800

রামনিবাস লখোটিয়া
সুভাষ লখোটিয়া

1. Agricultural Land
কৃষি ভূমি

নিয়োগ থেকে আয়	ঃ	নিশ্চিত
সুরক্ষা	ঃ	সর্বাধিক
টাকা পাওয়ার সুবিধা	ঃ	না
আয়কর লাভ	ঃ	ধারা 10-এর অন্তর্গত
নিয়োগের সর্বাধিক সীমা	ঃ	কোন সীমা নেই

বর্তমান দিনে কৃষি ভূমিতে অর্থ নিয়োগের ঝোক বৃদ্ধি পাচ্ছে।

Rural Agricultural Land
গ্রামীণ কৃষি ভূমি

গত কয়েক বছর ধরে ভারতীয় অর্থ নিয়োগকারীদের মধ্যে কৃষি ভূমিতে অর্থ নিয়োগের প্রবণতা খুবই বৃদ্ধি পেয়েছে। এই কারণে উচ্চ মধ্যবিত্ত শ্রেণী বিশেষ করে কৃষি জমি কিনছে, সেই জন্য জমির দামও প্রতি নিয়ত বৃদ্ধি পাচ্ছে। গ্রামীণ কৃষি ভূমিতে অর্থ নিয়োগ করার পূর্বে নিয়োগকারীরা কোন ক্ষেত্রে জমি কিনবে তা ঠিক করে নেওয়া উচিত। কৃষি জমি কিনলে তা দেখা শোনা করা খুবই প্রয়োজন, এই কারণে নিজের বাসস্থানের থেকে জমির দূরত্ব যেন খুব বেশী না হয়, বা কার্য ক্ষেত্রের কাছাকাছি হলেও সমস্যা নেই, তা না হলে জমি দেখাশোনা করতে সমস্যা হয়, অনেক সময় সুযোগ বুঝে আশেপাশের লোকেরা জমির উপর কব্জা করে নেয়।. এই কারণে 2-3 ঘন্টার মধ্যেই যেন কৃষি ক্ষেত্রে পৌঁছানো যায় সেই দিকটা দেখতে হবে, এতে অতি সহজেই তা সামলানো সম্ভব হয়। গ্রামীণ কৃষি ভূমি কেনার সময় আর একটা বিষয়ে নজর দিতে হবে, যে রাজ্যে এই জমি অবস্থিত সেখানকার কৃষি জমির উচ্চতম সীমা কত, অথাৎ 18 একর 21 এর বা অন্য কোন সীমা। প্রত্যেক রাজ্যে কৃষি ভূমির সীমা ভিন্ন-ভিন্ন। একজন ব্যক্তি যে কোন রাজ্যে আলাদা-আলাদা সীমার অন্তর্গত কৃষি যোগ্য গ্রামীণ জমি কিনতে পারে। মহারাষ্ট্র এবং গুজরাটের নিয়ম হল যেখানে কৃষক ছাড়া অন্য কেউ কৃষি জমি কিনতে পারবেনা। তাই নিয়োগ

কর্তারা হরিয়াণা, রাজস্হান, পশ্চিমবঙ্গ (যেখানে সেই রকম নিয়ম নেই) প্রভৃতি রাজ্যে একটু জমি কিনে প্রথমে কৃষক হওয়ার পর অন্য কোন কৃষি ভূমিতে অর্থ নিয়োগ করতে পারে।

কৃষি জমির অন্য আর একটি গুরুত্বপূর্ণ দিক হল, জমির মালিকানার ব্যাপারে সম্পূর্ণ রূপে সন্তুস্ট হওয়া অবশ্যক, পাট্টা এবং দলিল পত্রই বলে দেয় প্রকৃত নিয়োগকারীকে। জমি বিক্রীর সময় ঠিকঠাক নাম পরিবর্তন করা হয়েছে কিনা সেই ব্যাপারেও অনুসন্ধান খুবই জরুরী। যদি কৃষি জমি কোন নাবালকের নামে হয় বা এইজমি যদি যৌথ মালিকানা ভিত্তিক হয় তবে সেই জমিতে অর্থ নিয়োগ না করাই বুদ্ধিমানের কাজ, কারণে এতে নিয়োগকর্তা কিছু আইনি সমস্যায় জড়িয়ে পড়তে পারে। এছাড়াও নিয়োগকর্তাকে আর একটা বিষয় মাথায় রাখতে হবে তাহল এই জমি যেন 'টাউন প্ল্যানিং' স্হানের মধ্যে অন্তর্ভূক্ত না হয় বা তা যেন কোন শহরের ভেতর পড়ে না যায়, কারণ এক্ষত্রে সেই জমি ব্যবহারের ব্যাপারে বহু বাধা বিপত্তি দেখা যায়। ফলে জমির দামও কমে যায়। কোন কৃষি জমিতে কখনও বাড়ী-ঘর বানানো যায়না। এছাড়া জমি অধিগ্রহণের আইন ধারা 4 এবং 6 এই জমির উপর প্রোজম্য আছে কিনা তাও দেখতে ভুলবেন না।

কার নামে জমি কেনা যায় ঃ

কৃষি জমি কেনার আগে নিয়োগকর্তার এটা ঠিক করে নেওয়া উচিত যে এই জমি কার নামে কেনা হবে, কারণ কৃষি ভূমি থেকে আগত আয় করমুক্ত ঠিকই কিন্তু তা অন্য কর যোগ্য আয়ের সাথে যুক্ত করে দেওয়া হয়, যার ফলে কর যোগ্য আয়ের পরিমাণ বৃদ্ধি পায়। এই কারণে কৃষি জমি বিশেষ করে গ্রামীণ কৃষিভূমি পরিবারের সেই ব্যক্তির নামে কেনা উচিত, যার আয় কর যোগ্য আয়ের থেকে অনেককম, ফলে আয়কর দায়িত্ব ন্যূনতম হয়ে যায়। কৃষি জমি একজন ব্যক্তি বা হিন্দু অবিভাজিত পরিবার বা অংশীদারী সংস্হা বা কম্পানী বা পারিবারিক ট্রাস্টি বা পূণ্যার্থ ট্রাস্টি প্রভৃতির নামে কেনা যায়।

কর প্রদান সংক্রান্ত প্রমাণ পত্র ঃ

1-6-2001 তারিখ থেকে কর প্রদান সংক্রান্ত প্রমাণ পত্রের ব্যবস্হাপনা বা ধারা 23-এ বাতিল করে দেওয়া হয়েছে।

পুঁজিগত লাভ কর ঃ

গ্রাম্য অঞ্চলের কৃষিভূমি বিক্রী করে যে লাভ হয় তাকে পুঁজিগত লাভ বলা যায় না, সুতরাং তা সম্পূর্ণ রূপেই কর মুক্ত।

সম্পত্তি কর ঃ

কর নির্ধারণ বর্ষ 1993-99 সালে কয়েক ধরণের গ্রাম্য জমির উপর সম্পত্তি-কর প্রয়োগ করা হয়েছে। যদি কৃষি জমি কোন মিউনিসিপ্যালিটির অন্তর্গত হয় বা তা মিউনিসিপ্যাল অঞ্চল থেকে 8 কিলোমিটার দূরত্বে অবস্হিত হলে বা যদি সেই অঞ্চলে জন বসতি 15,000 জনের নিচে না হয় তবে এই অঞ্চলটি শহরের আওতায় ধরা হয়, ফলে এই কৃষি সম্পত্তির উপর কর দিতে হয়। এমন শহরে কৃষি জমির বাজার মূল্য অন্য কর যোগ্য সম্পত্তির সাথে যুক্ত করে যদি তা 30 লক্ষ টাকার অধিক হয়ে যায় তবে তার উপর এক শতাংশ সম্পত্তি কর দিতে হয়।

উপহার কর ঃ

1010-98 তারিখ থেকে উপহার কর সমাপ্ত করে দেওয়া হয়েছে। যদি কোন আত্মীয় উপহার স্বরূপ কৃষি ভূমি প্রদান করে তবে সেই টাকার উপর আয়কর দিতে হয়।

উপরোক্ত বিষয়গুলি মাথায় রেখে কোন নিয়োগকর্তা কৃষি ভূমিতে অর্থ নিয়োগ করলে লাভবান হতে পারে।

Urban Agricultural land

শহুরে কৃষি জমি ঃ

বর্তমান দিনে শহুরে কৃষি ভূমির ব্যাপারে নিয়োগকারীরা খুব বেশী সুবিধা পায় না কারণ গত কয়েক বছরের মধ্যে শহুরে কৃষিভূমির দাম খুবই বৃদ্ধি পেয়েছে। তাই এই জমি কেনা 99 শতাংশ লোকের পক্ষে অসম্ভব হয়ে উঠেছে। তা সত্ত্বেও যারা শহুরে কৃষি জমিতে অর্থ নিয়োগ করতে চান তারা নিম্নলিখিত বিষয়গুলি বিশেষ রূপে মাথায় রাখবেন।

জমির উপর ন্যূনতম আইন ঃ

যদি কোন শহুরে জমি পৌরসভা বা নগর নিগমের সীমার অন্তর্গত হয় তবে অর্থ নিয়োগকারীকে এই ব্যাপারে অবশ্যই অনুসন্ধান করতে হবে যে, এই জমিতে ফার্ম হাউস বা অন্য কোন বসবাসযোগ্য বাড়ী তৈরী করা যাবে কিনা। এটা খুবই গুরুত্বপূর্ণ বিষয়। এছাড়া নিয়োগকারীকে সেই আইনও

জেনে নিতে হবে যে কতটুকু জমির উপর ফার্মহাউস বা কৃষিভবন বানানো যেতে পারে। যেমন–দিল্লীতে এই সীমা 21/2 একর এবং হরিয়াণাতে এই ধরণের কাজের জন্য 2 একর সীমা নির্ধারিণ করা হয়েছে।

নির্মাণ প্ল্যানের স্বীকৃতি ঃ

যদি শহুরে কৃষি ভূমির উপর নিয়োগকর্তার ফার্ম হাউস তৈরীর ইচ্ছা থাকে তবে এই বাড়ী নির্মাণের পূর্বেই প্ল্যান তৈরী পৌরসভার কাছ থেকে সেই সম্পর্কিত অনুমতি নিয়ে নেওয়া উচিত, কারণ যদি বাড়ী নির্মাণের অনুমতি না থাকে তবে পরে তা ভেঙে দেওয়া হতে পারে এবং নিয়োগকারীকে দণ্ডও দেওয়া হতে পারে।

পঞ্জীকৃত হস্তান্তরণ দলিল পত্র ঃ

যখন কোন অর্থ নিয়োগকারী শহুরে কৃষি জমিতে অর্থ নিয়োগের সিদ্ধান্ত নেয় তখন তাকে অবশ্যই পঞ্জীকৃত দলিল পত্র করানো উচিত। এর থেকে এটা বোঝা যায় যে, ভূমি অধিগ্রহণ আইনের ধারা 4 এবং 6 এর অন্তর্গত তার ক্রয়-বিক্রয়ের ক্ষেত্রে কোন রকম বৈধ্য বাধা আছে কি নেই। কেবল মাত্র মুক্তিয়ারনামা দেখে এই সমস্ত জমি কেনা উচিত না। এই ধরণের জমির প্রভুত্বের ব্যাপারে সম্পূর্ণরূপে সন্তুস্টি লাভের পরেই অর্থ নিয়োগ বাঞ্ছনীয়।

অস্বীকৃত কলোনী ঃ

বর্তমান দিনে প্রায়ই এটা দেখা যাচ্ছে যে, শহুরে কৃষি জমি কেটে অনেক লোক আনধিকৃত রূপে কলোনী বানিয়ে সেই সমস্ত জমি বিক্রী করছে। এই ধরণের জমিতে অর্থ নিয়োগ করা মানে বিপদ ডেকে আনা, অবিজ্ঞ নিয়োগকারীর এই ধরণের জমিতে অর্থ খাটানো উচিত হবে না।

কর-প্রদান ঃ

কর-প্রদানের দিক থেকে নিয়োগকারীকে এটা মাথায় রাখতে হবে যে শহুরে কৃষি ভূমি থেকে উৎপন্ন আয়, যদি কৃষিজ আয় হয় তবে আয়কর আইন, 1961-এর ধারা 10(1)-এর অন্তর্গত বিধি অনুসারে তা সম্পূর্ণ রূপে কর মুক্ত। উচ্চদর পাওয়ার জন্য অকৃষিজ আয়ের সাথে তা যুক্ত করে দেওয়া হয়। তাই এই ধরণের জমি পরিবারের এমন সদস্যের নামে কেনা উচিৎ যার অন্যান্য আয়ের উপর কোন রকম আয়কর দিতে হয়না বা তা একেবারেই কম। যদি শহুরে কৃষি জমি বিক্রী হয় তবে এই বিক্রয়

থেকে প্রাপ্ত লাভকে পুঁজিগত লাভ হিসাবে ধরা হবে, কিন্তু যদি নিয়োগকর্তা গত দু-বছর ধরে এই জমি শুধুমাত্র কৃষির কাজেই ব্যবহার করে এবং ভবিষ্যৎ-ও পুঁজিগত লাভ যদি কৃষিভূমিতেই (শহুরে হোক বা গ্রামীণ) খাটায়, এবং 2 বছরের মধ্যেই যদি তা কিনে নেয় তবে আয়কর অধিনিয়ম, 1961-এর ধারা 54 এক-এর সুবিধা নিতে চায়, সে একাধিক বসত বাড়ীর মালিক হতে পারবেনা।

ভারতের যে কোন অংশে যদি কয়েকটি শহুরে কৃষি ভূমি কোন একজন নিয়োগকারীর কাছে থাকে তবে কর-নির্ধারণ বর্ষ 1993-94 থেকে তার উপর এক শতাংশ সম্পত্তি কর দিতে হবে, কিন্তু শর্ত হল এই জমি এবং অন্য কর যোগ্য সম্পত্তির মোটমূল্য 15 লাখ টাকার বেশী হতে হবে।

2. Assets : Movable
সম্পত্তি ঃ চল

নিয়োগ থেকে আয়	ঃ	নিশ্চিত ও অনিশ্চিত দুইই
সুরক্ষা	ঃ	মধ্যম
টাকা পাওয়ার সুবিধা	ঃ	হ্যাঁ বা না
আয়কর লাভ	ঃ	ধারা 80C এবং ধারা 10-এর অন্তর্গত
নিয়োগের সর্বাধিক সীমা	ঃ	কিছু না

ভারতে সম্পত্তি বা বস্তুতে অর্থ নিয়োগের সীমার পরিধি খুবই বিস্তৃত। যে ব্যক্তির হাতে নিয়োগ করার মতন যথেষ্ট অর্থ থাকে সে ইচ্ছা করলে 'ভারতীয় ইউনিট ট্রাস্টের' ইউনিটে বা পোস্ট অফিস থেকে প্রাপ্ত সঞ্চয় পত্রে বা 'কিসান-বিকাশ পত্রে' বা '61/2 সঞ্চয় পত্রে' (যা 9-7-2004 থেকে বন্ধ করে দেওয়া হয়েছে) নিয়োগ করতে পারে। এই ভাবেই সে সার্বজনিক জমা নিধিতে বা গয়না গাটিতেও নিয়োগ করতে পারে। চল সম্পত্তিতে অর্থ নিয়োগের সময় যে মুখ্য বিষয়টি মাথায় রাখতে হয় তা হল, অর্থ যে খানেতে নিয়োগ করা হচ্ছে তা যেন যেখানে ফেঁসে না যায়, বরং প্রয়োজন অনুসারে তা যেন সহজেই পাওয়া যেতে পারে। অর্থাৎ

যখনই অর্থের প্রয়োজন হবে তখনই যেন তা বিক্রী করে পাওয়া যেতে পারে। নিজের পেশা বা ব্যক্তিগত সুবিধার কথা মাথায় রেখেই এবং তার জন্য কতটা আয়করের হাত থেকে মুক্তি পাওয়া সম্ভব সেই দিকটাও দেখে নিয়েই এই ধরণের সম্পত্তিতে অর্থ নিয়োগ করা উচিত, পরিবারের প্রত্যেক সদস্যের লাভের দিকটাও দেখতে হবে। আয়কর আইন 1961-এর ধারা 80-C অনুসারে অধিকতর কর মুক্তি পাওয়া উচিত। এছাড়াও নিয়োগকারীর হাতে নিয়োগ করার মতন যতটা অর্থ থাকে তার একটা নিশ্চিত অংশই চল সম্পত্তির উপর খাটানো উচিত। এক্ষেত্রে একটা বিষয় মাথায় রাখতেই হবে তা হল নিয়োগের ব্যাপারটা যত ভালো এবং আকর্ষনীয়ই হোক না কেন সমস্ত অর্থই একই খাতে কখনই নিয়োগ করা উচিত না। যখন কোন ব্যক্তি কোন সরকারী বা বেসরকারী সংস্থা বা কম্পানীকে ঋণ বা সঞ্চয়ের উদ্দেশ্যে অর্থ দেয় তখন সেই অর্থ কোন তারিখে ফেরত পাওয়া যাবে তার লিখিত প্রমাণ পত্র কাছে রাখা উচিত কারণ টাকা ফেরত পাওয়ার কিছুদিন আগে এই প্রমাণ পত্রে হস্তাক্ষর করে কম্পানী বা সম্পর্কিত সংস্থার কাছে পাঠিয়ে দেওয়া উচিত যাতে সময় মতন অর্থ ফিরে পাওয়ার ব্যাপারে কোন রকম সমস্যা না হয়। কর-নির্ধারিণ বর্ষ 2004-05 থেকে লাভাংশ সম্পূর্ণরূপে কর মুক্ত। কর-নির্ধারিণ বর্ষ 2004-2005 থেকে ইউ টি আই এবং মিউচ্যুয়াল ফাণ্ড ইউনিটের থেকেও প্রাপ্ত আয় সম্পূর্ণরূপে মুক্ত। বরিস্ঠ নাগরিকদের 9% সঞ্চয় যুক্ত বণ্ডে 15 লাখ টাকা নিবেশ করা উচিত।

3. Bank Deposits :
ব্যাঙ্কে জমা অর্থ

নিয়োগ থেকে আয়	ঃ	নিশ্চিত
সুরক্ষা	ঃ	অধিকতম
টাকা পাওয়ার সুবিধা	ঃ	হ্যাঁ ঋণের মাধ্যমে
আয়কর লাভ	ঃ	ধারা 89CC-এর ছাড়
নিয়োগের সর্বাধিক সীমা	ঃ	কিছু না

Bank Fixed Deposits

নির্দ্দিষ্ট সময়ের জন্য ব্যাঙ্কে জমানো অর্থ ঃ

একজন করদাতা নিজের ইচ্ছা মতন কোন রাষ্ট্রীয় ও ব্যাঙ্কে বা কোন প্রাইভেট ব্যাঙ্কে নির্দ্দিষ্ট সময়ের জন্য অর্থ জমা করে রাখতে পারে, আয়করের দিক থেকে একই সুবিধা পাবে। বেতন ভোগী করদাতাদের সবাধিক প্রিয় নিয়োগের ক্ষেত্র হল ব্যাঙ্কের সঞ্চয় খাতে অর্থ জমানো। এই ধরণের নিয়োগের ক্ষেত্রে দুটি মুখ্য দিক আছে যার ফলে এটিকে খুবই ভালো নিয়োগের ক্ষেত্র বলে ধরে নেওয়া হয়। প্রথমতঃ এই খাতে অর্থ নিয়োগ করলে অর্থ একেবারেই সুরক্ষিত থাকে এবং যখন ইচ্ছা তখনই টাকা তুলে নেওয়া যায়। ব্যাঙ্কের কাছে নির্দ্দিষ্ট সময়ের জন্য অর্থ সঞ্চয়ের পরিকল্পনার দুটি দিক আছে। একটা পরিকল্পনা অনুসারে একটা নির্দ্দিষ্ট সময়ের পর নিয়োগকারীকে সুদের অর্থ প্রদান করা হয়, যেমন–3 মাস বাদে বা 6 মাস বাদে এবং দ্বিতীয় ক্ষেত্রে সম্পূর্ণ সময় শেষ হওয়ার পরেই সুদের অর্থ প্রদান করা হয়ে থাকে। কর নির্ধারিণ বর্ষ 1993-94 থেকে এই প্রকার সঞ্চিত অর্থের উপর কোন রকম সমাপ্তি কর দিতে হয়না। এক্ষেত্রে একটা নির্দ্দিষ্ট অর্থ জমিয়ে রাখা হয় এবং নির্দ্দিষ্ট সময় শেষ হওয়ার পরেই ধারক সুদ পেলেও প্রত্যেক বছরে অর্জিত সুদ এই বছরের আমদানী হিসাবে দেখানো খুবই প্রয়োজন। একই ভাবে, যদি কোন করদাতার নির্দ্দিষ্ট সময়ের জন্য সঞ্চিত অর্থের উপর রসিদ নেওয়া হয় তবে সেই জমা রসিদ তার নামে না থেকে যদি পরিবারের অন্য কাউর নামে হয় (যেমন পুত্র বা স্ত্রী প্রমুখ) তা হলেও তা করদাতার আয় হিসাবেই গণ্য করা হবে, অর্থাৎ যে অর্থ নিয়োগ করেছে তারা তাকেই মালিক হিসাবে ধরা হবে। যদি কোন নাবালক বাচ্চার নামে, তার অর্থের থেকে বা তার বাবা-মার অর্থের থেকে, কোন নির্দ্দিষ্ট সময়ের জন্য ব্যাঙ্কে অর্থ সঞ্চয় করা হয় তবে। এই সুদের (আয়কর আইন 1961-এর ধারা 64 অনুসারে) অর্থ তার বাবা-বা মার (যার আমদানি বেশী) আমদানীর সঙ্গে যুক্ত করা হবে। 1-6-2007 থেকে 10,000 টাকার বেশী এক আর্থিক বছরে সুদ হলে উদ্গম স্হানে কর ছাড় পাওয়ার সুবিধা আছে, অনুসারে 10% পর্যন্ত কর ছাড় পাওয়া যায়। বিত্তির আইন 2006-এর সংশোধন অনুসারে 5 বছরের জন্য ব্যাঙ্কে জমানো অর্থের উপর কিছু শর্ত অপেক্ষে কর নির্ধারিণ বর্ষ

2007-2008 থেকে ধারা 80C-এর অন্তর্গত 1 লক্ষ টাকা পর্যন্ত ছাড় পাওয়ার সুবিধা আছে।

Comulative Bank Deposit Scheme :

কমিউলেটিভ ব্যাঙ্ক অর্থ সঞ্চয়ের পরিকল্পনা

ছোটখাট নিয়োগকারীদের জন্য এই প্রকারের অর্থ সঞ্চয়ের পরিকল্পনাকে খুবই ভালো বলে গন্য করা হয়। এই প্রকার পরিকল্পনায় নিয়োগকর্তা একটা নির্দ্দিষ্ট সময়ের জন্য একটা নির্দ্দিষ্ট রাশি ব্যাঙ্কের কাছে জমা রাখে, যার উপর সুদের দর থাকে 5 থেকে 51/2 শতাংশ। এই ধরণের নিয়োগের ক্ষেত্রে নিয়োগকারী এক বছরের নির্দ্দিষ্ট সময় সীমার পরে কোন রকম সুদ পায় না বরং সুদ এই খাতেই জমা হতে থাকে। নিয়োগকারী যখন একটা নির্দ্দিষ্ট সময় পরে মূলধন পায় তখই সঞ্চিত সুদও পেয়ে যায়। তাই যাদের দৈনন্দিন সংসার খরচের জন্য ব্যক্তিগত প্রয়োজনে সুদের অর্থের দরকার হয়না তাদের জন্যই এই পরিকল্পনা ভালো। এই প্রকারের পরিকল্পনায় এক বা একাধিক লোকের নামেও অর্থ সঞ্চিত করে রাখা যায়। এছাড়া এই ধরণের পরিকল্পনায় নিয়োগর্তার নামাঙ্কনের সুবিধা থাকে যাতে তার অকাল মৃত্যুর দরুণ এই টাকা যার নামে থাকবে সেই যেন পেতে পারে।

কর-প্রবন্ধনের দিক থেকে ব্যাঙ্কে সঞ্চিত নিশ্চিত জমা পরিকল্পনায় এক গুরুত্বপূর্ণ ভূমিকা পালন করে। উদাহরণ স্বরূপ, যদি শ্রী এ. এবং শ্রীমতী এ. নির্দ্দিষ্ট সময়ের জন্য 10,000 টাকা সঞ্চয় করেন তবে নির্দ্দিষ্ট সময়ের পর তা 20,000 টাকা হয়ে যাবে। এই প্রকার নিয়োগের ক্ষেত্রে সুদের টাকা কার আমদানী হিসাবে গণ্য করা হবে নাকি দুজনের সমান-সমান হবে তা নিয়ে একটা প্রশ্ন থেকেই যায়। বেশীর ভাগ ক্ষেত্রে বেতন ভোগী কর্মচারীরা এই প্রকার নিয়োগ করে থাকে এবং তাদের ক্ষেত্রে এই ধরণের প্রশ্ন এসেই যায়। এই প্রশ্নের উত্তর দেওয়ার জন্য এটা মাথায় রাখতে হবে যে, এই টাকার রসিদ কার নামে বা কাদের নামে আছে তা নিয়ে কোন সমস্যা হয়না (স্বামী-স্ত্রী, বাবা-ছেলে প্রভৃতি সংযুক্ত নামে থাকতে পারে)। আয়করের দৃষ্টিতে যে বিষয়টি গুরুতপূর্ণ তা হল, যে ব্যক্তি এই পরিকল্পনায় অর্থ নিয়োগ করছে, অর্থাৎ টাকা জমা বা পাওয়ার ব্যাপারে যে ব্যক্তি, প্রধান, তাকেই বাস্তবিক মালিক হিসাবে গণ্য করা হবে, সে অর্থ সে ইচ্ছা করলে অন্য কোন আত্মীয় বা বন্ধুর সাথে আয়কর

নির্ধারণের সময় এই পরিকল্পনার থেকে প্রাপ্ত আমদানী এই ব্যক্তির আমদানী হিসাবেই জন্য করা হয়। ফলে যদি শ্রী এ. কোন ব্যাঙ্কে একটি নির্দ্দিষ্ট সময়ের গন্য শ্রীমতি-এ.-র নামে অর্থ জমা করে তবে শ্রী এ. কে এই অর্থ নিজের আমদানী হিসাবেই দেখাতে হবে। একই ভাবে যদি কোন নাবালক বাচ্চার নামে নিদ্দিস্ট সময়ের জন্য অর্থ জমা করা হয় তবে কর-নির্ধারণ বর্ষ 1993-94 থেকে এই নাবালক বাচ্চার নামে আসা অর্জিত আয় তার বাবা মার (যার আমদানী বেশী) আমদানীর সাথেই যুক্ত করা হয়।

এই পরিকল্পনার লাভ ঃ

নিয়োগকর্তার বয়স বেশী হওয়ার পরেই এই পরিকল্পনায় অর্থ রাখা ভালো, কারণ সে ক্ষেত্রে তার এই নিয়োগ ব্যবস্হিত করতে কোন সমস্যা হয় না। এছাড়া তার অর্থ সুরক্ষিত থাকে এবং প্রয়োজন পড়লে সে টাকা ফেরত ও নিতে পারে। আয়কর ব্যবস্হাপনার দিক থেকে নির্দ্দিষ্ট সময়ের জন্য ব্যাঙ্কে যে অর্থ রাখা হয় তার থেকে আসা করা যোগ্য সুদের আয় প্রতি বছরের হিসাবে গণনা করা হয় অর্থাৎ প্রতি বছরে সুদ হিসাবে যে টাক পাওয়া যায় তা প্রতি বছরে দেখাতেই হবে, এই সুদ 5, 7 বা যত বছর বাদেই পাক না কেন। আয়কর নির্ধারণের সুবিধা হেতু নিয়োগকর্তা নিজের ব্যাঙ্ক থেকে প্রতিবছর কত টাকা সুদ হিসাবে প্রাপ্ত করছে সেই প্রমাণ পত্র সংগ্রহ করে নেওয়া আবশ্যক, কারণ এতে করে সে আয়কর রিটার্নে তা স্পস্ট রূপে দর্শাতে পারবে।

কর সম্পর্কিত ব্যবস্হাপনা ঃ

ব্যাঙ্কের সঞ্চয় খাতে অর্থ নিয়োগের সময় নিয়োগকারীকে একটা বিষয় সম্পূর্ণ রূপে মাথায় রাখতে হবে যে, এই খাতে যে অর্থ জমা করা হচেছ তার উৎস সম্পর্কে যেন সঠিক তথ্য প্রদান করা হয়, প্রয়োজন পড়লে তা আয়কর অফিসারের সামনেও দিতে হতে পারে। যদি তা না হয় তবে আয়কর আইনের অন্তর্গত অস্পস্ট নিয়োগকে এই বছরের করদাতার আয় হিসাবে গণ্য করা হয়। যদি অর্থ প্রদানের নিশ্চিত তারিখের আগে নিয়োগকারী এই ধরণের অর্থ কাউকে উপহার স্বরূপ প্রদান করতে চায় তবে সঞ্চিত রাশি এবং সেই দিন পর্যন্ত অর্জিত সুদ মিলিয়ে উপহার হিসাবে গণ্য করা হবে। কর-নির্ধারণ বর্ষ 1993-94 থেকে এই প্রকার নিয়োগের উপর কোন রকম সম্পত্তি-কর দিতে হয় না। 1-10-98 থেকে তার জন্য কোন রকম

উপহার কর দিতে হয়না কিন্তু যদি কোন আত্মীয় উপহার স্বরূপ 50,000 টাকার বেশী প্রদান করে তবে তার উপর আয়কর দিতে হয়।

ব্যায়ের সুদে উদ্গাম স্হানে কর প্রদান ঃ

কোন এক আর্থিক বছরে যদি সুদের টাকা 10,000 টাকার থেকে বেশী হয় তবে 1-6-2007 থেকে কম্পানীর বাইরের করদাতাদের উদ্গাম স্হানের ব্যবস্থাপনা অনুসারে 10 শতাংশ আয়কর দিতে হবে। কম্পানীর করদাতাদের উপর উদ্গাম স্হানে 20 শতাংশ হারে কর দিতে হবে। তাদের আয়করের উপর 2% শিক্ষাকর এবং 1% মাধ্যমিক এবং উচ্চ শিক্ষা করও 1-6-2007 থেকে প্রযোজ্য।

4. Bonds

বন্ড ঃ

নিয়োগ থেকে আয়	ঃ নিশ্চিত
সুরক্ষা	ঃ অধিকতম
টাকা পাওয়ার সুবিধা	ঃ না
আয়কর লাভ	ঃ ধারা 80C এর অন্তর্গত 10-এর অন্তর্গত
নিয়োগের সর্বাধিক সীমা	ঃ কিছু না

অর্থ নিয়োগের ব্যাপারে বাজারে বহু বণ্ডের সুবিধা আছে। যে কোন নিয়োগকারীরই অর্থ নিয়োগের পূর্বে বণ্ডের বিভিন্ন দিক এবং বৈশিষ্ঠ্যগুলি ভালো করে খতিয়ে দেখা উচিত। এর কারণ হল, এমন কিছু বণ্ড আছে যেগুলির আয় সম্পূর্ণ রূপে কর মুক্ত। আবার এমন কিছু বন্ড আছে যাতে সুদ খুবই কম পাওয়া যায়, যেমন প্রায় প্রতি বছরে 5.5 শতাংশ কিন্তু এই প্রকার বণ্ড নিয়োগ করলে পুঁজিগত লাভের উপর আয়কর বাঁচানো সম্ভব হয়। তাই নিয়োগকারীর বণ্ডের বিভিন্ন দিক সম্পর্কে ঠিক মতন জেনে নেওয়াটা কর্তব্যের মধ্যে পড়ে। যে কোন প্রকার বণ্ডের ক্ষেত্রেই কোনরকম সম্পত্তি কর দিতে হয়না। উপহার বণ্ড প্রদান করলেও কোন রকম উপহার কর দিতে হয়না। এমন কিছু বণ্ড আছে যে গুলির ক্ষেত্রে 1961-এর ধারা 80C অনুসারে কর ছাড় পাওয়া যায়। আসুন কিছু বিশেষ রকম বণ্ড সম্পর্কে একটু জানা যাক্।

Infrastructure Bonds :

(ইন্‌ফ্রাস্টাকচার বণ্ড)

সরকার 1-4-2010 থেকে এই বণ্ড জারী করেছে। সঞ্চিত অর্থের উপর করদাত আয়করের ধারা 80C অনুসারে ছাড় পাবে। সবাধিক 20,000 টাকা পর্যন্ত ছাড় আছে।

RBI Relief Bonds :

(রিজার্ভ ব্যাঙ্কের রিলিফ ফাণ্ড)

1-3-2003 থেকে রিজার্ভ ব্যাস্ক এই বণ্ডের নির্গমন রোধ করে দিয়েছে। আগে উচ আয় যুক্ত কর দাতাদের জন্য রিলিফ বণ্ডে অর্থ নিয়োগ করাটা খুবই সুবিধাজনক ছিল। পূর্বে রিজার্ভ ব্যাঙ্ক প্রতি বছরে 10,9, 8.5 এবং 7 শতাংশ সুদ যুক্ত বণ্ড জারী করেছিল। এই বণ্ডের সময় সীমা ছিল 5 বছর। এখনও পর্যন্ত যাদের কাছে এই বণ্ড আছে তাদেরকে এই বণ্ড থেকে প্রাপ্ত আয়ের উপর কোন রকম আয়কর দিতে হবেনা। যদি নির্দ্দিষ্ট সময়ের আগেই এই বণ্ড বিক্রী করে দেওয়া হয় তবে তার উপর প্রাপ্ত পুঁজিগত লাভ দেখার জন্য মূল্য মুদ্রাস্ফীতি সূচাঙ্কের লাভ প্রাপ্ত হয় না।

1-10-1998 থেকে এই বণ্ড বা অন্য কোন রকম বণ্ডের অনুদানের উপর কোন রকম অনুদান কর বা উপহার কর দিতে হয়না।

RBI Saving Bonds :

রিজার্ভ ব্যাঙ্কের সেভিং বণ্ড

রিজার্ভ ব্যাস্ক 1-6-2003 থেকে দুই ধরণের নতুন বণ্ড জারী করেছে। সেগুলি হল 6.3 সেভিং (করমুক্ত) বণ্ড 2003 এবং 8 শতাংশ সেভিং (কর যোগ্য) বণ্ড 2003. 6.5 শতাংশ বণ্ডের আর সম্পর্ণ রূপ কর মুক্ত কিছু 8 এ শতাংশ সেভিং বণ্ডে সুদের উপর কোন কর মুক্তি নেই। এখন 6.5% বণ্ড বন্ধ করে দেওয়া হয়েছে। কিন্তু 1.6.2007 থেকে কর যোগ্য বণ্ডের উপর 10,000 টাকার থেকে বেশী সুদ হলে উদ্গাম স্হানের উপর 10% আয়কর (72% এবং 71% শিক্ষা কর) কাটা হবে।

NRI Bonds :

প্রবাসী বণ্ড

মাঝে-মাঝে সরকার ভারতীয় স্টেট ব্যাঙ্কের মাধ্যমে প্রবাসী ভারতীয়দের জন্য বিশেষ রকম বণ্ড জারী করে. এগুলিকে সাধারণতঃ প্রবাসী বণ্ড বা NRI Bonds বলা হয়। এই গুলিতে সম্পূর্ণ রূপে আয়কর ছাড় পাওয়া

যায়। এই বণ্ডের উপর কোন রকম সম্পত্তি কর লাগে না। এর উপর কোন রকম উপহার করও দিতে হয়না। সাধারণতঃ আমেরিকান ডলারেই এই বণ্ড বিক্রী হয়। পাউণ্ড, স্টার্লিং, ইউরো এবং জাপানী ক্ষেত্রেও এই বণ্ড জারী করা হয়েছে। বিদেশে বসবাসকারী প্রবাসী ভারতীয়দের মধ্যে এই বণ্ড খুবই জনপ্রিয় হয়েছিল।

Public Sector Tax-Free Bonds

(সার্বজনিক ক্ষেত্রে আয়কর মুক্ত বণ্ড)

মাঝে-মাঝে কিছু সার্বজনিক প্রতিস্ঠানেও কিছু কর মুক্ত বণ্ড জারি করেছে, যার সুদ আয়কর আইন অনুসারে সম্পূর্ণরূপে করমুক্ত। আমদানী খুবই বেশী হলে এই প্রকার বণ্ডে অর্থ নিয়োগ করাই শ্রেয়।

Private Sector Bonds :

(প্রাইভেট সেক্টর বণ্ড)

অনেক প্রাইভেট সেক্টর মাঝে-মাঝেই প্রচুর বণ্ড জারী করে থাকে। এই ধরণের বণ্ডের উপর সাধারণত প্রতি বছর 6 থেকে 8 শতাংশ সুদ পাওয়া যায়।

Capital Gains Bonds :

(পুঁজিগত লাভ বণ্ড)

আয়কর আইন 1961-এর ধারা 54 ই.সী অনুসারে পাঁচ ধরণের সার্বজনিক প্রতিস্ঠান মাঝে-মাঝে কিছু বণ্ড জারী করে থাকে, যাতে অর্থ নিয়োগ করলে দীর্ঘকাল ধরে পুঁজিগত লাভের উপর সম্পূর্ণরূপে কর মুক্তির সুবিধা পাওয়া যায়। এই বণ্ড গুলির উপর সাধারণত প্রতি বছর 5 থেকে 5.3 শতাংশ সুদ পাওয়া যায়। সাধারণত 5 বছরের জন্য এই টাকা রাখা হয় কিন্তু 3 বছর পরে এই টাকা তোলা সম্ভব। পাঁচ ধরণের সার্বজনিক সংস্হা যেমন ঃ নেবার্ড, ন্যাশানাল হাইওয়ে অথরিটি অফ ইণ্ডিয়া, আর.ই.সি., সিডনী, এবং এন.এইচ.বী দ্বারা এই প্রকারের বণ্ড জারী করা হয়। এই বণ্ড থেকে প্রাপ্ত সুদের ক্ষেত্রে উদ্ভয় স্হানে কোন রকম টাকা কাটা হয়না। এই বণ্ড থেকে প্রাপ্ত সুদের পরিমাণ খুবই কম ঠিকই কিন্তু দীর্ঘকালীন পুঁজিগত লাভের উপর আয়কর বাঁচানোর জন্য এই বণ্ডে অর্থ নিয়োগ বুদ্ধিমানের কাজ। কর-নির্ধারণ বর্ষ 2007-2008 থেকে কেবল ন্যাশনাল হাইওয়ে অথরিটি অফ ইণ্ডিয়া এবং আর.ই.সি.লি.-এর

3 বর্ষীয় বণ্ডে নিয়োগের উপর আয়কর ছাড়া ধারা 54 E.C. প্রাপ্ত হবে। এই বণ্ডে নিয়োগের উচ্চতম সীমা 50 লক্ষ টাকা।

5. Buildings :
(ভবন)

নিয়োগ থেকে আয়	ঃ	অনিশ্চিত
সুরক্ষা	ঃ	অধিকতম
টাকা পাওয়ার সুবিধা	ঃ	না/ঋণের মাধ্যমে
আয়কর লাভ	ঃ	ধারা 80C-এর অন্তর্গত
নিয়োগের সর্বাধিক সীমা	ঃ	কিছু না

কর-ব্যবস্থাপনার দিক থেকে ঘর-বাড়ীতে অর্থ নিয়োগ খুবই গুরুত্বপূর্ণ, যদিও বড়-বড় শহরে বাড়ী ঘর তৈরী করা বেশীর-ভাগ ব্যক্তিদের পক্ষেই অসম্ভব, এই কারণেই বেশীর ভাগ ব্যক্তি ছোট-ছোট শহরে ঘর-বাড়ী বানিয়ে থাকে।

সংযুক্ত মালিকানা ঃ

যদি কয়েকজন ব্যক্তি মিলে সহ-মালিকানার ভিত্তিতে কোন বাড়ী কেনে তবে এই বাড়ী কেনার সময় দলিলে কোন মালিকের কতটা অংশ আছে তার উল্লেখ থাকা খুবই জরুরী। একই ভাবে মালিকদের নিজেদের অংশ হিসাবেই অর্থ নিয়োগ করতে হবে। ভবিষ্যৎ-এ যাতে কোন সমস্যা না হয় তার জন্য সহ-মালিকদের নিজেদের মধ্যেও একটা দলিল করে নিতে হবে, যাতে পরিবারের বিভিন্ন ব্যক্তি এবং কোন মালিক কোথায় কতটা অংশ পাবে তার উল্লেখ থাকবে।

করমুক্ত জমি বা পাট্টা জমি ঃ

কোন বাড়ী কেনার সময় তার দাম ঠিক-ঠাক কিনা তা দেখার জন্য, নিয়োগকারীকে অবশ্যই এটা জানতে হবে যে এই বাড়ী করমুক্ত জমিতে নাকি পাট্টা জমিতে আছে। যতদূর সম্ভব নিয়োগকারীর কর-মুক্ত জমিতেই বাড়ী কেনা বা বানানো উচিত যাতে তাকে বিভিন্ন সরকারী বা অন্যান্য সংস্থায় ছোটাছুটি করতে না হয়, যেমন দিল্লী বিকাশ প্রাধিকরণ, পূর্ণ

বিকাশ প্রাধিকরণ, মাদ্রাস বিকাশ প্রাধিকরণ প্রভৃতি। এই ধরণের জমি বিক্রীর ব্যাপারেও খুবই সুবিধা হয়।

ভাড়ার থেকে আয় ঃ

সংযুক্ত মালিকানা ভিত্তিক কোন বাড়ীতে প্রত্যেক সহ-মালিককে তাদের অংশের অনুপাতে ভাড়ার উপর আয়কর দিতে হয়। আয়কর আইন 1961-র ধারা 26 অনুসারে একই বাড়ীর যদি অনেক গুলি মালিক থাকে তবে সহ-মালিকদের নিজেদের পৃথক-পৃথক অংশের ভিত্তিতে ভাড়ার থেকে প্রাপ্ত আয়ের উপর আয়কর দিতে হবে।

কর ঃ

কোন বাড়ী বা তার কোন অংশ কেনার সময় যে গুরুত্বপূর্ণ বিষয়টি মাথায় রাখা খুবই জরুরী তা হল, নিয়োগকর্তা এই বাড়ী কি উদ্দেশ্যে কিনছে। কর-প্রবন্ধনের দিকে থেকে এই ব্যাপারটি খুবই গুরুত্বপূর্ণ। বসত বাড়ী হিসাবে কিছু ঋণ ফেরত দেওয়ার উপর ধারা 80C অনুসারে ছাড় প্রাপ্ত হয়ে থাকে।

কর-নির্ধারিণ বর্ষ 1993-94 থেকে বাড়ীর উপর প্রযোজ্য সম্পত্তি করের ব্যাপারে খুবই গুরুত্বপূর্ণ পরিবর্তন দেখা গেছে, কাণর এই বছর থেকেই সমস্ত রকম ব্যাবসায়িক ও বাণিজ্যিক বাড়ীর থেকে সম্পত্তি-কর সরিয়ে নেওয়া হয়েছে। একই ভাবে কর-নির্ধারিণ বর্ষ 1994-95 থেকে এক ব্যক্তি বা সংযুক্ত হিন্দু পরিবারের কোন একটা মূল্যবান বাড়ী কিনলে তার উপর কোন রকম কর দিতে হবেনা। আর্থিক (ন. 2) আইন 1996 দ্বারা কর-নির্ধারিণ বর্ষ 1997-98 থেকে যদি কোন কেটি ব্যবসায়িক বা বাণিজ্যিক বাড়ী কর দাতা নিজের ব্যবসা-বাণিজ্যের জন্য ব্যবহার না করে তবে সেটিকে করযোগ্য সম্পত্তি হিসাবে গণ্য করা হবে। কর-নির্ধারিণ বর্ষ 1999-2000 থেকে যদি কোন বসত বাড়ীতে কমপক্ষে 300 দিন ভাড়া থাকে তবে তা সম্পত্তি কর থেকে সম্পূর্ণ রূপে মুক্ত।

Building : Factory

ভবন ঃ ফ্যাক্টরী

ফ্যাক্টরী, ভবন বা ইমারতের জন্য কেনা রকম সম্পত্তি কর দিতে হয়না। একটি ফ্যাক্টরী ইমারতের অনেকজন মালিকও থাকতে পারে। যদি কোন ফ্যাক্টরী ভাড়া দেওয়ার উদ্দেশ্যেই তৈরী করা হয় তবে কর-প্রবন্ধনের

দৃষ্টিতে অনেক গুলি মালিক থাকা খুবই ভালো, কারণ প্রত্যেক মালিকের মধ্যে এই ভাড়া বিভাজিত হয়ে যাবে। যে ফ্যাক্টরী ইমারতে ভাড়ায় দেওয়া আছে, তা কর-নির্ধারিণ বর্ষ 1999-2000 থেকে সম্পূর্ণ রূপে কর মুক্ত বলেই গণ্য করা হয়েছে। অনেক গুলি মালিক থাকলে প্রত্যেকের অংশ কত তা স্পষ্ট রূপে অঙ্কিত থাকাই ভালো।

কোন কোন করদাতা নিজের ব্যবসা বাণিজ্যের জন্য নিজের ফ্যাক্টরী ইমারত ব্যবহার করে তবে এই প্রকার করদাতা এর ওপর রক্ষণা-বেক্ষণের ভাতা পাবার অধিকারী কিন্তু জমির দামের ওপর কোন রকম রক্ষণা-বেক্ষণ ভাতা পাওয়া যায় না। এই ইমারত ভাড়ায় দিয়ে দেওয়া হলে তার উপর রক্ষণা-বেক্ষণের ভাতা পাওয়ার প্রশ্নই নেই। যদি ফ্যাক্টরী অর্থাৎ কারখানার বিভিন্ন রকম উপকরণ বা মেশিনারী প্রভৃতি সহ ভাড়া দেওয়া হয় তবে কর প্রবন্ধনের দ্বারা সঠিক রক্ষণা-বেক্ষণ ভাতা প্রাপ্ত করা যেতে পারে। ফ্যাক্টরী ইমারতটি ভাড়া দেওয়া হলে তার থেকে প্রাপ্ত আয়কে ব্যবসায়িক আয় হিসাবে ধরা হয়না তা বাড়ী-ভাড়ার আয় হিসাবেই গণ্য করা হয়। কিন্তু যদি মেশিন-পত্র সহ ফ্যাক্টরী ভাড়া দেওয়া হয় তবে তার থেকে প্রাপ্ত আমদানী ব্যবসা-বাণিজ্যের আমদানী হিসাবে না ধরে অন্য স্রোত থেকে আসা আয় হিসাবে গণ্য করা হবে। এই পার্থক্য গুলিকে করদাতাদের বিশেষ রূপে মাথায় রাখতে হবে, কারণ লোকসানের সময় এর প্রভাব অনেকটাই কাজে লাগে।

Building : Residential
ভবন ঃ আবাস

কোন বসত বাড়ী কেনা বা বানানোর সময় কর-প্রবন্ধনের দিক থেকে বিভিন্ন বিষয় মাথায় রাখতে হয়। এই প্রকার নিয়োগের ক্ষেত্রে সবচেয়ে যেটা গুরুত্বপূর্ণ তা হল নিয়োগকর্তাকে এটা মাথায় রাখতে হবে যে, এই বসত বাড়ীর মালিক কে হবে। যদি নিয়োগকর্তা তার স্ত্রীর সুরক্ষার কথা ভাবে তবে তার এই বাড়ী স্ত্রীর নামে কেনা উচিত এবং সেই সম্পর্কিত সঠিক কর-প্রবন্ধনের ব্যবস্থাও করতে হবে। একই সাথে বসত-বাড়ীতে অর্থ নিয়োগের সময় সম্পত্তি কর আইনও মাথায় রাখা জরুরী, কারণ

নিয়োগের সময় সম্পত্তি কর আইনও মাথায় রাখা জরুরী, কারণ কর-নির্ধারিণ বর্ষ 1994-99 থেকে একটা বাড়ী বা বাড়ী অনেক অংশের উপর কোন রকম কর দিতে হয়না। সাধারণত বসত বাড়ীর ক্ষেত্রেই এই আইন প্রযোজ্য, কিন্তু যদি কোন করদাতার একাধিক বাড়ী থাকে এবং যদি তা কোন ব্যবসা-বাণিজ্যের জন্য ভাড়া দেওয়া হয় তবে সম্পত্তি-কর আইনের ধারা 5 অনুসারে তা একেবারেই কর-মুক্ত। কর-নির্ধারিণ বর্ষ 1999-2000 থেকে যে বসত বাড়ী কমপক্ষে 300 দিনের জন্য ভাড়া দেওয়া আছে তার উপর কোন রকম সম্পত্তি কর দিতে হয় না। পরিবারের কোন সদস্যের নামে কোন বসত বাড়ী থাকে এবং যদি সে আর একটি বাড়ী কিনতে চায় তবে এই দ্বিতীয় বাড়ীটি তার পরিবারের অন্য সদস্যের নামে কেনা উচিত। অন্য যেকোন অচল সম্পত্তির মতন বসত বাড়ীও একাধিক কেনা উচিত। অন্য যে কোন অচল সম্পত্তির মতন বসত বাড়ীও একাধক ব্যক্তির নামে কেনা যায়। যদি এই ধরণের বসত বাড়ী ভাড়া দেওয়া হয় তবে একাধিক মালিক থাকার ফলে আয়করের ব্যাপারে অনেক লাভ পাওয়া যায়, এমন অবস্থায় নিয়োগকারীকে ভাড়ার কাগজ পত্রে প্রত্যেক মালিকের অংশ সম্পর্কে স্পস্ট রূপে জানিয়ে দিতে হবে। প্রত্যেক মালিককে নিজের অংশের সমান টাকা এই বাড়ীর জন্য নিয়োগ করতে হবে।

6. Capital Assets :
পুঁজিগত সম্পত্তি

নিয়োগ থেকে আয়	ঃ	নিশ্চিত/অনিশ্চিত
সুরক্ষা	ঃ	অধিকতম
টাকা পাওয়ার সুবিধা	ঃ	না/ঋণের সম্ভব
আয়কর লাভ	ঃ	ধারা 80C-এর অন্তর্গত
নিয়োগের সর্বাধিক সীমা	ঃ	কিছু না

আয়কর আইন 1961-এর ধারা 2(14) "পুঁজিগত সম্পত্তি"-র পরিভাষা দেওয়া আছে। এই অনুসারে যে কোন করদাতা এই ধরণের সম্পত্তি (তা ব্যবসা-বাণিজ্যের সাথে সম্পর্কিত হোক বা না হোক) যায় মালিক সে

নিজেই তা 'পুঁজিগত সম্পত্তি'-র মধ্যে পড়ে। এর সংজ্ঞা অনুসারে কয়েক প্রকার সম্পত্তিকে এর অন্তর্গত বলে ধরা যায় বা, যেমন নিজেস্ব বস্তু (কলাত্মক বস্তু, পেন্টিংস প্রভৃতি ছাড়া) ইত্যাদি।

Capital Gains Exemption on Personal Effects :
(নিজস্ব বস্তুতে পুঁজিগত লাভের উপর কর মুক্তি)

আয়কর আইন 1961-এ অনুসারে সাধারণত এক করদাতা যদি নিজের ব্যক্তিগত ব্যবহারের বস্তু বিক্রী করে তবে তার উপর কোন রকম পুঁজিগত লাভ দিতে হয়না এবং ধারা 2(14) অনুসারে তা সম্পত্তি বলেই গণ্য করা হয় না। এই ধরণের ব্যক্তিগত বস্তু হস্তান্তর হলে তার পর কোন রকম কর দিতে হয়না। এর জন্য ব্যক্তিগত বস্তু বলতে কি বোঝায় সে সম্পর্কে আমাদের ঠিকমতন জানতে হবে। উপরোক্ত ধারা 2(14)-এর অন্তর্গত ব্যবস্থা অনুসারে, কোন করদাতা যত সম্পত্তির মালিক, তা তার ব্যবসা-বাণিজ্যের সাথে সম্পর্কিত হোক বা না হোক, সেই সমস্ত সম্পত্তি-পুঁজিগত সম্পত্তির দায়রায় পড়ে। কিন্তু ব্যক্তিগত প্রয়োজনের জন্য ব্যবহৃত জিনিস এর আওতায় পড়ে না, অর্থাৎ ব্যক্তিগত সম্পত্তিগুলি এই পরিভাষার মধ্যে পড়ে না। ব্যক্তিগত বস্তু বলতে সেই সমস্ত চল সম্পত্তি বোঝায় যা করদাতা এবং তার পরিবারের আশ্রিত সমস্যরা নিজেদের কাজে ব্যবহার করে। পরণের কাপড় ব্যক্তিগত বস্তুর মধ্যে পড়লেও চায়না, শিল্প কলার বস্তু, কলাত্মক বস্তু, চিত্র, পেন্টিংস, প্রভৃতি বস্তুগুলিকে ব্যক্তিগত পরিভাষার বাইরে করে দেওয়া হয়েছে। এর অর্থ হল যদি কোন করদাতা নিজের গয়না বিক্রী করে তবে তার থেকে প্রাপ্ত লাভকে পুঁজিগত লাভ বলেই ধরা হবে। যদি পরণের কাপ্রড়ে কোন রকম গয়না সেলাই করা হয় তবে সেটিকে গয়না বলেই ধরা হবে। কিন্তু যদি ব্যবহার্য বস্তু, যেমন–রূপোর তৈরী ফার্নিচার বা ডিনার সেট বা জলের গ্লাস বা ঘড়ি প্রভৃতি কে ব্যক্তিগত বস্তু হিসাবেই গণ্য করা হবে এবং তা বিক্রী করলে কোন রকম পুঁজিগত লাভ দেখা হবেনা। 'গয়না'ও এই ধারার মধ্যেই পড়ে।

(1) সোনা-রূপো, প্লেটিনাম বা অন্য মূল্যবান ধাতুর তৈরী গয়না, তাতে বহু মূল্যের বা মূল্যবান পাথর লাগানো থাক বা না থাক্ তা কোন পরণের কাপড়ে লাগানো থাক বা সেলাই করা থাক।

(2) বহু মূল্যবান বা মূল্যবান পাথর, তা কোন ফার্নিচার, বাসন বা অন্য কোন বস্তুর উপর লাগানো বা কাপড়ে সেলাই করা।

এই রকম ব্যক্তিগত বস্তুতে অর্থ নিয়োগের এক বিশেষ গুরুত্ব আছে কারণ ব্যক্তিগত বস্তুতে নিয়োগ করলে করদাতা আয়কর সম্পর্কিত সম্পূর্ণ ছাড় পায় এবং ব্যক্তিগত বস্তু কতদিন ধরে কাছে আছে তাও দেখা হয় না। এই রকম দীর্ঘকালীন ও অল্পকালীন পুঁজিগত লাভের কোন গুরুত্ব নেই কারণ ব্যক্তিগত বস্তুকে করযোগ্য পুঁজিগত সম্পত্তি হিসাবে গণ্য করা হয়না।

উদাহরণ – শ্রী ও 1996 সালে 6,000 টাকা দিয়ে একটা সোফাসেট কিনেছিলো। সোফা সেটটি ঠিক মতন পছন্দ যা হওয়ার জন্য তিনি 2010-এর মে মাসে তা 28,000 টাকায় বিক্রী করে দেন। এই সোফা সেট বিক্রীকরে তার 22,000 টাকা লাভ হয়। ব্যক্তিগত বস্তু বিক্রী করে এই লাভ হয়েছে বলে এটিকে কখনই পুঁজিগত লাভ হিসাবে ধরা যাবে না, ফলে এর ওপর কোন রকম আয়কর দিতে হবেনা। ব্যক্তিগত ব্যবহারের বস্তু বলতে বোঝায়–নিজের ব্যবহার যোগ্য টি.ভি. সেট, ভি.সি.আর. ওয়াকম্যান, গাড়ী, রূপোর বাসন প্রভৃতি। সাধারণত এই ধরণের বস্তুর উপর সম্পত্তি কর দিতে হয়না। কিন্তু যদি সোনা রূপোর গয়না, বাসন এবং গাড়ী মিলিয়ে মোট সম্পত্তি 15,000,000 টাকার বেশী হয় প্রাপ্ত টাকা করদাতা যেভাবে খুশী ব্যবহার করতে পারে। কর-প্রদানের নথি নিজের কাছে রাখে তবে ভবিষ্যৎ-এ তা বিক্রী করার সময় আয়কর রিটার্ন দিতে হলে এই ব্যাপারটা প্রমাণ করতে পারবে যে, তা বিক্রী থেকে প্রাপ্ত আয় করযোগ্য নয় কারণ তা ব্যক্তিগত বস্তু এবং তা কেনার ব্যাপারে তার কাছে পর্যাপ্ত প্রমাণ পত্র আছে।

Car for Personal Use :

(ব্যক্তিগত ভাবে ব্যবহারের জন্য মোটর গাড়ী)

যতদূর সম্ভব মোটর-গাড়ী কেনার সময় এই বিষয়টা মাথায় রাখতে হবে যে, পরিবারের সেই সদস্যের নামে মোটর-গাড়ী কেনা উচিত যার কাছে তা কেনার মতন পয়সা আছে, তা না হলে ঋণ নিতে হবে। যদি তা করা হয় তবে ঋণের জন্য প্রদত্ত সুদকে ছাড় যোগ্য বলে গণ্য করা হবেনা, কারণ মোটর-গাড়ী ব্যক্তিগত ব্যবহারের জন্য কেনা হচেছ। এই বিষয়টা মাথায়

রাখলে একজন করদাতা আয়করের ছাড় পেতে পারে। অপর যে কথাটা মাথায় রাখতে হবে তা হল, ব্যক্তিগত প্রয়োজনের জন্য কেনা মোটর-গাড়ীর উপর কোন রকম রক্ষণা-বেক্ষণ ভাতা পাওয়া যায়না। তাই এমন করদাতার নামে এবং টাকার ব্যক্তিগত মোটর গাড়ী কেনা উচিত যার এই রক্ষন-বেক্ষণ ভাতা না পেলেও আয়কর রিটার্নের ক্ষেত্রে কোন রকম অসুবিধা হয়না। একই ভাবে যদি ব্যক্তিগত ভাবে ব্যবহৃত গাড়ী বিক্রী করা যায় তবে তার থেকে প্রাপ্ত লাভকে এবং লোকশানকে পুঁজিগত লাভের মধ্যে ধরা হবে না কারণ আয়কর আইন 1961-এর ধারা 2(14) অনুসারে তা 'পুঁজিগত সম্পত্তি' বলে গণ্য করা হয়না।

7. Capital Gains Accounts Scheme :
(ব্যক্তিগত লাভ অ্যাকাউন্ট পরিকল্পনা)

নিয়োগ থেকে আয়	ঃ	নিশ্চিত
সুরক্ষা	ঃ	অধিকতম
টাকা পাওয়ার সুবিধা	ঃ	না
আয়কর লাভ	ঃ	ধারা 54-এর অন্তর্গত
নিয়োগের সর্বাধিক সীমা	ঃ	কিছু নেই

আর্থিক আইন, 1987-এর দ্বারা আয়কর আইনের অনেকগুলি ধারায় পরিবর্তন আনা হয়েছে, যার দ্বারা এই ব্যাপারটা ব্যবস্থিত করা হয়েছে যে, যদি পুঁজিগত লাভের ব্যাপারে কোন করদাতা কর মুক্তি চায় এবং তার কাছে পুঁজিগত লাভ এবং পুঁজিগত সম্পত্তি বিক্রী করেও কিছু টাকা নিয়োগের জন্য বাকি থেকে গেলে তাকে আগামী কর নির্ধারণ বর্ষে আয়কর রিটার্ন ভরার শেষ তারিখের আগে ব্যাঙ্কে টাকা জমা করতেই হবে। যে ব্যাঙ্ক খাতায় অবশিস্ট টাকা জমা করানো হয় সেই খাতা পুঁজিগত লাভ খাতা পরিকল্পনা 1988 (যা 22 জুন, 1988 থেকে চালু হয়েছে) নামে পরিচিত। এই পরিকল্পনার বিভিন্ন দিক সম্পর্কে নিম্নে আলোচনা করা হল। নিম্নে যে ধারা গুলির বর্ণনা দেওয়া হল, তার তাৎপর্য হল আয়কর আইন, 1961।

পুঁজিগত লাভ কর থেকে মুক্তি ঃ

নিম্ন লিখিত প্রধান কর মুক্তি, যে সম্পর্কে এই পরিকল্পনা গুলি প্রযোজ্য তা হল ঃ

(1) **ধারা 54 (2) :** একটা বসত বাড়ী হস্তান্তরিত হলে সেই সম্পর্কিত দীর্ঘকালীন পুঁজিগত লাভ থেকে কর মুক্তি; এটা অন্য কোন বসত বাড়ী কেনা যা তৈরীর উপর নির্ভরশীল।

(2) **ধারা 54-এফ (4) :** দীর্ঘকালীন পুঁজিগত লাভের উপর করমুক্তি। বিক্রী করে প্রাপ্ত অর্থ নতুন বসত বাড়ীতে নিয়োগ করা হলে কিছু শর্ত পূরণ করার পরেই প্রাপ্ত করা যায়।

উপরোক্ত ধারাগুলির অন্তগর্ত যদি করদাতা অবশিস্ট টাকা এই খাতে জমা করে তবে সে পুঁজিগত লাভ কর মুক্তির সুবিধা পেতে পারে, করদাতা কে যে প্রধান বিষয়টি মাথায় রাখতে হবে তাহল, আয়কর আইনের ধারা 139(1) অনুসারে আয়কর রিটার্ন জমা দেওয়ার শেষ তারিখের মধ্যে এই পরিকল্পনার অন্তগর্ত পুঁজিগত লাভ বা বিক্রীর অর্থ, (যা এই পরিকল্পনার অন্তগর্ত বর্ণিত আছে) জমা করতে হবে এবং এই জমা করার প্রমাণ পত্র গন্ত্য বা জেরস্ক এই রিটার্নের সাথে জমা করতে হবে।

ব্যাঙ্কের খাতে জমা করা ঃ

এই পরিকল্পনা অনুসারে কোন করদাতা 2 প্রকারের খাতা খুলতে পারে, অর্থাৎ সঞ্চয় খাতা A এবং সঞ্চয় খাতা B, সঞ্চয়খাতা A এক প্রকারের অর্থ সঞ্চয়ের খাতা। এই পরিকল্পনা অনুসারে এই খাতে সঞ্চিত অর্থ প্রয়োজন পড়লে বার করা যেতে পারে। সঞ্চয়খাতা B তে একটা নির্দ্দিস্ট সময়ের জন্যই অর্থ জমা করে রাখতে হয়, এতে করদাতা নিজের ইচ্ছা অনুসারে সঞ্চিত বা অসঞ্চিত অর্থ জমা রাখতে পারে। এই পরিকল্পনায় রাস্ট্রায়ত্ব ব্যাঙ্কের যে শাখাগুলিতে আছে সেই সমস্ত শাখাতেই (গ্রামীণ শাখাবাদ দিয়ে) এই খাতা খোলা যায়। এই সঞ্চয় খাতায় 10 তারিখ থেকে মাসের শেষ তারিখের মধ্যে টাকা জমা করতে হয়, প্রতিমাসে শেষাংশ সুদ এই খাতে জমা করা হয়।

এই খাতা খোলার নিয়ম ঃ

করদাতাকে ফর্ম-A-এর 2 টি জেরক্সের সাথে ব্যাঙ্কে আবেদন করতে হয়। করদাতা ইচ্ছা করলে কিছুটা টাকা জমা দিয়ে এই খাতা খুলেত

পারে, বা মাঝে মাঝে কিস্তীতেও টাকা জমা করতে পারে। কিন্তু যে ভাবেই জমা দিক না কেন বাকি পুঁজিগত লাভ বা বিক্রীর অর্থ তার আয়কর রিটার্ন জমা করার শেষ তারিখের আগে অবশ্যই জমা করতে হবে করদাতা নিজের ইচ্ছানুসারে এই খাতা থেকে অর্থ বার করতে পারে। নগদ, রেখাঙ্কিত চেক্ বা ব্যাঙ্ক ড্রাফটের বিবরণ থাকে একটি পাসবুকে, যে দিন নগদ জমা করা হয় বা ড্রাফ্ট বা রেখাঙ্কিত চেক্ ক্যাশ হয়ে যায় সেদিন থেকেই সুদের গণনা শুরু হয়ে যায়। কিন্তু আয়কর আইন অনুসারে করমুক্তির জন্য যে তারিখে ফর্ম-A-এর সাথে চেক্ বা ড্রাফ্ট কার্যালয়ে জমা পড়ে যায় সেই তারিখ থেকেই তা গণনা করা শুরু হয়ে যায়? করদাতা ইচ্ছা করলে নিজের সঞ্চয়ের খাতা থেকে ফর্ম-B পূর্ণ করে সঞ্চয়ের খাতা নম্বর-2-এ ইএস্তে্র অর্থ হস্তান্তরিত করতে পারে। এই খাতার থেকে ফর্ম-Cতে আবেদন করে জমান কার্যালিয় থেকে পাশ বুক পেশ করে প্রয়োজনানুসারে যত খুশী টাকা তোলা যায়। প্রারম্ভিক অর্থ তোলার জন্য বিশেষ কোন আনুষঠানিকতা পালন করতে হয়না, কিন্তু তারপর থেকে টাকা তোলার জন্য করদাতাকে ফর্ম-এর দুটি জেরক্স আবেদনের সাথে জমা করতে হবে যাতে নিম্নলিখিত বিবরণ দিতে হবে ঃ

কারণ	অর্থ টাকা	যাকে প্রদান করা হচ্ছে সেই পার্টির নাম (তারিখ সহ)	ভাউচার সংখ্যা রসিদ সংখ্যা

যদি উপরোক্ত বিবণর না দেওয়া হয় তবে ব্যাঙ্ক টাকাতে লার সম্মতি দেয়না। যদি 25,000 টাকার বেশী টাকা তুলতে হয় তবে ব্যাঙ্ক ক্রস ডিমাণ্ড ড্রাফ্ট দ্বারাই টাকা তোলার সম্মতি দেয়। যদি করদাতা বোঝে যে এই খাতের টাকার তৎকালীন প্রয়োজন নেই তবে যে একটা নিদ্দিস্ট সময়ের জন্য ফর্ম-B এর 2টি জেরক্স কপি জমা করে এই খাতা খুলতে পারে। সময় শেষ হয়ে গেলে কোন রকম সমস্যা ছাড়াই করদাতা এই টাকা তুলে নিতে পারে। এই সময়ের মধ্যে করদাতার অর্থের প্রয়োজন হলে সে নিজের খাতা সংখ্যাকে খাতা সংখ্যা-Aতে পরিবর্তিত করে এবং দণ্ড স্বরূপ এক শতাশ সুদ দিয়ে এই টাকা তুলতে পারে।

হস্তান্তরণ ঃ

করদাতা ইচ্ছা করলে একটা জমা-কার্যালিয় থেকে এই ব্যাঙ্কেরই দ্বিতীয় জমা-কার্যালিয়ে নিজের খাতা হস্তান্তর করতে পারে। এইভাবে খাতা সংখ্যা-B থেকে খাতা A-তে করদাতা টাকা হস্তান্তর করতে পারে কিন্তু তার জন্য ফর্ম-B পূর্ণ করতে হবে। যদি টাকা জমা করা কোন ব্যক্তির খাতা-A না থাকে তবে তাকে নিজের নামে নতুন খাতা-A খোলার জন্য আবেদন করতে হবে। নিজের নামে খাতা-B খোলার জন্য ফর্ম-B জমা করতেই হবে। এই ফর্ম জমা করলে সে নিজের খাতা-A থেকে সম্পূর্ণ বা আংশিক অর্থ হস্তান্তর করতে পারবে, কিন্তু এটা আয়কর আইনের সেই ধারারই অন্তর্গত করতে হবে যার অন্তর্গত খাতা-A খোলা হয়েছে।

টাকা তোলা ঃ

যে টাকা করদাতা খাতা-A থেকে তোলে, সেই টাকা করদাতা যে কাজের উদ্দেশ্যে তুলেছে সেই কাজের জন্য 60 দিনের মধ্যেই টাকা খরচ করতে হবে। যদি সেই সময়ের মধ্যে করদাতা এই টাকা খরচ করতে না পারে তবে যে টাকা অবশিস্ট থাকবে তাকে পুণরায় তা জমা করতেই হবে। যদি সে এই নিয়মের পালন না করে তবে সে করমুক্তির লাভ পাবেনা।

নামাঙ্কন ঃ

যে ব্যক্তি টাকা জমা করছে সে ফর্ম জমা করে এক বা একাধিক ব্যক্তির নামে (যার সংখ্যা ও-এর বেশী নয়) এই টাকা জমা করে পারে, যাতে সময়ের আগেই সে মারা গেলে সেই টাকা যেন পুণরায় পাওয়া সম্ভব হয়। করদাতা চাইলে ফর্ম-1 জমা করে হৈ নাম রদ করতে পারে এবং তা পরিবর্তনও করতে পারে। নামাঙ্কিত ব্যক্তি যদি নাবালক হয় তবে করদাতাকে সেই সাথে কোন সাবালক ব্যক্তির নাম দিতে হবে, কারণ যদি এই ব্যক্তি নাবালক থাকা কালীনই করদাতার মৃত্যু হয়ে যায় তবে তা এই সাবালোক ব্যক্তি পাবে। যদি একাধিক ব্যক্তির নামে টাকা জমা থাকে তবে প্রথমে যার নাম থাকবে সেইই সমস্ত টাকার অধিকারী। প্রথম ব্যক্তির মারা গেলে দ্বিতীয় নামাঙ্কিত ব্যক্তি এবং এইভাবেই দ্বিতীয় ব্যক্তির মৃত্যুতে তৃতীয় নামাঙ্কিত ব্যক্তি এই টাকা পাবে।

খাতা বন্ধ করা ঃ

যদি করদাতা তার এই খাতা বন্ধ করতে চায় তবে তাকে কর নির্ধারিক অফিসারের অনুমতি নিয়ে ফর্ম G জমা করে খাতা বন্ধ করতে হবে। যে ব্যক্তি অর্থ জমা করেছে সে মারা গেলে অন্য যার নাম থাকবে সে ফর্ম A পূর্ণ করে এবং কর নির্ধারিক অফিসারের অনুমতি নিয়ে খাতা বন্ধ করতে পারে। এরজন্য কর-নির্ধারিক ব্যক্তি আইনি উচ্চাধিকারীর কাছ থেকে উত্তরাধিকার প্রমাণ পত্র বা দলিলের জেরক্স চাইতে পারে। এই ভাবে আমরা দেখি যে পুঁজিগত লাভ খাতা পরিকল্পনা এই ব্যক্তিদের জন্য খুবই ভালো যার দীর্ঘকালীন পুঁজিগত লাভ আছে এবং যার উপর সে আয়কর মুক্তির লাভও পেতে চায়। যদি কোর্ডর অল্পকালীন পুঁজিগত লাভের অধিকারী হয় তবে পুঁজিগত লাভ জমা পরিকল্পনার কোন লাভ নেই। যে কোন ব্যক্তি এবং হিন্দু অবিভক্ত পরিবার এই পরিকল্পনা থেকে লাভ নিতে পারে। সে বিষয়টি করদাতাকে অবশ্যই মাথায় রাখতে হবে তা হল, তারা আয়কর রিটার্নকে ধারা 139(1) দ্বারা এবং আয়কর রিটার্নের সাথে তার প্রমাণও দিতে হবে তবেই সে দীর্ঘকালীন পুঁজিগত লাভের উপর আয়কর মুক্তি প্রাপ্ত করার যোগ্য করদাতা পুঁজিগত লাভের অবশিষ্ট টাকা নয়, বরং পুঁজিগত সম্পত্তি বিক্রী করে যে টাকা পাওয়া যায় তার থেকে বসত বাড়ী ক্রয় বা বানানোর জন্য যে অর্থ খরচ হবে তা বাদ দিয়ে অবশিষ্ট যা থাকবে সেটা জমা করা অনিবার্য, তবেই করদাতা পূর্ণ কর মুক্ত লাভ পেতে পারে। তবে পুঁজিগত সম্পত্তি বিক্রীর সময় থেকে নিজের আয়কর রিটার্ন জমা করার তারিখ পর্যন্ত করদাতা ইচ্ছা করলে তার কাছে পড়ে থাকা অর্থ যে কোন ব্যাঙ্কের খাতায় জমা করা প্রভৃতি উদাহরণস্বরূপ একজন করদাতা 2009-এর 10ই এপ্রিল কিছু দীর্ঘকালীন সম্পত্তি বিক্রী, বেতনই তার আয়ের একমাত্র উৎস। আর্থিক বর্ষ 2009-2010 এর 31শে জুলাইয়ের মধ্যে আয়ের রিটার্ন জমা করতেই হবে। যদি কেউ দীর্ঘকালীন সম্পত্তি বিক্রী করে 6 লাখ খাকা পায় তবে সে এই 6 লক্ষ টাকা 2010-এর 10ই এপ্রিল থেকে 2011-এর 31-শে জুলাই পর্যন্ত নিজের মনমত ঢঙে নিয়োগ করতে পারে, কিন্তু 2010-এর 31 জুলাই পর্যন্ত পুঁজিগত লাভ

খাতা পরিকল্পনা অনুসারে 6 লক্ষ টাকার মধ্যে যেটা অবশিস্ট থাকবে তা এই খাতে জমা করতেই হবে তবে সে ধারা 54-F-এর কর মুক্ত লাভ পাবে। ধারা-54 অনুসারে যে টাকা এই খাতে জমা করতেই হবে তা হল বিক্রীয় মূল্যের মধ্যে যা পুঁজিগত লাভ থাকবে সেটাই।

8. Capital Gains Bonds :
(পুঁজিগত লাভ বণ্ড)

নিয়োগ থেকে আয়	ঃ	নিশ্চিত
সুরক্ষা	ঃ	অধিকতম
টাকা পাওয়ার সুবিধা	ঃ	না
আয়কর লাভ	ঃ	ধারা 54-ই সী-এর অন্তর্গত
নিয়োগের সর্বাধিক সীমা	ঃ	কিছু না

কর-নির্ধারিণ বর্ষ 2001-2002 থেকে এই নতুন বণ্ড আয়কর আইন 1961-এর ধারা 54 ইসি অনুসারে জারী করা হয়েছে। কর-নির্ধারিণ বর্ষ 2007-2008 থেকে এন.এইচ.এ.আই এবং আর.ই.সি দ্বারা এই ধরণের বণ্ড (যে ক্ষেত্রে অর্থ নিয়োগের উচ্চতম সীমা 50 লাখ টাকা) জারী করা হয়, যার উপর প্রায় প্রতি বছর 51/2% সুদ পাওয়া যায়। এই বণ্ডের মেয়াদ 3 বছরের। যে কোন করদাতা যে কোন রকম দীর্ঘকালীন পুঁজিগত লাভের উপর পূর্ণ কর মুক্তির জন্য পুঁজিগত সম্পত্তি বিক্রীর 6 মাসের ভেতর এই প্রকার পুঁজিগত লাভ নিয়োগ করতে পারে। তিন বছর শেষ হওয়ার আগেই এই ধরণের বণ্ড হস্তান্তর করলে পুঁজিগত লাভ কর যোগ্য হয়ে যায়।

9. Capital Gains :
(পুঁজিগত লাভ)

আয়কর আইনের ধারা G5(1)-এ এই ব্যবস্থাপনা আছে যে কোন করদাতা 'পুঁজিগত লাভ' শীর্ষক অনুসারে পুঁজিগত সম্পত্তি, বিক্রী, বিনিময় এবং ত্যাগ প্রভৃতির ক্ষেত্রে যে লাভ পাবে তার উপর আয়কর

দিতে হবে। যে বছরে পুঁজিগত সম্পত্তি বিক্রী প্রভৃতি হয় তাকে গত বছরের 'পুঁজগত লাভ' বলে ধরা হয়। পুঁজিগত লাভ গণনার ক্ষেত্রে এই বিষয়টিও খুবই গুরুত্বপূর্ণ যে এই জিনিসের প্রতি এই ব্যক্তির কতদিন মালিকানা ছিল। এই পুঁজি হস্তান্তরের সময় যদি কিছু খরচ হয় তবে সেটাও ছাড় যোগ্য। এছাড়াও এমন কিছু সওদা আছে যা 'হস্তান্তর' যোগ্য নয় এবং এই কারণেই তা পুঁজিগত লাভ করার বাইরে বলে ধরা হয়। এমন কিছু সওদা আছে যা সাধারণত পুঁজিগত লাভ বলে ধরা হয়না কিন্তু তাকে পুঁজিগতলাভের শ্রেণীতেই ধরা হয়। আর এই ধরে নেওয়া লাভের উপরেই আয়কর বসানো হয়।

ধারা 2(14) এ পুঁজিগত সম্পত্তিকে সংজ্ঞায়িত করা হয়েছে এই অনুসারে কিছু সম্পত্তি (যেমন ব্যক্তিগত কাজের বস্তু) পুঁজিগত লাভের মধ্যে ধরা হয়না। পুঁজিগত মান সাধারণত দুই প্রকারের (1) দীর্ঘকালীন পুঁজিগত লাভ, (2) অল্পকালীন পুঁজিগত লাভ। আয়কর আইন 1961-এর ধারা 2(42A) অনুসারে অল্পকালীন পুঁজিগত সম্পত্তি সেই সম্পত্তিকেই বলে যা কোন করদাতার মালিকানায় 36 মাসের কম সময়ের জন্য থাকে। যে সম্পত্তির ক্রয়-বিক্রয় কোন এক স্বীকৃত স্টক এক্সচেঞ্জ দ্বারা হয় বা কোন মিউচ্যুয়াল ফাণ্ডস্ বা ইউনিট ট্রাস্ট অফ্ ইণ্ডিয়ার ইউনিটসে হয় তবে সেই সীমা 36 মাসের পরিবর্তে 12 মাস ধরা হয়। একই ভাবে যদি এক করদাতার কাছে কোন কম্পানীর শেয়ার্স 12 মাসের থেকে কম সময়ের জন্য থাকে তবে এই শেয়ার বিক্রী করে যে পুঁজিগত লাভ পাওয়া যায় তাকে অল্পকালীন পুঁজিগত লাভ বলে। যদি কোন ব্যক্তি কোন পুঁজিগত সম্পত্তি দান বা উপহার বা উইল বা সংযুক্ত পরিবার বন্টন প্রভৃতির দ্বারা পায় তবে এই সম্পত্তি তার আগের মালিকের কাছে যতদিন ধরে ছিল বর্তমান করদাতার মালিকানার সঙ্গে এই সময়কেও গণনা করা হবে। সাধারণতঃ রাইট শেয়ার্স অর্থাৎ অধিকার যুক্ত শেয়ার ত্যাগ করার পর প্রাপ্ত লাভকে অল্পকালীন পুঁজিগত লাভ বলেই ধরা হয়। বোনার্স শেয়ারের উপর পুঁজিগত লাভ পাওয়ার জন্য তার উৎপাদন খরচ শূন্য বলে ধরা হয়। যে পুঁজিগত সম্পত্তি লঘুকালীন নয় তাকেই দীর্ঘকালীন সম্পত্তি বলা হয় এবং তার সাথে সম্পর্কিত লাভকে দীর্ঘকালীন পুঁজিগত লাভ বলে। যেমন, যদি কোন ব্যক্তি তার ঠাকুরদাদার উইল অনুসারে কোন

সম্পত্তি পায় এবং তা পাওয়ার চার মাসের মধ্যেই তা বিক্রী করে দেয়, কিন্তু যদি এই সম্পত্তি তার ঠাকুরদাদার মালিকানায় 24 বছর ধরে থাকে তবে এই করদাতার হাতে আসা সম্পত্তিকে দীর্ঘকালীন পুঁজিগত সম্পত্তি বলে ধরা হবে এবং তার থেকে প্রাপ্ত লাভকেও দীর্ঘকালীন পুঁজিগত লাভ বলেই ধরা হবে।

কর যোগ্য পুঁজিগত লাভ গণনা করার জন্য ধারা 48 অনুসারে সেই সমস্ত খরচা যা তা বিক্রী প্রভৃতির জন্য করা হয়েছে এবং এই পুঁজিগত সম্পত্তির ক্রয় মূল্য এবং তা রক্ষণা বেক্ষণের দামও বাদ দেওয়া হয়। দীর্ঘকালীন পুঁজিগত সম্পত্তির উপর যাতে আয়কর বেশী দিতে না হয় সেই কারণে ধারা 48 অনুসারে উৎপাদন মূল্যের সূচাঙ্ক দ্বারা উৎপাদন মূল্য বৃদ্ধি করা যায়। ঠিক একই ভাবে যদি পুঁজিগত সম্পত্তি রক্ষনা-বেক্ষণের জন্য কোন খরচ হয় তবে সেটাও সূচাঙ্কের দ্বারা বৃদ্ধি করা সম্ভব। উৎপাদন মূল্য মুদ্রা-স্ফীতি সূচাঙ্ক প্রত্যেক বছরেই নতনু করে ঘোষণা করা হয়, যেমন–আর্থিক বছর 1981-82-এর জন্য উৎপাদন মূল্য মুদ্রা স্ফীতি সূচাঙ্ক 1000 ধার্য্য করা হয়েছিল আর্থিক বছর 1982-83 তে তা হয় 1-তে এবং আর্থিক বছর 1983-84-এ হয়েছিল 116 এবং আর্থিক বছর 2009-10 তা 632 ধার্য্য কর হয়েছে।

পুঁজিগত লাভের উপর বহু রকম ছাড় পাওয়া যায় যা পরবর্তী অধ্যায়ে Capital Gains Tax : Exemption) বর্ণন করা হয়েছে। 'আরোও বেশী জানতে হলে আপনি শ্রী রামনিবাস লাখটিয়ার বই 'How To Sare Tqx On Capital Gains) (বইটির প্রকাশ করেছে ভিজন বুক্স) দেখতে পারেন।

আর্থিক (সংখ্যা 2) আইন, 2004 থেকে এক নতুন ধারা 109(37) তৈরী করা হয়েছে, এই অনুসারে কর-নির্ধারণ বর্ষ 2005-06 থেকে এক ব্যক্তি বা অবিভাজিত হিন্দু পরিবার কোন কৃষি ভূমির অনিবার্য অধিগ্রহণের ফলে ক্ষতিপূরণ স্বরূপ যে অর্থ পাওয়া যায় তা সম্পূর্ণরূপে কর মুক্ত হবে, তবে গত দু বছরে এই ব্যক্তিদের বা তাদের বাবা-মাকে অবশ্যই এই জমিতে কৃষি কাজ করতে হবে।

আর্থিক (সংখ্যা 2) আইন, 2004-এর নতুন অধ্যায় 7 অনুসারে স্বীকৃত স্টক এক্সচেঞ্জ নথিভুক্ত ডিলিভারী ভিত্তিক ব্যবসায় 1-10=2004 থেকে ক্রেতা দ্বারা 0.075% এবং বিক্রেতা দ্বারা অ0.075% লেনদেনের ক্ষেত্রে কর দিতেই হবে। ইক্‌ভিটী (শেয়ার) শেয়ার ওরিয়েন্টেও ফাণ্ডস ইউনিট্‌সের সওদার উপরেও ক্রেতাকে 6.15% সওদা কর দিতে হবে। এই

প্রকার সওদার দীর্ঘকালীন পুঁজিগত লাভ সম্পূর্ণরূপে কর মুক্ত হয়ে থাকে। এই সওদার অল্পকালীন পুঁজিগত লাভের উপর 10% আয়কর দিতে হবে। দ্যা ট্রেডার্স (সটোরিয়ে) এবং আর্ধিট্রাজস দ্বারা 0.015% ও ডেরিভেটিভ ট্রেডার্সের সওদার উপর 0.010% সওদা কর দিতে হত। কিন্তু বণ্ডের সওদা ও বণ্ড ওরিয়েন্টেড মিউজুয়াল ফাণ্ড ইউনিটের সওদার উপর সওদা কর শূন্য থাকবে। 1-6-2005 তারিখ থেকে উপরোক্ত সওদা করের উপর 331/3% বৃদ্ধি করা হয়েছে। 1-6-2006 থেকে উপরোক্ত সওদা করে 25% বৃদ্ধি করা হয়েছে।

10. Capital Gains Tax : Exemptions :
(পুঁজিগত লাভ ঃ আয় কর মুক্তি)

এমন বহু সম্পত্তি আছে যার উপর পুঁজিগত লাভের উপর কোন রকম আয়কর দিতে হয়না। এর মুখ্য বিষয়গুলি নিম্নে দেওয়া হল ঃ

1. ধারা 2(14) (11) অনুসারে ব্যক্তিগত সম্পত্তিকে পুঁজিগত সম্পত্তি বলে ধরা হয়না।
2. ধারা 47 অনুসারে হিন্দু অবিভক্ত পরিবার বন্টনের ক্ষেত্রে পুঁজিগত লাভ ধরা হয়না।
3. ধারা 54, 54B, 54D এবং 54P অনুসারে বিশেষ কয়েক প্রকারের কর মুক্তি পাওয়া যায়।
4. নিজের ভাড়াটের ন্যায্য পাওয়া হস্তান্তরণের ব্যাপারে আগে কোন রকম পুঁজিগত লাভ দিতে হত না কিন্তু বর্তমানে তা যোগ্য।
5. উৎপাদন মূল্য মুদ্রাস্ফীতি সূচাঙ্কের দ্বারা করযোগ্য পুঁজিগত লাভ ধারা 48 অনুসারে কর করা যায়।
6. কর-নির্ধারণ বর্ষ 1996-97 থেকে বোনাস শেয়ারের উৎপাদন মূল্য 'শূন্য' ধরা হয়।
7. নতুন ধারা 54EC-এর অন্তর্গত এমন এইচ এ আই এবং আর ই সি তে মোট 50 লক্ষ টাকা পর্যন্ত নিয়োগ করার পর দীর্ঘকালীন পুঁজিগত লাভ করমুক্ত হতে পারে।
8. কর-নির্ধারণ বর্ষ 2004-05 থেকে ধারা 10(36) অনুসারে 1-3-2003 থেকে 28-2-2004-এর মধ্যে কেনা বী এস ই 500 ইণ্ডেক্স যুক্ত সাধারণ শেয়ার গুলি দীর্ঘকালীন পুঁজিগত লাভ সম্পূর্ণ রূপে করমুক্ত থাকবে।

9. পরিচ্ছেদ 9 দেখুন – দীর্ঘকালীন পুঁজিগত লাভ
10. ধারা 115AC(1) (এ)-তে বর্ণিত বণ্ডসের শেয়ার বা ঋণপত্রে পরিবর্তন (আর্থিক বিধি অনুসারে 2008 দ্বারা প্রস্তাবিত)।
11. বরিস্ঠ নাগরিকদের জন্য বিপরীত বন্ধক সওদার অন্তর্গত পুঁজিগত সম্পত্তি হস্তান্তর যুক্ত হস্তান্তরণ (আর্থিক বিধি অনুসারে 2008 দ্বারা প্রস্তাবিত)।

11. Commercial Property :
(ব্যবসায়ি সম্পত্তি)

নিয়োগ থেকে আয়	ঃ	নিশ্চিত/অনিশ্চিত
সুরক্ষা	ঃ	অধিকতম
টাকা পাওয়ার সুবিধা	ঃ	নেই
আয়কর লাভ	ঃ	কিছু নেই
নিয়োগের সর্বাধিক সীমা	ঃ	নেই

ব্যবসায়িক সম্পত্তি বলতে অফিস, স্হান, শোরুম, দোকান বা অন্য প্রকারের ব্যবসায়িক ভবন প্রভৃতি সমস্ত কিছুকেই বোঝায়। এই সমস্ত রকম সম্পত্তির আয়কর এবং সম্পত্তি-কর প্রায় সমান। যদি ব্যবসায়িক স্হান ভাড়ায় দেওয়া হয় তবে সমস্ত প্রকার করদাতাদের জন্য তার থেকে প্রাপ্ত করযোগ্য আয় বার করার প্রক্রিয়া একই। সাধারণত ব্যবসায়িক সম্পত্তির থেকে প্রাপ্ত ভাড়ার–আমদানী থেকে করা যোগ্য আয় বার করার প্রক্রিয়া কর-নির্ধারণ বর্ষ 2000-2010 থেকে 2011-2012 পর্যন্ত নিম্নরূপ ঃ

	টাকা
বাস্তবে মোট যে ভাড়া পাওয়া যাচ্ছে, খালী বাড়ী এবং	....
ছাড় ঃ ভাড়াটেকে প্রদত্ত সুবিধা	....
ছাড় ঃ পঞ্চায়েত বা মিউনিসিপ্যালিটির কর (যা প্রকৃতই দেওয়া হয়েছে)	টাকা
বার্ষিক মূল্য	....

1) মেরামত বা অন্যান্য খরচ বা ছাড় সেই সম্পর্কিত কোন খরচ করা হোক বা না হোক তা বার্ষিক মূল্যের 3-% এর সমান	টাকা
(2) ঋণের উপর সুদ	....
বাড়ীর থেকে কর যোগ্য আয়	....

কর-নির্ধারণ বর্ষ 1993-94 থেকে 1996-97 পর্যন্ত এবং পুনঃ কর-নির্ধারণ বর্ষ 1999-2000 থেকে ব্যবসায়িক সম্পত্তির উপর কোন রকম সম্পত্তিকর দিতে হয়না। কোন ব্যক্তি বা নামে একাধিক ব্যবসায়িক সম্পত্তি থাকলেও তাকে কোন রকম সম্পত্তি-কর দিতে হয়না। সাধারণতঃ কোন ব্যবসায়িক জমি প্রভৃতি ভাড়ায় দেওয়া হলে তার সম্পত্তি কর কত তা বার করার জন্য যা কর-মুক্ত জমির ন্যাট ভাড়া হয় তার 10 গুণ বা 121/2% গুণ বেশী বলে ধরা হয়।

ব্যবসায়িক জমির প্রকৃত উপযোগিতা ঃ

যখন কোন নিয়োগকারী কোন ব্যবসায়িক জমিতে অর্থ নিয়োগ করে তখন শুরুতেই তাকে একটা বিষয় মাথায় রাখতে হয়, এই ব্যবসায়িক জমি যে কিভাবে ব্যবহার করবে। অর্থাৎ নিয়োগকর্তাকে এটা সুনিশ্চিত করতে হবে যে এই স্হানে সে দোকান, গোদাম, অফিস প্রভৃতি বানাবে নাকি তা ভাড়ায় দেবে। যদি সে তা ভাড়ায় দিতে চায় তবে সেই সম্পত্তি কেনার আগে তাকে নিজের পরিবারের বিভিন্ন সদস্যের মোট কর যোগ্য আয় দেখতে হবে এবং তারপর এটা ঠিক করতে হবে যে এই ব্যবসায়িক সম্পত্তি কার নামে কিনবে। সাধারণতঃ যদি নিয়োগকর্তা ব্যবসায়িক আয় থেকে ভাড়ার টাকা পেতে চায় তবে এই সম্পত্তি পরিবারের সেই সদস্যের নামে কেনা উচিত যার আমদানী পরিবারের অন্যান্য সদস্যদের তুলনায় কম, যাতে ভবিষ্যৎ-এ পরিবারের উপর আয়করের অতিরিক্ত চাপ না পড়ে। অন্য সম্পত্তির মতন ব্যবসায়িক সম্পত্তিও একাধিক ব্যক্তির নামে কেনা

যায়। যদি 2-এর বেশী ব্যবসায়িক প্রতিষ্ঠান বা কম্পানী কোন ব্যবসায়িক সম্পত্তি কিনতে চায় তবে সরলতা ও সুগমতার ভিত্তিতে বলা যায় এই সম্পত্তি কোন একটি প্রতিষ্ঠান বা সদস্যের নামে কেনা যেতে পারে এবং তারপর তা বিভিন্ন প্রতিষ্ঠানকে ভাড়া দেওয়া যেতে পারে। ভাড়াটে যদি মেরামত প্রভৃতির জন্য বেশ মোটা টাকা খরচ করে তবে সাধাণরতঃ এই মেরামতের দর,ন খরচ হওয়া সম্পূর্ণ টাকাটাই ব্যবসায়িক আয় থেকে বাতিল যোগ্য। কিন্তু ব্যবসায়িক সম্পত্তি কেনার ব্যাপারে নিয়োগকর্তাকে সবচেয়ে গুরুত্বপূর্ণ যে বিষয়টি মাথায় রাখতে হয় তা হল এই যেন আইনি এবং ধৈর্য্য মান্যতাপ্রাপ্ত ব্যবসায়িক ক্ষেত্রেই থাকে। এই ক্ষেত্র যদি ব্যবসায়িক সম্পত্তি হিসাবে সম্পূর্ণ রূপে মান্যতা না পায় তবে পরে নিয়োগকর্তাকে অনেক রকম অসুবিধার সম্মুখিনতা করতে হতে পারে। বহু সময় এমন দেখা গেছে যে, বাড়ী নির্মাতা বসবাসযোগ্য স্হানেই ব্যবসায়িক সম্পত্তি বা ভবন বানিয়ে বিক্রী করে দিয়েছে, ফলে ভবিষ্যৎ-এ অর্থ নিয়োগকারী এই সম্পত্তির উপর ব্যবসা করতে গিয়ে বহু রকম ভাবে সমস্যায় পড়তে হতে পারে। আর একটা গুরুত্বপূর্ণ বিষয় হল, যদি নিয়োগকর্তা ব্যবসায়িক ভবন বা সম্পত্তি বা বসবাস যোগ্য বাড়ী বা সম্পত্তিতে ব্যবসা করে তবে তার কাছে শেষ পর্যন্ত যে স্টক থাকে তা সম্পত্তি-কর আইনের অন্তর্গত সম্পত্তি-কর যোগ্য হয়ে ওঠে।

Commercial Flats and Offices :
(ব্যবসায়িক ফ্ল্যাট্স এবং অফিস)

সাধারণতঃ ব্যবসায়িক অফিস বা ফ্ল্যাট্সে নিয়োগ করার সময় যে কথাটা মাথায় রাখা প্রয়োজন তা হল, যা ব্যবসায়িক সম্পত্তি বা অন্য সম্পত্তির ক্ষেত্রেও প্রযোজ্য হয়। কিন্তু ব্যবসায়িক ফ্ল্যাট বা অফিস বা ব্যবসায়িক স্হানে নিয়োগ সাধারণত মধ্যম বর্গের নিয়োগকারীদের জন্যই সুলভ। যখন ব্যবসায়িক ফ্ল্যাট বা অফিস কেনা হয় তখন তা পরিবারের সেই সদস্যের নামে কেনা উচিত যার মোট আয় অন্যান্য সদস্যের তুলনায় কম, যাতে পরে ব্যবসায়িক ফ্ল্যাটস বা অফিস থেকে প্রাপ্ত ভাড়ার জন্য অধিক পরিমাণে আয়কর দিতে না হয়। কর নির্ধারণ বর্ষ 1993-94 থেকে

কর-নির্ধারিণ বর্ষ 1996-97 পর্যন্ত এবং পুনঃ কর-নির্ধারিণ বর্ষ 1999-2000 থেকে সমস্ত ব্যবসায়িক ফ্ল্যাট এবং অফিস প্রভৃতি সম্পূর্ণ রূপে সম্পত্তি কর মুক্ত। তাই সম্পত্তি-কর ব্যবস্হার দিক থেকে ব্যবসায়িক ফ্ল্যাটস এবং অফিসে অর্থ নিয়োগের ব্যাপারটিকে ভালো নিয়োগ বলা যেতে পারে।

একই ভাবে যদি কোন সহকারী সমিতি বা কম্পানী বা ব্যক্তি বর্গের দ্বারা তাদের কোন সদস্যকে কোন বাড়ী বা তার কোন অংশ বন্টন করে দেওয়া হয় বা তাকে পাট্টা স্বরূপ দেওয়া হয়, যেখানে বসবাস যোগ্য বাড়ী তৈরী সম্ভব, বা সেই ব্যক্তিকে যদি সেখানে থাকার অধিকার দেওয়া হয় তবে সে ক্ষেত্রে এই ব্যক্তি এই বাড়ীর জন্য সম্পত্তি কর দিতে বাধ্য থাকবে।

সাবধানতা ঃ

একটা ব্যবসায়িক ফ্ল্যাট বা অফিসে অর্থ নিয়োগের সময় বাড়ী নির্মাণ কর্তা অর্থাৎ বিস্তারের সাথে কথাবার্তা বলে এটা ভালো মতন বুঝে নিতে হবে যে বাড়ী হস্তান্তরের সময় যত দূর সম্ভব হস্তান্তর খরচ যেন তাকে দিতে না হয়। একই ভাবে যদি, কোন ব্যবসায়িক অফিস বা ফ্ল্যাটস তৈরী হয় এবং পৃথক-পৃথক সময় সীমায় তাতে অর্থ-নিয়োগ করতে হয় তবে অর্থ নিয়োগের তারিখ এবং অর্থ সম্পর্কিত শর্ত গুলি স্পষ্ট রূপে বুঝে নিতে হবে। সেই রকম বাজায়াপ্ত সম্পর্কিত শর্ত গুলিকেও ভালো মতন জেনে নিতে হবে, তাতে নিয়োগকারী বুঝতে পারবে যে, সে কি কি শর্ত পূরণ না করলে তার অর্থ সম্পূর্ণ রূপে বাজায়াপ্ত হয়ে থাকে। কোন কোন ড্রীলে শর্ত পালন না করলে দণ্ড স্বরূপ অর্থ প্রদানও করতে হয়। বড়-বড় শহরে (যেমন দিল্লীতে) সাধারণ ব্যবসায়িক ফ্ল্যাট বা অফিস পাওয়ার অন্য অ্যাটর্নীর ভিত্তিতেই বিক্রী করা হয়ে থাকে। যে সম্পত্তি কেনা হয়েছে তা পঞ্জীকরণ নাকি পাওয়ার অফ্ অ্যাটর্নীর ভিত্তিতে কেনা হয়েছে তা নিয়ে কোন সমস্যা হয়না, কারণ দুটির ক্ষেত্রে সম্পত্তি-কর বা আয়করের প্রভাব সফল। যদি কোন ব্যবসায়িক সম্পত্তি বা অফিসের একাধিক মালিক থাকে তবে প্রত্যেককেই নিজের নামে আয়কর বা সম্পত্তি কর দিতে হবে। তাই কাগজ পত্রে প্রত্যেকের অংশের স্পষ্ট বর্জনা থাক আবশ্যক।

Commercial Freehold Property :

(ব্যবসায়িক লাখেরাজ সম্পত্তি)

যদি কোন অর্থ নিয়োগকারী কোন ব্যবসায়িক সম্পত্তিতে অর্থ নিয়োগ করতে চান তবে কর মুক্ত ব্যবসায়িক জমি বা বাড়ী বা স্থানেই অর্থ নিয়োগ করা সবচেয়ে ভালো, এত করে কোন রকম আইনি ঝঞ্ঝাটের সম্মুখিনতা করতে হয়না। কর-মুক্ত জমি কেনার সবচেয়ে বড় লাভ হল কোনরকম ঝঞ্ঝট ছাড়াই প্রয়োজন পড়লে ভবিষ্যৎ-এ অতি সহজেই তা বিক্রী করা যায়, তা বিক্রী করার জন্য বিশেষ কোন অফিসারের আজ্ঞা নেওয়ার প্রয়োজন পড়ে না। এই কারণে ব্যবসায়িক সম্পত্তি কেনার সময় কর-মুক্ত জমি কেনাই সবচেয়ে ভালো বলে ধরা হয়। কর-মুক্ত জমি বা সম্পত্তি কেনার সময় ডিডও অতি সহজেই তৈরী করা যায়। নিয়োগকর্তা যদি ব্যাঙ্ক বা অন্য কোন স্থান থেকে ঋণ নিতে চায় তবে কর মুক্ত জমি বা সম্পত্তি বন্দক দিয়ে ঋণ নিত পারে। কর-নির্ধারিণ বর্ষ 1993-94 থেকে কর-নির্ধারিণ বর্ষ 1996-97 পর্যন্ত এবং পুনঃ কর নির্ধারিণ বর্ষ 1999-2000 থেকে ব্যবসায়িক কর-মুক্ত সম্পত্তির উপর কোন সম্পত্তি কর দিতে হয়না। কর-মুক্ত ব্যবসায়িক জমিও একাধিক ব্যক্তিদের নামে কেনা যায় এবং তার ভাড়ার থেকে যে আমদানী হয় তার জন্য সমস্ত মালিককেই আলাদা-আলাদা ভাবে কর দিতে হবে।

Commercial Land :

(ব্যবসায়িক জমি)

বেশীর ভাগ কর দাতাদের পক্ষে ব্যবসায়িক জমিতে অর্থ-নিয়োগ করাটা অসম্ভব হয়ে দাঁড়ায়। ব্যবসায়ি জমিতে অর্থ নিয়োগের পূর্বে কর-প্রদানের বিশেষ কয়েকটি দিক মাথায় রাখা খুবই জরুরী। যদি ব্যবসায়িক জমিতে কোন বাড়ী বা ভবন তৈরী করে তা বিক্রী করে লাভ করাই একমাত্র উদ্দেশ্য হয় তবে তার থেকে আসা সমস্ত আয়কেই ব্যবসায়িক আয় হিসাবে ধরা হবে এবং প্রদেয় সুদের উপর ছাড় পাওয়া যাবে। কিন্তু এই প্রকার জমির উপর কোন রকম রক্ষনা-বেক্ষণ ভাতা পাওয়া যায়না, কারণ সর্বোচ্চ ন্যায়ালয়ের কর-প্রদানের সম্পূর্ণ লাভ নিতে হয় এবং যদি সম্ভব হয় তবে নিয়োগকর্তার সবার আগেই ব্যবসায়িক জমি পরিবারের

সদস্য বা সদস্যদের নামে কেনা উচিত এবং তারপর তা নিজের পরিবারের সদস্য বা সদস্যদের নামে কেনা উচিত এবং তারপর তা নিজের পারিবারিক গ্রুপের কম্পানী বা ব্যবসায়িক প্রতিষ্ঠানকে ভাড়া দেওয়া উচতি, ইচ্ছা হলে সে তাতে নিজের অফিস বা হোটেল প্রভৃতি নির্মাণ করতে পারে। এই পরিকল্পনা দ্বারা আয়কর বাঁচানো সম্ভব হতে পারে। যদি হোটেল, কম্পানী বা সিনেমা কম্পানী নিজের নামে জমি কেনে এবং তার উপর ইমারত তৈরী করে তবে জমির দামের উপর কোন রকম রক্ষণা-বেক্ষণ ভাতা পাওয়া যায়না। এর ঠিক বিপরীতে যদি ব্যবসায়িক জমি এই পরিবারের বা গ্রুপসের অন্য কোন সদস্যের নামে কেনা হয় এবং এই কম্পানী বা অন্য কোন ব্যবসায়িক প্রতিষ্ঠান যদি তার জন্য ভাড়া দেয় তবে এই কম্পানী বা ব্যবসায়িক প্রতিষ্ঠানের আয় থেকে তা বাদ দিয়ে দেওয়া হবে। একই ভাবে পরক্ষে এই কম্পানী বা ব্যবসায়িক প্রতিষ্ঠান দ্বারা এই লাভ প্রাপ্ত করা যেতে পারে বা রক্ষণা-বেক্ষণ ভাতা না পাওয়ার জন্য বাকি থেকে গেছিল। তাই ভালো মানের ব্যবসায়িক জমি কেনা হলে সেই সম্পর্কিত কর-প্রদানের বিষয়টিকেও কাজে লাগানো উচিত।

Commercial Leasehold Property :

(ব্যবসায়িক পাট্টার জমি)

ব্যবসায়িক পাট্টার সম্পত্তির জন্য এক বিশিস্ট কেন্দ্রকে প্রতি বছর পাট্টার ভাড়া দিতে হয়। পাট্টার ভাড়া সাধারণ ব্যবসায়িক খরচ রূপেই ধার্য্য করা হয়। অনেক স্হানে পাট্টার জমিকে কর-মুক্ত জমিতে পরিবর্তন করার নিয়ম তৈরী হয়েছে, এই অনুসারে কিছু নির্দ্দিস্ট টাকা-প্রদানের পর পাট্টার জমি কর-মুক্ত জমিতে পরিবর্তিত হতে পারে। কিন্তু এই পরিবর্তনের জন্য যে অর্থ প্রদান করতে হয় তা বাতিল যোগ্য নয় কারণ তা সম্পত্তি খরচ রূপে ধরা হয়। সাধারণত ব্যবসায়িক পাট্টা যুক্ত জমির অধিকার-পত্র বা সনদ স্হানান্তরিত হয়না। নিয়োগ কর্তার এই ধরণের সম্পত্তির অধিকার পাওয়ার জন্য এক ধরণের ডিড বানানো খুবই জরুরী, এর সাথে সঠিক কাগজ পত্র এবং বিক্রেতার উইল থাকা খুবই জরুরী। কর-নির্ধারণ বর্ষ 1996-97 পর্যন্ত ব্যবসায়িক পাট্টা যুক্ত সম্পত্তি সম্পত্তি কর থেকে সম্পূর্ণ রূপে কর-মুক্ত ছিল। পুনঃ কর-নির্ধারণ বর্ষ 1999-2000 থেকে এই ধরণের সম্পতিকে কর মুক্ত করে দেওয়া হয়েছে।

পাট্টার থেক কর-মুক্ত জমিতে পরিবর্তন ঃ

দিল্লী বিকাশ কেন্দ্র এবং এই প্রকারের অন্যান্য কেন্দ্রের দ্বারা ভারতের বিভিন্ন অংশে এই নিয়ম করে দেওয়া হয়ে দেখে একটা নির্দ্দিস্ট টাকা প্রদান করলে পাট্টার জমি কর-মুক্ত জমিতে পরিবর্তিত হয়ে যাবে। পাট্টার জমি একবার কর মুক্ত জমিতে পরিবর্তিত হয়ে গেলে দিল্লীতে এই জমির উপর দিল্খী ঠিকানা কেন্দ্রের কোন অধিপত্য থাকে না এবং তা হস্তান্তর ও বিক্রী অনেক সুবিধাজনক হয়ে যায়। সাধারণত পরিবর্তন করানো খরচ এই সম্পত্তির বিক্রেতাই করতে হয়। যদি বিক্রেতা পরিবর্তন সম্পর্কিত খরচ দেয় তবে এই খরচকে সম্পত্তির খরচ রূপেই গণ্য করা হয়। যদি পাট্টার জমি করমুক্ত জমিতে পরিবর্তিত করার পরেও নিয়োগকারী তা নিজের কাজেই ব্যবহৃত করে তবে আয়করের ব্যাপারে এই বিশেষ লাভ পাওয়া সম্ভব না। কিন্তু এই পরিবর্তিত জমি (যা পাট্টার জমি থেকে কর-মুক্ত জমিতে পরিবর্তিত হয়েছে) যদি ভবিষ্যৎ-এ বিক্রী করা হয় তবে পরিবর্তনের সময় যে খরচ হয়েছে তা বিক্রয় মূল্যের থেকে বাদ দিয়ে দেওয়া হবে। অন্য দিকে যদি ক্রেতা পরিবর্তন সম্পর্কিত খরচ করে তবে ক্রেতা নিজের আয়ের থেকে এই খরচ বাতিল করার সুযোগ পাবেনা, তার জন্য তা সম্পত্তি খরচ হিসাবে গণ্য করা হবে।

12. Debentures :

(ঋণ-পত্র)

নিয়োগ থেকে আয়	ঃ	নিশ্চিত
সুরক্ষা	ঃ	অধিকতম
তরলতা	ঃ	হ্যাঁ
আয়কর লাভ	ঃ	কিছু না
নিয়োগের অধিকতম সীমা	ঃ	কিছু না

গত কয়েক বছর ধরে মধ্যবিত্ত নিয়োগকারীরা ঋণ-পত্রের প্রতি খুব বেশী আগ্রহী হয়ে উঠেছে। ঋণ-পত্রে অর্থ নিয়োগ করলে সবচেয়ে বেশী যে লাভ পাওয়া যায়, তা হল, কম্পানীর শেয়ারের তুলনায় এই নিয়োগ অনেক বেশী সুরক্ষিত এবং তার দামে সাধারণতঃ খুব বেশী পার্থক্য দেখা যায় না এবং একটা নির্দ্দিস্ট দরে সুদ সর্বদাই পাওয়া যায়-যার ফলে সাট্টা বাজারে প্রতিদিন শেয়ারের দাম বৃদ্ধি বাড়া কমা নিয়ে তাদের মাথা না

ঘামালেও চলে। ঋণ-পত্র বিভিন্ন ধরণের হয়ে থাকে। যেমন–অপরিবর্তনীয় ঋণ-পত্র। এতে একটা নির্দ্দিস্ট দরে সুদ দেওয়া হয় এবং ঋণ-পত্র সর্বদা ঋণ-পত্রই থেকে যায়, তা কখনই শেয়ারে পরিবর্তিত হয়না। অন্যদিকে এমন কিছু ঋণ-পত্র আছে যাকে পরিবর্তনীয় ঋণ-পত্র বলা হয়, যা এ কিছু দিন বাদে কম্পানীর শেয়ারে পরিবর্তিত করা যায়। শেয়ারে পরিবর্তনের সময় আর কতটাকা দিতে হবে প্রভৃতি শর্ত, ঋণ-পত্র জারী করার সময়তেই লেখা থাকে, যা নিয়োগকারীকে সম্পূর্ণরূপে বুঝে নিতে হবে। আরোও কয়েক ধরণের ঋণ-পত্র হয়, কিছু হয় আংশিক রূপে বুঝে নিতে হবে। আরোও কয়েক ধরণের ঋণ-পত্র হয়, কিছু হয় আংশিক রূপে অপরিবর্তনীয় ঋণ-পত্র এবং কিছু হয় আংশিক রূপে পরিবর্তনীয় এর অর্থ এই দাঁড়ায় যে এই ধরণের খাণ-পত্রের একটা অংশ শেয়ারে পরিবর্তন করা যেতে পারে এবং দ্বিতীয়-অংশটি সর্বদা খাণ-পত্রই থেকে যায়, যার পর কম্পানী একটা নিশ্চিত দরে যেমন প্রতি বছরে 8 শতাংশ সুদ দেয়। গত কয়েক বছর ধরে এমনও কিছু ঋণ-পত্র বাজারে আসছে যার উপর কোন রকম সুদ পাওয়া যায়না। এই ধরণের ঋণ-পত্র অতি শীঘ্রই শেয়ারে পরিবর্তিত হয়ে যায়। এই ঋণ-পত্র গুলিতে অর্থ নিয়োগের সবচেয়ে বড় সুবিধা হল এগুলি পূর্ণরূপে সুরক্ষিত থাকে এবং এতে ডোবার কোনরকম সম্ভব না থাকে না। অর্থ-নিয়োগের ব্যবস্থাপনা অনুসারে যদি সাট্টা বাজার থেকে কোন ঋণ-পত্র কেনা হয় তবে তা অনেক কম দামে পাওয়া যেতে পারে, এতে অর্থ কম নিয়োগ করলেও সুদ অনেক বেশী পাওয়া যায়। সাধারণত ঋণ-পত্রের সুদ কর-মুক্ত হয়না। ঋণ-পত্রের উপর সম্পত্তি-কর প্রদানের ব্যাপারে নিয়োগকর্তা এটা জেনে খুশী হবে যে কর-নির্ধারিণ বর্ষ 1993-94 থেকে এই ধরণের খাণ-পত্রের উপর যত টাকা নিয়োগ করা হোক না কেন তা সম্পূর্ণ রূপে কর মুক্ত। কর-নির্ধারিণ বর্ষ 1995-96 থেকে এই পত্রগুলি আয়কর আইন অনুসারে আর এক-প্রকার ছাড় পেয়েছে, তাহলে 12 মাসের বেশী সময় বাদে ঋণ-পত্র বিক্রী করলে তার থেকে প্রাপ্ত লাভকে দীর্ঘকালীন পুঁজিগত লাভ বলে ধরা হবে, এর আগে এই আইনের জন্য 36 মাস অপেক্ষা করতে হত। 80C ধারা অনুসারে এই সমস্ত ঋণ পত্রতে সর্বাধিক 1,00,000 টাকা নিয়োগ করা যেতে পারে। কর-নির্ধারিণ বর্ষ 1998-99 থেকে ঋণ-পত্র এবং বণ্ডে উৎপাদন মূল্য মুদ্রা স্ফীতি সূচাঙ্কের লাভ প্রাপ্ত করা যায়না।

ঝুঁকি ঃ

খাণ-পত্র নির্বাচন করার সময় নিয়োগকারীর কিছুটা সাবধানতা অবলম্বন করা খুবই জরুরী। নিয়োগকর্তাকে তার শেয়ারের গণনা খুব ভালো কি না তা দেখে নিতে হবে, কারণ উচ্চতম সুরক্ষার জন্য ভালো শেয়ার গণনা খুবই প্রয়োজন, এতে নিয়োগ সম্পূর্ণরূপে সুরক্ষিত থাকবে। এই কারণে উচ্চমানের শেয়ার যুক্ত কম্পানীরই খাণ-পত্র কেনা উচিত এতে ঝুঁকি খুবই কম থাকে।

Debentures : Fully Convertible :
(ঋণপত্র-সম্পূর্ণরূপে পরিবর্তনশীল)

আগেই বলেছি যে, একটি কম্পানী বিভিন্ন প্রকারের খাণ-পত্র জারী করতে পারে। কিছু খাণ-পত্রের ক্ষেত্রে একটা নির্দ্দিস্ট দরে সুদ দেয়ল হয় এবং তা অপরিবতনীয় থাকে, আবার এমনও কিছু খাণ-পত্র আছে, যে ফেট সুদ তো দেওয়া হয়, কিন্তু তা কিছু দিন বাদে কম্পানীর পরিকল্পনা অনুসারে সাধারণ শেয়ারে পরিবর্তিত করা যায়। এই ধরণের খাণ-পত্রে কোন রকম সুদ দেওয়া হয়না একং তা সম্পূর্ণরূপে পরিবর্তনশীল। কতদিন বাদে এই ধরণের খাণ-পত্রকে শেয়ারে পরিবর্তন করা যাবে তা যখন এই ধরণের খাণ-পত্র জারী করা হয় তাতেই স্পস্ট রূপে লেখা থাকে। যখন পূর্ণ পরিবতনীয় খাণ-পত্র শেয়ারে পরিবর্তিত হয়ে যায় তখন নিয়োগকর্তার সামনে আয়করের সমস্যা উপস্হিত হয়। যখন সম্পূর্ণরূপে পরিবর্তনশীল খাণ-পত্র বিক্রী করা হয় বা পূর্ণরূপে পরিবর্তনশীল খাণপত্র থেকে উৎপন্ন শেয়ার বিক্রী করা হয়, তখন অধিক মাত্রায় আয়কর দিতে হয়। এর তাৎপর্য এই দাঁড়ায় যে যতক্ষণ না খাণপত্র বা পরিবর্তিত শেয়ার বিক্রী করা হয় ততক্ষণ পর্যন্ত নিয়োগকর্তাকে কোন রকম পুঁজিগত লাভ করের দায়িত্ব বহন করতে হয়না। কর-নির্ধারিণ বর্ষ 1994-99 পর্যন্ত দীর্ঘকালীন পুঁজিগত লাভের জন্য 3 বছরের সময় সীমা নিধারিত ছিল, কিন্তু কর-নির্ধারিণ বর্ষ 1999-96 থেকে দীর্ঘকালীন লাভের জন্য সময় সীমা কমিয়ে এক বছর করে দেওয়া হয়েছে যদি পূর্ণ রূপে পরিবর্তনশীল খাণ-পত্র বিক্রী করা হয় এবং তার থেকে কোন পুঁজিগত লাভ পাওয়া যায়, তবে তাকে দীর্ঘকালীন পুঁজিগত লাভ বলে ধরা যায়। এই ধরণের পরিবর্তনশীল খাণ-

পত্রগুলি থেকে যে শেয়ার পাওয়া যায় এবং তা বিক্রী করা হয়, তার জন্য দীর্ঘকালীন পুঁজিগত লাভ গণনা করার জন্য শেয়ার প্রাপ্ত করার তারিখ থেকে এক বছর পর্যন্ত সময় গণনা করা হয়, অর্থাৎ যদি এই শেয়ার এক বছরের থেকে বেশী সময় ধরে রাখা হয় এবং তা বিক্রী করে তার থেকে যে লাভ পাওয়া যায় তাকে দীর্ঘকালীন পুঁজিগত লাভ বলা হয়। এই ধরণের নিয়োগকে ভালো নিয়োগ বলা যায়, কারণ একদিকে যেমন একটা নিশ্চিত দরে সুদ প্রাপ্তির গ্যারান্টি থাকে, অন্যদিকে তেমনই তা সাধারণ শেয়ারে বদলানো যায়, এর ফলে বেশীর ভাগ নিয়োগকারী লাভবানই হয়, কারণ যে দামে ঋণ-পত্র শেয়ারে পরিবর্তিত হয়, সেই দাম বাজার মূল্যের থেকে কমই হয়। কর-নির্ধারিণ বর্ষ 1993-94 থেকে এই ধরণের ঋণ-পত্রের উপর যত টাকাই নিয়োগ করা হোক না কেন কোনা রকম সম্পত্তি কর দিতে হয়না।

আর্থিক (সংখ্যা) আইন, 1996-এর দ্বারা কর-নির্ধারিণ বর্ষ 1997-98 থেকে একটা নতুন ব্যবস্থাপনা করা হয়েছে, এই অনুসারে বুনিয়াদী সুবিধা এবং শক্তি সম্পর্কিত কম্পানী গুলির ঋণ-পত্র এবং সাধারণ শেয়ার ও মিউচ্যুয়াল ফাণ্ডে অর্থ নিয়োগ করলে আয়কর অধিনিয়ম 1961-এর ধারা 80C -এ অনুসারে 1,00,000 টাকা পর্যন্ত ছাড় পাওয়া সম্ভব।

Debentures : Non-Convertible :
(ঋণপত্র ঃ অপরিবর্তনীয়)

যে সমস্ত নিয়োগকারী এই ধরণের অর্থ-নিয়োগ পছন্দ করে যেখানে অর্থ নিয়োগ করলে তাদের অর্থ সুরক্ষিত থাকবে এবং তার থেকে একটা নির্দ্দিস্ট দরে আমদানীও হতে থাকবে এবং যারা অল্প সময়ের মধ্যে বেশী লাভ করতে চান তাদের জন্য অপরিবর্তনীয় ঋণ-পত্রে অর্থ নিয়োগ করা খুবই ভালো। অবসর প্রাপ্ত ব্যক্তি, নিশ্চিত আয় উপার্জনকারী নিয়োগকর্তা এবং অন্যান্য সাধারণ নিয়োগকর্তা, যারা কোন রকম ঝুঁকি নিতে চান না তাদের জন্য এই খাতে অর্থ নিয়োগ করা খুবই লাভদায়ক। এই ধরণের ঋণ-পত্রের মাধ্যমে একটা নিশ্চিত অর্থ পাওয়া যায়, এবং সাট্টা বাজারের উত্থান-পতন এর পর কোন রকম প্রভাব ফেলতে পারেনা। এই ধরণের ঋণ-পত্রের উপর যে সুদ পাওয়া যায় তার জন্য আয়কর দিতে হয়, এর

কোন ভাগই কর মুক্ত নয়। কিন্তু কর-নির্ধারণ বর্ষ 1993-94 থেকে এই ধরণের নিয়োগের ক্ষেত্রে কোন রকম সীমা নিশ্চিত না করেই সম্পত্তি-কর সম্পূর্ণরূপে মুক্ত করে দেওয়া হয়েছে। যে অর্থ নিয়োগকারী সুদের থেকে অনেক বেশী পরিমানে আমদানী চায় তার সাট্টা বাজার থেকে এই ধরণের অপরিবর্তনীয় ঋণ-পত্র ক্রয় করা উচিত। এই খাতে নিয়োগ করলে অর্থ নিয়োগকারী প্রতি বছর তার টাকার উপর 7% থেকে 8% সুদ পাবে। এই কারণে অবসর প্রাপ্ত ব্যক্তিদের জন্য বা যারা অন্য কোন নিয়োগ থেকে কোন রকম আয় পান না, তাদের জন্য এই প্রকার বলা পত্রে অর্থ নিয়োগ করা লাভজনক। পরিবারের যে সদস্যের আয় কর মুক্ত সীমার ভেতর, তাদের জন্যও এই প্রকার নিয়োগ খুবই লাভজনক, কর-নির্ধারণ বর্ষ 1995-96 থেকে এই ধরণের নিয়োগ খুবই আকর্ষণীয় হয়ে উঠেছে কারণ এখন শুধুমাত্র একবছর রাখলেই তা দীর্ঘকালীন পুঁজিগত লাভের মধ্যে পড়ে যায়, এক্ষেত্রে কর-মুক্তির একটা সুবিধা পেলেও পেতে পারেন আর যদি না পান তবে মাত্র 20% দরে আয়কর লাগে।

বুনিয়াদী সুবিধা এবং শক্তি সম্পর্কিত কম্পানী গুলির শেয়ার ও ঋণপত্র এবং মিউচুয়াল ফাণ্ডের এই প্রকার ইউনিট, যা শক্তি সম্পর্কিত কম্পানী এবং বুনিয়াদী সুবিধাযুক্ত ক্ষেত্রের সাথে সম্পর্কিত, তাতে অর্থ নিয়োগ করলে আয়কর ছাড় পাওয়ার সুবিধা প্রাপ্ত হবে। সর্বাধিক মোট রাশি, যার উপর ধারা 80C অনুসারে আয়কর ছাড় প্রাপ্ত হয়, তা হল 1,00,000 টাকা।

Debentures : Partly Convertible :
(ঋণ-পত্র ঃ আংশিক পরিবর্তনশীল)

যদি কোন নিয়োগকারী আংশিক রূপে পরিবর্তনশীল ঋণ-পত্রে অর্থ নিয়োগ করে তবে তার এক নিশ্চিত অংশের উপর নিশ্চিত দরে সুদ পাবে। ঋণ-পত্রের অন্য অংশটির উপর কোনরকম নিশ্চিত আমদানীর আশা থাকে না, কারণ এই অপর অংশটি একটা নির্দ্দিষ্ট সময় পরে সাধারণ শেয়ারে পরিণত হয়। যে শর্তের দ্বারা ঋণ-পত্রের একটা ভাগ শেয়ারে পরিণত হয়ে যায়, নিয়োগকর্তার সেই শর্তগুলি ঠিক মতন বুঝে নেওয়া খুবই জরুরী, কারণ তাহলে সে নিজের আমদানীর সঠিক গণনা করতে

পারবে। এই ধরণের ঋণ-পত্রে অর্থ নিয়োগ লাভজনক বলে প্রমাণীত হতে পারে, কারণ এই ধরণের নিয়োগ থেকে একদিকে মেন নিয়োগকারী নিশ্চিত রূপে আমদানী প্রাপ্ত করে, অন্যদিকে কিছুদিন বাদে তার একটা অংশ শেয়ারে পরিবর্তন হয়ে যাওয়ারও আশা থাকে, সাট্টা বাজারের উত্থানের সাথে সাথে তার ঋণ পত্রেরও দাম বৃদ্ধি পেতে থাকবে। এই ধরণের ঋণ-পত্র শেয়ারে পরিবর্তিত করার সময় কোন রকম আয়কর দিতে হয়না। যখন শেয়ার বিক্রী করা হয় এবং তার থেকে লাভ পাওয়া যায় তখন আয়কর দেওয়ার ব্যাপার এসে যায়। দীর্ঘকালীন পুঁজিগত লাভ গণনা করার জন্য, যে তারিখে এই কম্পানী ঋণ-পত্র শেয়ারে পরিবর্তিত করে সে দিন থেকেই গণনা করা হয়, কারণ সেই দিনটাকেই শেয়ার কেনার তারিখ হিসাবে ধরা হয়। এইভাবে যে দামে ঋণ-পত্র শেয়ারে পরিবর্তিত হয়, সেটিকেই তার উৎপাদন মূল্য ধরা হয়, যে দামে ঋণ-পত্র শেয়ারে পরিবর্তিত করা হয়েছে। কর-নির্ধারণ বর্ষ 1994-95 পর্যন্ত এই ধরণের ঋণ-পত্র 3বছরের জন্য রাখতে হত। কিন্তু কর-নির্ধারণ বর্ষ 1993-96 থেকে এই সময় সীমা কমিয়ে দিয়ে এক বছর করে দেওয়া হয়েছে, ফলে নিয়োগকারী এক বছর পরে এই ধরণের পরিবর্তিত শেয়ার বা ঋণ-পত্র বিক্রী করে যে লাভ পায় তাকে দীর্ঘকালীন পুঁজিগত লাভ বলে ধরা হয়, এতে করে সে আয়কর মুক্তির ব্যাপারে বহু সুবিধা পায় এবং যদি দীর্ঘকালীন পুঁজিগত লাভ কর যোগ্য বলে ধরা হয় তবে তার উপর 20% দরে আয়কর দিতে হয়। এই ধরণের ঋণপত্রের উপর আরএক ধরণের সুবিধা পাওয়া যায়, তাহল–সম্পত্তি কর আইন অনুসারে এটি সম্পূর্ণ রূপে কর মুক্ত যে নিয়োগকারী এই ধরণের ঋণ-পত্রে অর্থ নিয়োগ করে তার কোন দিন ঋণ-পত্র শেয়ারে পরিবর্তিত হচেছ এব তার জন্য কি-কি করত হবে এবং শেয়ারে পরিবর্তন হওয়ার জন্য কোন অতিরিক্ত টাকা দিতে হবে কিনা সেই সমস্ত ব্যাপারে খেয়াল রাখতে হবে, এতে করে যদি কম্পানী সঠিক সময়ে শেয়ারে পরিবর্তন না করে তবে কম্পানীর ব্যাপারে মালিক জানাতে পারবে এবং যদি সে দীর্ঘকালীন পুঁজিগত লাভ নিতে চায় তবে এক বছর বাদেই এই পরিবর্তিত শেয়ার বিক্রী করে দিতে পারে।

কোন বুনিয়াদী সুবিধা প্রদানকারী বা শক্তি ক্ষেত্রের সাথে সম্পর্কিত কোন সার্বজনিক কম্পানী বিশেষ রূপে কোন সাধারণ শেয়ার বা ঋণপত্র

জারী করলে, অথবা কোন বিশেষ প্রকারের মিউচ্যুয়াল ফাণ্ড ইউনিটে নিয়োগ করলে ধারা 80C অনুসারে আয়কর ছাড় পাবে। কর-নির্ধারণ বর্ষ 2006-07 থেকে এই প্রকার নিয়োগের সীমা 1,00,000 করে দেওয়া হয়েছে।

13. Deduction on Investments

পরিচ্ছেদ 49 দেখুন ঃ Section 80C : Investments Eligible for Tax Deduction

14. Deep Discount Bonds :

(দীর্ঘকালীন ছাড়-প্রাপ্ত বণ্ড)

নিয়োগ থেকে আয়	ঃ	নিশ্চিত
সুরক্ষা	ঃ	অধিকতম
তরলতা	ঃ	হ্যাঁ
আয়কর লাভ	ঃ	কিছু নেই
নিয়োগের অধিকতম সীমা	ঃ	কিছু নেই

Deep Discount Bonds of IDBI :

(IDBI-এর দীর্ঘকালীন ছাড় প্রাপ্ত বণ্ড)

ভারতে সর্বপ্রথম 1992 সালে IDBI ব্যাঙ্ক দীর্ঘকালীন ছাড় যুক্ত বণ্ড জারী করেছিল। মোট 2,700 টাকার বিনিময়েই এই বণ্ড জারী করা হয়েছিল কিন্তু বণ্ডের প্রথম পৃষ্ঠায় তার দাম লেখাছিল 1,00,000 এই অর্থ 2017-এর 31শে মার্চ বণ্ড ধার করা প্রাপ্ত করবে। বণ্ডের ধার করা আর একটা ঐচ্ছিক সুবিধা পেয়েছিল, বণ্ড ধারক চাইলে 1992-এর 31শে মার্চ থেকে প্রত্যেক 5 বছর অন্তর এই বণ্ডের টাকা ফেরত নিয়ে নিতে পারে এবং সে কতটাকা ফেরত পাবে তাও নিধারিত ছিল। পাঁচ বছর বাদে নিয়োগ কর্তা 5,700 টাকা ফেরত পাবে তো 10 বছর বাদে পাবে 12000 টাকা 15 বছর বাদে 23,000 টাকা, 20 বছর বাদে 30,000 এবং 2017-র 31 শে মার্চ 25 বছর শেষ হওয়ার পর বণ্ড ধারক এক মাস টাকা প্রাপ্ত করবে কর-প্রদান এবং অর্থ-নিয়োগের ব্যবস্হা অনুসারে এই ধরণের নিয়োগ খুবই আকর্ষণনীয়, বিশেষ করে যারা পরিবারের ছোট সদস্যদের জন্য দীর্ঘকালীন

নিয়োগ পছন্দ করেন। এই ধরণের নিয়োগের উপর প্রতি বছর কোন রকম সুদ গণনা করা হয়না এবং এই কারণে কোন রকম আমদানীও হয়না, এই কারণে কোন রকম আয়করও লাগে না। বণ্ডের সময় সীমা শেষ হওয়ার আগে বা নির্দ্দিস্ট সময় সীমা শেয হওয়ার আগে প্রদান করলে নিয়োগকারী যে অর্থ প্রাপ্ত করবে তাই তার বিক্রয় মূল্য ধরা হবে এবং তা হল, একটা বণ্ড জারী করার মূল্য অর্থাৎ 2,700 টাকা। এটিকে দীর্ঘকালীন পুঁজিগত আয় বলেই ধরা হবে কিন্তু সেই সময় কার আয়কর আইন অনুসারে তার উপর করও দিতে হবে। নাবালক বাচ্চাদের নামে এই ধরণের নিয়োগ খুবই লাভজনক কারণ বর্তমান আইনি ব্যবস্হাপনা অনুসারে এক ব্যক্তির আয়কে অন্য ব্যক্তির আয়ের সাথে যুক্ত করার যে রীতি তা এইধরণের নিয়োগের ক্ষেত্রে প্রযোজ্য হবেনা এবং ভবিষ্যৎ-এ যখন এই টাকা পাওয়া যাবে তখন নাবালক বাচ্চা সাবালক হয়ে যাবে। তাই তার আমদানীকে তার বাবা-মার আমদানীর সাথে যোগ করার কোন প্রশ্নই আসছে না। বর্তমানে IDBI-এর কাছে এই ধরণের কোন বণ্ড নেই, কিন্তু যদি কোন নিয়োগকারী এই ধরণের বণ্ডে অর্থ নিয়োগ করতে ইচ্ছুক থাকেন তকে সাট্টা বাজার থেকে এই ধরণের বণ্ড কিনতে পারেন। এই ধরণের বণ্ডের কোন সীমাতেই সম্পত্তি-কর দিতে হয়না। যদি 30-9-1998 -এর মধ্যে এ ধরণের বণ্ডকে উপহার স্বরূপ দেওয়া হয় এবং উপহার প্রদানকারীর সব উপহারের মূল্য যদি এক আর্থিক বছরে 30,000 টাকার বেশী হয়, তবে তাকে 30% হারে উপহার করদিতে হত। যে মূল্যর উপর উপহার-কর গণনা করা হত, তা এই প্রকার নিয়োগের বাজার মূল্যের সমান নাকি এই বণ্ডের প্রথম পৃস্ঠায় লেখা টাকা বা জারী করা টাকা। IDBI 31.2.2002 থেকে সিরীজ (1992)-এর বণ্ডের জন্য 12,000 টাকা জমা দেওয়ার কথা ঘোষণা করে। তা ছাড়াও এই বণ্ডের উপর কোন রকম সুদ পাওয়া যাবেনা।

IDBI ব্যাঙ্ক 1996-এর 26 জানুয়ারী থেকে 13শে মার্চ পর্যন্ত 'IDBI ফল্যান্সী বণ্ড' জারী করেছিল। এই দিন যে চার প্রকারের বণ্ড জারী করা হয়েছিল, তার মধ্যে যেটা নিয়োগকারীরে কাছে সবচেয়ে বেশী আকর্ষণীয় ছিল, তা হল IdBI ব্যাঙ্কের 'টীপ ডিসকাউন্ট বণ্ড'। যদিও এই বণ্ডের সময় সীমা ছিল সবচেয়ে বেশী কিন্তু এই ধরণের বণ্ডে নিয়াগের ব্যাপার ছিল

সবচেয়ে বেশী আকর্ষণীয়। কিন্তু সব বয়সের সব রকম নিয়োগকারীদের জন্য এই বণ্ডে অর্থ নিয়াগ করা ঠিক নয়। সাধারণত যারা প্রতি বছর একট নিশ্চিত রূপে আয় চান তাদের 'রেগুলার ইনকাম বণ্ডে' নিয়োগ করাই শ্রেয়। দীর্ঘকালীন ছাড় প্রাপ্ত বণ্ড অর্থাৎ 'ডীপ ডিসকাউন্ট বণ্ডে' নিয়োগ করার আগে আরোও কিছু বিষয়ে জ্ঞান থাকা নিয়োগকারীদের জন্য অনিবার্য।

নতুন 'ডীপ ডিসকাউন্ট বণ্ডে' অনুসারে প্রতি বণ্ডের দাম ছিল 5,300 টাকা এবং 25 বছর বাদে তার থেকে দুই লক্ষ টাকা পাওয়ার কথা ঘোষণা করা হয়েছিল। কিন্তু এই ব্যবস্হাপনা অনুসারে নিয়োগকারী চাইলে সময় সীমা শেষ হওয়ার পূর্বেই কিছু টাকা ঘাটতি করেই নিজের টাকা তুলে নিতে পারে, পরবর্তী পৃষ্ঠায় এর বিবরণ দেওয়া হল।

সময় সীমা	*আবেদনের সময়*	*নিয়োগকারীর প্রাপ্ত অর্থ*
1.8-2000	4 বছর 4 মাস	10,000 টাকা
1-12-2006	10 বছর 8 মাস	25,000 টাকা
1-9-2011	15 বছর 5 মাস	50,000 টাকা
1-6-2016	20 বছর 2 মাস	1,00,000 টাকা

1-1-1999 তারিখ থেকে এর উপর 1% সুদ কমিয়ে দেওয়া হয়েছে। 1-3-2001 তারিখ থেকে 1.5% সুদ কমিয়ে দেওয়া হয়েছে। 1.3.2002 তারিখ থেকে 0.3% সুদ কমানো হয়েছে এবং পুণরায় 1.3.203 তারিখে সুদ কমানো হয়েছে।

যে সংস্হা এই বণ্ড জারী করেছিল অর্থাৎ IDBI ব্যাঙ্ক, সে ইচ্ছা করলে 25 বছরের আগেই এই বণ্ডের অর্থ প্রদান করতে পারে। এই বণ্ডের আর একটা বিশেষ দিক হল, যে কোন ব্যক্তি এই বণ্ড উপহার স্বরূপ অন্য কাউকে প্রদান করত পারে। বণ্ডে উপহার গ্রহতার নামও লেখা যায়, কিন্তু উপহার দেওয়ার সময় আয়কর আইন 1961-এর ধারা 69এর অনুসরে এক ব্যক্তির অন্য ব্যক্তির আয়ের সাথে মুক্ত করার যে ব্যবস্হা আছে, সে সম্পর্কে সম্পূর্ণ রূপে অধ্যায়ণ করে নেওয়া প্রয়োজন, বিভিন্ন নামে আমরা এই বিষয়ে আলোচনা করে ফেলেছি। সাধারণ রূপে রেখাঙ্কন এবং প্রত্যক্ষ ভারপ্রাপ্ত দ্বারাই এই বণ্ড হস্তান্তরিত করা যেতে পারে।

দীর্ঘকালীন পুঁজিগত লাভ এবং উৎপাদন মূল্য মুদ্রাস্ফীতি সূচাঙ্ক যুক্ত ব্যবস্হাপনাও এই বণ্ডের জন্য প্রযোজ্য।

এই ধরণের দীর্ঘকালীন ছাড় প্রাপ্ত বণ্ড মাঝে-মাঝেই জারী করা হয়ে থাকে এবং তা সব-সময় পাওয়া যায়না। পরবর্তী পরিচ্ছেদে আমরা এই ধরণের বণ্ডের আরোও কিছু দিক সম্পর্কে আলোচনা করেছি যার দ্বারা নিয়োগকারী সমস্ত কিছু বুঝে নিয়ে এই ধরণের বণ্ডে অর্থ নিয়োগ করতে পারে। কোন নিয়োগকারীর এই প্রকার বণ্ডে অর্থ নিয়োগের আগে অন্যান্য নিয়োগ ক্ষেত্রের সাথে এর তুলনা করা উচিত, যে ক্ষেত্রে 20 থেকে 25 বছর বাদে অর্থ প্রাপ্তির ব্যাপার থাকে। যেমন–বর্তমানের সবচেয়ে জনপ্রিয় দীর্ঘকালীন আয় পরিকল্পনা হল–'টকার গাছ পরিকল্পনা'। প্রায় সময় এই ধরণের বিজ্ঞাপন দেখা যায় যাতে এটা লেখা থাকে যে প্রায় 2,500 টাকা নিয়োগ করলে কোন ব্যক্তি 20 বছর বাদে একটা টাকার গাছ পেত পারে, নির্দ্দিষ্ট সময়ে এই টাকার পরিমাণ এক লক্ষ হতে পারে। টাকার গাছের শাখা-প্রশাখার পরিকল্পনা খুবই আকষর্ণীয় কারণ এতে কম সময়ে বেশী টাকা পাওয়ার সম্ভাব না থাকে। দ্বিতীয়তঃ টাকার গাছ থেকে প্রাপ্ত আমদানী সম্পূর্ণ রূপে কর মুক্ত, কারণ এটিকে কৃষি আট বলে ধরা হয়, দীর্ঘকালীন ছাড় যুক্ত বণ্ডের উপর দীর্ঘকালীন পুঁজিগত লাভ কর দিতে হয়। তাই এই দুই প্রকার নিয়োগের মধ্যে করদাতাকে যে কোন একটি পক্ষের হয়ে নির্ণয় নিতে হয়। এই ধরণের নির্ণয় নেওয়ার সময়ে যদি নিয়োগকারী ঠিক ভাবে খুঁটিয়ে দেখে তা হলে আমরা দীর্ঘকালীন বণ্ডের পক্ষেই যাওয়ার পরামর্শ দেব, কারণ এতে সুরক্ষা এবং নির্দ্দিষ্ট সময়ে টাকা পেয়ে যাওয়ার গ্যারান্টি আছে, কিন্তু টাকার গাছ থেকে টাকা পাওয়ার ব্যাপারে কোন নিশ্চিত আশ্বাস নেই, সমস্তটাই অনুমান ভিত্তিক। তাই যে ব্যক্তি দীর্ঘকালীন সময়ের জন্য পূর্ণ সুরক্ষিত নিয়োগ করতে চায় তার জন্য 'ডীপ কী ডিসকাউন্ট বণ্ড'-এ অর্থ নিয়োগ করাই শ্রেয়। এছাড়া যদি নিয়োগকারীর সময় সীমা শেষ হওয়ার পূর্বেই টাকার প্রয়োজন পড়ে তবে যে 4 বছর এবং 4 মাস বাদে সেই টাকা তুলে নিতে পারে। নিয়োগকারী এই সুবিধা পেয়ে থাকে। এই কারণেই এই প্রকার অর্থ নিয়োগকে তরল নিয়োগ ধরা হয়, এতে নগদ অর্থ পাওয়ার ব্যাপারে কোন রকম সমস্যা থাকেনা, অন্য দিকে টাকার কাছে অর্থ নিয়োগ করলে

নিয়োগকারীর ভবিষ্যৎ অন্ধকারে থেকে যায় এবং সে সময় সীমা শেষ হলে কত টাকা পাবে সে ব্যাপারেও কোন রকম গ্যারান্টি নেই।

এই ধরণের বণ্ডে অর্থ নিয়োগ করার আগে কোন নিয়োগকারীর এই ব্যাপারটা নিশ্চিত করে নেওয়া উচিত যে সে তার অর্থ নিয়োগ থেকে একটা নির্দ্দিষ্ট সময় পর-পর ক্রমাগত অর্থ পেতে চায় নাকি দীর্ঘকালীন আমদানী পেতে চায়। একজন অবসর গ্রহণকারী ব্যক্তির জন্য এই প্রকারের অর্থ নিয়োগ একদমই যুক্ত যুক্তি নয়। সাধারণতঃ 40 বছর বা তার থেকে বেশী বয়সের ব্যক্তিদের জন্য এই ধরণের খাতে অর্থ নিয়োগ করা ঠিক নয়। এক থেকে 20 বছর বয়সের লোকেদের জন্য এই খাতে অর্থ নিয়োগ করার সবচেয়ে ভালো। এই ধরণের ব্যক্তিদের নামে অর্থ নিয়োগ করলে সময় সীমা শেষ হওয়ার পর অর্থ প্রাপ্তির সময় এই ব্যক্তি হয় নিজের বিয়ে বা উচ্চ শিক্ষা লাভের জন্য প্রস্তুত হয় বা পরিবারের কোন বয়স্ক ব্যক্তির বিয়ের জন্যও এই সময় টাকার প্রয়োজন হতে পারে। এই সময়ে একটা মোটা টাকা পেলে তার প্রয়োজন সহজেই পূর্ণ হতে পারে। যেমন–যদি কোন 20 বছরের ব্যক্তির নামে 25 বছরের জন্য এই বণ্ড নেওয়া হয় তবে প্রত্যেক বণ্ডের জন্য 2 লাখ টাকা পাওয়া যাবে। যদি প্রায় 10 লাখ গুলি বণ্ড নেওয়া যায় তবে 23 বছর বাদে 20 লাখ টাকা পাওয়া যাবে, সেই সময় আপনার বয়স হবে 45 বছর, আপনি নিজের ব্যবসার উন্নতির জন্য এই টাকা নিয়োগ করতে পারেন, আপনি নিজের বাচ্চাকে উচ্চ শিক্ষার জন্য ভারতের বাইরে বা কোন ভালে সংস্থায় পাঠাতে পারেন বা মেয়ের বিয়ের গয়নাও কিনতে পারেন। নাবালক ছেলেদের নামে এইপ্রকার বণ্ড করা সবচেয়ে ভালো কারণ উচ্চ শিক্ষার জন্য অর্থের প্রয়োজন হলে অতি সহজেই তা পেয়ে যাবে। কোন নাবালক কন্যার নামে এই প্রকার বণ্ড করা হলে বিয়ের সময় এতটাই টাকা পাবে যে এই মেয়ের বাবা-মার মেয়ের বিয়ের জন্য কেন রকম আর্থিক কষ্টের সম্মুখিনতাই করতে হবেনা। একই ভাবে ভবিষ্যৎ-এ কোন বড় খরচের জন্য অর্থের প্রয়োজন হলে এই বণ্ডের দ্বারা তা পূরণ করা সম্ভব।

এই ধরণের বণ্ডে অর্থ নিয়োগ করার সময় আয়কর আইন 1961-র ধারা 64-র ব্যবস্হাপনাগুলিকে অবশ্যই মাথায় রাখতে হবে। বর্তমান

আয়কর আইন অনুসারে নাবালক বাচ্চার আয় তার বাবা বা মায়ের মধ্যে যার আয় বেশী তার সাথে যোগ করা হয়। কিন্তু এই ধারা অনুসারে এই বণ্ডের ধারক বা যার নামে নমিনি আছে তার উপর কোন রকম প্রতিকূল প্রভাব পড়বে না, কারণ 23 বছর বাদে যখন এই বণ্ড থেকে টাকা পাওয়া যাবে তখন আজকের নাবালক শিশু প্রাপ্ত বয়স্ক হয়ে যাবে এবং তার আমদানীকে অন্য কারোর সাথে যুক্ত করার সমস্যা শেষ হয়ে যাবে। এই খাতে অর্থ নিয়োগ করার সবচেয়ে ভালো উপায় হল নাবালক বাচ্চার নামে উপহার স্বরূপ কিছু টাকা প্রদান করা। 1-10-98 তারিখ থেকে উপহার কর সম্পূর্ণ রূপে সমাপ্ত করে দেওয়া হয়েছে। যদি নিয়োগকারী তার স্ত্রীর নামে এই প্রকার বণ্ড নিতে চায় তবে তার স্ত্রীর নিজের অর্থের থেকে অর্থ নিয়োগ করাই সবচেয়ে ভালো, স্বামী বা শ্বশুর শ্বাশুরির কাছ থেকে উপহার স্বরূপ প্রাপ্ত অর্থ নিয়োগ না করাই শ্রেয় কারণ যদি স্বামী, শ্বশুর বা শ্বাশুরির কাছ থেকে পাওয়া অর্থ সে নিয়োগ করে তবে ভবিষ্যৎ-এ প্রাপ্ত সমস্ত টাকাই স্বামী, শ্বশুরী বা শ্বাশুর বলে গণ্য করা হবে। এইটুকু সাবধনতা অবলম্বন না করলে নিয়োগকারীর হীতকাঙ্খিকে এক বিরাট আয়কর দায়িত্ব বহন করতে হতে পারে। সময় সীমা শেষ হওয়ার পর, এই দিনই যে টাকার বণ্ড কেনা হয়েছিল তার মূল্যর মুদ্রাস্ফীতি সূচাঙ্কের দ্বারা বৃদ্ধি করে কুঁজীগত লাভ গণনা করা হবে, সেই সময় কার আয়কর আইন অনুসারে তার উপর যতটা সম্ভব কম আয়কর অবশ্যই দিতে হবে। তাই এই ধরণের বণ্ড অল্প বয়সী ব্যক্তিদের জন্য, বিশেষ করে নাবালকদের জন্য খুবই ভালো। কোন স্ত্রীর বার্ধক্য জীবন সুরক্ষিত করার জন্য এই বণ্ড খুবই ভালো কিন্তু যদি নিয়োগকারীর বয়স বেশী হয় তবে এই প্রকার বণ্ডে অর্থ নিয়োগ না করাই শ্রেয়। কৃষ্ণ ভাগ্য জল নিস্কাম লিমিটেড এই প্রকারের বণ্ড জারী করেছে যার দ্বারা 5,000 টাকা নিয়োগ করলে অর্থ নিয়োগকারী 10 বছর বাদে 28,000 টাকা পাবে। নতুন বণ্ডের জন্য নিজের এজেন্টের কাছ থেকে সমস্ত কিছু জেনে নিন।

কেন্দ্রীয় প্রত্যক্ষ কর বোর্ড দ্বারা জারী করা প্রপত্র সংখ্যা 2/2002 তারিখ 13-2-202 থেকে স্পষ্ট বলা হয়েছে যে এই ধরণের বণ্ড থেকে প্রাপ্ত প্রতি বছরের সুদ গণনা করে তার উপর আয়কর বসানো হবে। এই ব্যাপারে রিজার্ভ ব্যাঙ্কের দ্বারা নির্দেশ জারী করা হবে, যাতে এই ধরণের

বণ্ডের বাজার মূল্য বার করে আনুমানিক অর্জিত আয় গণনা করা হবে। তাই এই ধরণের নতুন বণ্ডে অর্থ নিয়োগ না করাই শ্রেয়।

Deep Discount Bonds of SCICI :
(এস.সি.আই.সি.আই-এর দীর্ঘকালীন ছাড় প্রাপ্ত বণ্ড)

1996-এর জুলাই আগস্টে এস.সি.আই.সি.আই এই ধরণের বণ্ড জারী করে ছিল, এটা IDBI ব্যাঙ্ক দ্বারা জারী করা দীর্ঘকালীন ছাড় প্রাপ্ত বণ্ডের সমকক্ষ। 27 বছর বাদে এই বণ্ডের থেকে 75,000 টাকা পাওয়া যাবে।

Deep Discount Bonds of SIDBI :
(সিডবীর দীর্ঘকালীন ছাড় প্রাপ্ত বণ্ড)

সিডবীর দ্বারা দীর্ঘকালীন ছাড় প্রাপ্ত বণ্ড জারী করা হয়েছিল। প্রত্যেক বণ্ডের জন্য 2,500 টাকা নিয়োগ করার কথা বলা হয়েছিল।

DIDBI এবং IDBI দ্বারা জারী করা বণ্ডে কর সম্পর্কিত ব্যবস্থাপনা সমান।

15. Deposit Scheme for Retiring Employees :
(অবসর প্রাপ্ত কর্মচারীদের জন্য টাকা জমানোর পরিকল্পনা)

নিয়োগ থেকে আয়	ঃ	নিশ্চিত
সুরক্ষা	ঃ	অধিকতম
তরলতা	ঃ	নেই
আয়কর লাভ	ঃ	ধারা 10-এর অন্তর্গত
নিয়োগের অধিকতম সীমা	ঃ	কিছু নেই

1989 সালে প্রথমবার ভারতে সরকারী কর্মচারীদের জন্য (শীঘ্রই অবসর গ্রহণকারীদের জন্য) 9%-এর এক জমা পরিকল্পনা জারী করা হয়েছিল। 15-3-1993-এর বিজ্ঞপ্তি অনুসারে এটা ব্যবস্থিত করা হয়েছিল যে, 15-3-93 বা তারপরে এই খাতে টাকা জমানো হলে 9%-র পরিবর্তে 10 শতাংশ সুদ দেওয়া হবে কিন্তু 2002-এর 1 লা মার্চ তা কমিয়ে 8% করে দেওয়া হয়। (1-3-2003 থেকে এই খাতে অর্থ নিয়োগ করার ব্যাপারে ব্যাঙ্কের সাথে কথা বলে নেওয়াই শ্রেয়) এই পরিকল্পনাার প্রধান

দিক হল, এটা শুধুমাত্র কেন্দ্রীয় বা রাজ্য সরকার বা সার্বজনিক ক্ষেত্রের যে কোন অবসর প্রাপ্ত কমচারীদের জন্যই প্রযোজ্য। অবসর প্রাপ্ত কর্মচারীগণ যখন অবসর গ্রহণ সম্পর্কিত অর্থ প্রাপ্ত করে তখন তাদের তিন মাসের মধ্যে কোন ব্যাঙ্কে বই করে এই টাকা জমা করে দিতে হয়। যদি অবসর প্রাপ্ত সম্পর্কিত সুবিধা কিস্তীতে পাওয়া যায় তবে তারা কিস্তীতেই টাকা জমা দিতে পারে। এই পরিকল্পনায় নামাঙ্কন এবং সময়ের পূর্বে টাকা তোলার ব্যাপারে প্রচুর নিয়ম আছে। এই পরিকল্পনায় টাকা জমা করলে যে সুদ পাওয়া যায়, তা আয়কর আইন 1961-এর ধারা 19(15) (iv) (i) অনুসারে সম্পূর্ণ রূপে কর মুক্ত। এইভাবে এই পরিকল্পনায় যে টাকা রাখা হয় তাও সম্পত্তি কর থেকে সম্পূর্ণ রূপে কর-মুক্ত। আর্থিক আইন 1992-এর দ্বারা 1-4-93থেকে আয়কর আইন 1961-এর ধারা 19(10C)-এর স্থানে এক নতুন ধারা প্রয়োগ করা হয়েছে, যার ফলে এই পরিকল্পনা শুধুমাত্র কেন্দ্রীয় সরকার, রাজ্য সরকার বা সার্বজনিক ক্ষেত্রের কর্মচারীদের জন্যই সীমিত না থেকে প্রাইভেট কম্পানীর কর্মচারীদের জন্যও প্রয়োগ করা হয়েছে। এর ফলে প্রাইভেট কম্পানীর কর্মচারীদের জন্যও প্রয়োগ করা হয়েছে। এর ফলে প্রাইভেট কম্পানীর সমস্ত কর্মচারীরাও সম্পূর্ণ রূপে কর মুক্তির সুবিধা পেতে পারে। এই ব্যাপারে কোন কম্পানী যে পরিকল্পনা তৈরী করে, সেই ব্যাপারে আয়কর আইন অনুসারে বিস্তৃত নিয়ম এবং মার্গদর্শন হেতু ব্যবস্থাপনা বর্ণিত আছে। এই পরিকল্পনার অন্তর্গত জমানো টাকার ওপর কোন রকম সম্পত্তি কর দিতে হয়না। 2-7-2004 থেকে এই পরিকল্পনা বন্ধ করে দেওয়া হয়েছে।

16. Deposits :

(জমা)

নিয়োগ থেকে আয়	ঃ	নিশ্চিত
সুরক্ষা	ঃ	মধ্যম
তরলতা	ঃ	না
আয়কর লাভ	ঃ	কিছু না
নিয়োগের অধিকতম সীমা	ঃ	কিছু না

সাধারণত কম্পানী গুলিতে বহু অর্থ নিয়োগকারী টাকা জমা করে থাকে। কেউ নিজের বন্ধু, আত্মীয়, নিজেস্ব ব্যবসায়িক প্রতিস্ঠান, অংশীদায়ী প্রতিস্ঠান প্রভৃতিতেও সঞ্চিত টাকা জমা করে তার থেকে সুদ পায়। যদি অর্থের সুরক্ষার দিক থেকে বিচার করা হয় তবে কোন প্রতিস্ঠান ঠিক সময়ে সঞ্চিত অর্থ বা সুদ দেবে কিনা সে ব্যাপারে যতক্ষণ না সন্তুস্ট হওয়া যাচ্ছে ততক্ষণ পর্যন্ত অর্থ নিয়োগ করা উচিত না। এই কারণে খুবই নামকরা এবং প্রতিস্ঠিত ব্যবসায়িক প্রতিস্ঠানের কাছেই টাকা জমা করানো উচিত। এই প্রকার অর্থ নিয়োগের সবচেয়ে বড় সুবিধা হল, এক্ষেত্রে অনেক কম টাকাও নিয়োগ করা যায়। এই খাতে অর্থ নিয়োগ করার পর নিয়োগকারীকে একটা ছোট রসিদ দেওয়া হয়, যাতে সঞ্চিত অর্থ, সুদের দর এবং টাকা প্রাপ্তির ব্যাপারে সম্পূর্ণ বিবরণ দেওয়া থাকবে। এই সমস্যার হাত থেকে বাঁচার জন্য রেখাঙ্কিত চেকের মাধ্যমে অর্থ জমা করাই সবচেয়ে ভালো। একটা নিদ্দিস্ট সময়ের জন্য ঋাণ প্রদানের পরিবর্তে ছোট-ছোট অর্থ জমা করানোই বাঞ্ছনীয়। সাধারণ এই ধরণের অর্থ সঞ্চয়ের সময় সীমা এক থেকে পাঁচ বছর পর্যন্ত হয়ে থাকে। নিয়োগকারী প্রত্যেক তিন মাস, ছয় মাস বা বছর বা তাদের মধ্যে ঠিক কর অন্য কোন সময় অনুসারে সুদ পেয়ে থাকে। কিন্তু অর্থ জমা করার সময়তেই কিভাবে সুদ প্রদান করার হবে সে বিষয়ে স্পস্ট উল্লেখ থাকে। নিয়োগকারীরা সার্বজনিক প্রতিস্ঠানেই অর্থ রাখার ব্যাপারটা বেশী বিশ্বাস করেন। আমাদের অভিজ্ঞতাও বলে যে যদি সার্বজনিক প্রতিস্ঠানের ক্ষতিও হয় তাহলেও তারা সুদের টাকা সময় মতন দিয়ে থাকে। এই ধরণের সঞ্চয়ের ক্ষেত্রে একটাই সমস্যা দেখা যায়, তাহল সময়ের পূর্বে টাকা তোলা যায়না।

17. Equity Linked Mutual Fund Scheme :

(সাধারণ শেয়ারের সাথে সংলগ্ন মিউচ্যুয়াল ফাণ্ড পরিকল্পনা)

নিয়োগ থেকে আয়	ঃ	অনিশ্চিত
সুরক্ষা	ঃ	মধ্যম
তরলতা	ঃ	নেই
আয়কর লাভ	ঃ	ধারা U80C-এর অন্তর্গত
নিয়োগের অধিকতম সীমা	ঃ	1,00,000 টাকা প্রতিবছর

কর-নির্ধারিণ বর্ষ 1993-94 থেকে এই ধরণের মিউচ্যুয়াল ফাণ্ড বা কোন-বিশেষ ধরণের শোয়রের সাথে যুক্ত জারী করা হয়েছে, আয়কর আইন 1961-এর ধারা 88 অনুসারে এতে আয়কর মুক্তির সুবিধা আছে। কর-নির্ধারিণ-বর্ষ 2005-06 অনুসারে কোন করদাতা এই খাতে সর্বাধিক 10,000 টাকা নিয়োগ করতে পারত এতে 20% এবং 15% দরে আয়কর ছাড় প্রাপ্ত করতে পারত। এই 1,0,000 টাকার উচ্চতম নিয়োগসীমা কর নির্ধারিণ বর্ষ 2003-2004 থেকে ধারা 88 অনুসারে মোট 70,000 এবং কিছু শর্ত সাপেক্ষে 1,00,000 টাকা অন্তর্গত করে দেওয়া হয়েছে। অর্থ নিয়োগকারীরা জীবন-বীমা নিগম ব্যাঙ্ক এবং কিছু মিউচ্যুয়াল ফ্যাণ্ড থেকেও এই প্রকারের পরিকল্পনা প্রাপ্ত করতে পারে এবং প্রায় সমস্ত পরিকল্পনাই সমান লাভ প্রদান করে ও সব ক্ষেত্রে আয়কর প্রদানের ব্যাপারটাও একই রকম এই কারণে নিজের ইচ্ছানুসারে নিয়োগকারী যে কোন পরিকল্পনা নির্বাচন করতে পারে এবং তার অন্তর্গত ইউনিটেও প্রবেশ করতে পারে। কর-নির্ধারিণ বর্ষ 2006-07 থেকে ধারা 80C অনুসারে এতে নিয়োগের উচ্চতম সীমা 1,00,000 টাকা পর্যন্ত ছাড় আছে।

আর্থিক (সংখ্যাহ) আইন, 2004-এর নতুন অধ্যায় 7 অনুসারে স্বীকৃত স্টক এক্সচেঞ্জে নথিভুক্ত ডিলিভারী ভিত্তিক ব্যবসার ক্ষেত্রে ক্রেতাকে 1-10-2004 থেকে 0.075% এবং বিক্রেতাকে 0.075% সওদা কর দিতে হবে। অতি সাধাণর ইউনিট গুলির সওদার ক্ষেত্রেও ক্রেতাকে 1.05% সওদা কর দিতে হয়। এই ধরণের সওদার ক্ষেত্রে দীর্ঘকালীন পুঁজিগত লাভের উপর 10% আয়কর থাকবে। ডে ট্রেইস (সটোরিয়ে) এবং আর্বিট্রাজর্স দ্বারা 0.015% এবং ডেরিভেটিভ ট্রেডার্সের সওদাতে 0.010% সওদা কর লাগবে। কিন্তু বণ্ডসের সওদা এবং বণ্ড ওরিয়েন্টেড মিউচ্যুয়াল ফাণ্ড ইউনিটের সওদার উপর সওদা কর শূন্য থাকে। এটি সংশোধন সওদার উপর কর-নির্ধারিণ বর্ষ 2005-06 থেকে প্রযোজ্য হবে। আর্থিক আইন, 2005 দ্বারা 1.6.2006 থেকে উপরোক্ত সওদা করে 33 1/3% বৃদ্ধি করা হয়েছে। আর্থিক আইন 2006 দ্বারা 1-6-2006 থেকে উপরোক্ত সওদা করে 25% বৃদ্ধি করা হয়েছে।

18. Farmhouse :
(ফার্ম হাউস বা কৃষি ভবন)

নিয়োগ থেকে আয়	ঃ	পরিবর্তনশীল
সুরক্ষা	ঃ	অধিকতম
তরলতা	ঃ	নেই
আয়কর লাভ	ঃ	কিছু নেই
নিয়োগের অধিকতম সীমা	ঃ	কিছু নেই

আজকাল বড়-বড় শহর গুলিতে এক বিশেষ ক্ষেত্রে অর্থ নিয়োগের প্রবণতা দেখা যাচ্ছে। সম্প্রতি ধনী হয়ে ওঠা ব্যক্তি ফার্ম হাউস বা কৃষি ভবনে অর্থ নিয়োগ করতে খুবই আগ্রহী। ভারতের প্রায় সমস্ত বড়-বড় শহরের বাহিরে ফার্ম হাউস তৈরীর আধিক্য দেখা যাচ্ছে। বিলাস-বহুল জীবন কাটানোই যদি ফার্ম হাউসের উদ্দেশ্য হয় তবে নিয়োগকারীর তার থেকে কি আয় হবে সে ব্যাপারে মাথা ঘামানো উচিত না। যতদূর সম্ভব ফার্ম হাউসে সেই সমস্ত ব্যক্তিদেরই অর্থ নিয়োগ করা উচিত যাদের কাছে প্রচুর পরিমাণে অর্থ থাকে এবং যার উপর উচ্চতম আয় দরে, অর্থাৎ 30% দরে আয়কর দিতে হয়, ফার্ম হাউসের জন্য যে টাকা ব্যয় হবে সেই টাকার থেকে আসা আয়ের উপর আয়কর বাঁচানোর জন্যই এই ব্যবস্থাপনা।

ফার্ম হাউস কেনা বা তৈরীর আগে বিশেষ কিছু সাবধানতা অবলম্বন করা উচিত। যেমন, এটা জানা খুবই জরুরী যে, যে কৃষি জমি কেনা হচ্ছে, তার উপর জমি অধিকরণ আইন অর্থাৎ 'ল্যাণ্ড একুউজেশান এক্ট'-এর ধারা অ4 এবং 6 প্রযোজ্য কিনা। যদি তা হয় তবে সেই স্থানে ফার্ম হাউস না বানানোই শ্রেয়। কারণ তা সরকার যে কোন সময় কিনে নিতে পারে। জমি কিনে ফার্ম হাউস বানানোর আগে এটা অবশ্যই দেখা উচিত যে, নিয়োগকারী যেন ঠিক ভাবে দলিল বানায় এবং যেন আইনত তার পঞ্জীকরণ করে নেয়, তারপরেই এই জমিতে কৃষি ভবন তৈরী করা উচিত। এছাড়া কৃষি ভবনের জন্য বিভিন্ন রাজ্যে যে নিধারিত ক্ষেত্রফল আছে তাও মাথায় রাখতে হবে। যেমন, নূতন দিল্লীতে বৈধ্য ফার্ম হাউসের জন্য কম পক্ষে 21/2 একর জমি থাক অনিবার্য। আবার হরিয়াণাতে কমপক্ষে 2 একর জমি থাকলেই তার উপর বৈধ্য ফার্ম হাউস তৈরী করা যায়। এছাড়া এই রাজ্যের এই সংক্রান্ত বিভিন্ন অফিসারদের কাছে থেকে এটা জেনে নিতে হবে যে, প্রস্তাবিত ফার্ম হাউসের জমি এই কাজের জন্য

বৈধ্য দিক থেকে উপযুক্ত কিনা। যেমন, মাস্টার প্ল্যানে কিছু স্হানে শুধুমাত্র কৃষি কাজই করা যায় সেখানে ফার্ম হাউস বানানোর সম্মতি দেওয়া হয়না। তাই ফার্ম হাউস তৈরীর আগে এই ব্যাপার গুলি মাথায় রাখা খুবই জরুরী। যদি এমন কোন স্হানে ফার্ম হাউস তৈরী করা হয়, যা শহর তৈরীর এরি বাইরে বা সেই অধিকৃত ক্ষেত্রের বাইরে তবে ফার্ম হাউস সম্পর্কিত ন্যূনতম কৃষি জমির আবশ্যিক ব্যবস্হাপনা প্রযোজ্য হয়না। কর-নির্ধারণ বর্ষ থেকে 1993-94 থেকে যে কেন মিউনিসিপ্যালিটির 25 কিলোমিটারের ভেতরে তৈরী ফার্ম হাউসের জন্য সম্পত্তি কর দিতে হয়। যদি কোন করদাতার কাছে একটাই কৃষি ভবন থাকে এবং সে যদি সেখানে বসবাস করে তবে একটা বাড়ীর সম্পূর্ণ মূল্য অনুযায়ি সম্পত্তি কর থেকে সম্পূর্ণ রূপে কর মুক্ত হবে। যদি মিউনিসিপ্যালিটির শেষ সীমার 25 কিঃমিঃ বাইরে কোন কৃষি ভবন স্হাপিত হয় তবে তা সম্পত্তি করের অন্তর্গত হবেনা। যদি এই প্রকার ফার্ম হাউস কৃষি কাজ ছাড়া অন্য কোন কাজে ব্যবহৃত হয় তবে আয়কর আইন অনুসারে তার আয় কৃষি আয় রূপে কর-মুক্ত হবেনা।

19. Fixed Term Deposits :
(নির্ধারিত সময়ের জন্য জমা)

নিয়োগ থেকে আয়	ঃ	নিশ্চিত
সুরক্ষা	ঃ	অধিকতম
তরলতা	ঃ	হ্যাঁ
আয়কর লাভ	ঃ	কিছু নেই
নিয়োগের অধিকতম সীমা	ঃ	কিছু নেই

যে কোন নিয়োগকারী ব্যাঙ্কে বা আধা-সরকরী ব্যাঙ্কে, বা সমিতিতে বা ব্যক্তিগত কোন প্রতিস্ঠান বা কম্পানীতে বা সার্বজনিক প্রতিস্ঠানে মাঝে মধ্যেই নিধারিত সময়ের জন্য টাকা জমা করতে পারে। এই ধরণের টাকা জমা করার সময় এই ব্যাপারটা মাথায় রাখা উচিত যে কতদিন বাদে আমর এই টাকা ফেরত পেতে পারি। নিয়োগকারী যদি নিধারিত সময়ের আগেই টাকা পেতে চায় তা পাবে না সেই কারণেই এই ব্যাপারটা মাথায় রাখা জরুরী। অনেক সময় ব্যাঙ্ক সময়ের পূর্বেই সঞ্চিত অর্থ বার করার

আজ্ঞা দেয় কিন্তু তার জন্য প্রচুর পরিমাণে সুদ কেটে নেয়। এই প্রকার সঞ্চিত অর্থের উপর প্রত্যেক মাসে বা তিন মাস অন্তর বা ছয় মাস বা বছরে সুদ পাওয়া যায়। অনেক ক্ষেত্রে নির্ধারিত সময় শেষ হওয়ার পরেই সুদের টাকা পাওয়া যায়। তাকে সঞ্চিত জমা পরিকল্পনা বলে। একটা নির্ধারিত সময়ের জন্য ব্যাঙ্কে টাকা রাখলে প্রতি বছর 4 থেকে 6 শতাংশ সুদ পাওয়া যায়। কিন্তু কিছু আধা সরকারি ব্যাঙ্ক-রে থেকে কিছু বেশী সুদ দিয়ে থাকে। বরিস্ঠ নাগরিকগণ বহুস্হানে প্রতিবছর আধা থেকে 1 শতাংশ বেশী সুদ পেয়ে থাকেন। প্রাইভেট প্রতিস্ঠানের ক্ষেত্রে প্রতি বছর 12% থেকে 15 পর্যন্ত বেশী সুদ পাওয়া যায় কিন্তু সে ক্ষেত্রে সুরক্ষা খুবই কম থাকে। বহু কম্পানী এবং সার্বজনিক প্রতিস্ঠান এই ধরণের সঞ্চিত অর্থের উপর প্রতি বছর 8% থেকে 12% দরে সুদ দিয়ে থাকে।

20. Flats and Apartments :
(ফ্ল্যাট এবং অ্যাপার্টমেন্ট)

নিয়োগ থেকে আয়	ঃ	অনিশ্চিত
সুরক্ষা	ঃ	অধিকতম
তরলতা	ঃ	নেই
আয়কর লাভ	ঃ	ধারা 29-এর অন্তর্গত
নিয়োগের অধিকতম সীমা	ঃ	নেই

যে কোন একক ব্যক্তিগত করদাতার জন্য ফ্ল্যাট বা অ্যাপাটমেন্টে অর্থ নিয়োগ করা সবচেয়ে বুদ্ধিমানের কাজ। সবাধিক আয়কর সুবিধা পাওয়ার জন্য পরিবারের প্রধানকে এই পরিবারের প্রত্যেক সদস্যের নামে (যতদূর সম্ভব) এক-একটা ফ্ল্যাট বা বসবাস যোগ্য অ্যাপার্টমেন্ট ইউনিট কেনা উচিত। এই ব্যাপারটা মাথায় রাখা খুবই জরুরী যে, ফ্ল্যাট বা অ্যার্টমেন্ট কিনতে যে টাকা খরচ হয়েছে তার উৎস সম্পর্কে সঠিক প্রমাণ-পত্র থাকা খুবই জরুরী, কারণ প্রয়োজন হলে আয়কর অফিসারকে সেই প্রমাণ পত্র দিতে হতে পারে। বসবাস যোগ্য ফ্ল্যাট একাধিক ব্যক্তিদের নামে অর্থাৎ সংযুক্ত নামেও কেনা যায়। যদি কোন ফ্ল্যাট সংযুক্ত নামে কেনা হয় তবে

দলিলে প্রত্যেক মালিকের অংশের উল্লেখ থাকা বাঞ্ছনীয়। এই কোন ব্যক্তি কোন ফ্ল্যাটকে প্রভৃতি কেনার ব্যাপারে তার অংশের সমান টাকা দিতে বাধ্য। একাধিক নামে ফ্ল্যাট প্রভৃতি কেনার সবচেয়ে বড় সুবিধা হল প্রত্যেক মালিক নিজের আয় সম্পর্কে পৃথক রূপে আয়কর লাভ পেতে পারে, এই ব্যাপারে আয়কর আইন 1961-এর ধারা 26-তে ব্যবস্থাপনা আছে। এছাড়া, কর-নির্ধারণ বর্ষ 1994-95 থেকে একটা বাড়ীর দাম যতই হোকনা কেন না সম্পূর্ণ রূপে কর-মুক্ত। একই ভাবে নিজের বসবাসের জন্য রাখা ফ্ল্যাট বা অ্যাপার্টমেন্ট বা বাড়ী ক্রয় বা মেরামতের জন্য যদি লোন করা হয় তবে তার উপরেও ছাড়-পাওয়া যায়। পরিবারের যে সদস্যের নামে সবচেয়ে কম কর-যোগ্য সম্পত্তি আছে, তার নামেই এই ধরণের অ্যাপার্টমেন্ট কেনা উচিত যেটা ভাড়ায় দেওয়া হবে, এতে করে সম্পত্তি-কর অনেক কম দিতে হবে। 1-4-99 বা তার পরে ঋণ নিয়ে এই ধরণের বাড়ী কেনা বা বানানো হলে নিজের বসবাস যোগ্য বাড়ীর উপর কর-নির্ধারণ বর্ষ 2002-03 থেকে এই ছাড়ের টাকা 1,50,000 হয়ে গেছে। তবে বাড়ী তৈরীর কাজ ঋণ গ্রহণকারী বছর থেকে তিন বছরের মধ্যে হওয়াই আবশ্যক।

বসবাস যোগ্য বাড়ী বা ফ্ল্যাটে অর্থ নিয়োগের ব্যাপারে ভারতে একটা অতি সাধারণ প্রক্রিয়া প্রচলিত আছে। কর-প্রদানের দিকে থেকে এই ধরণের সমস্ত বসবাস যোগ্য ফ্ল্যাট বা বাড়ী কেনার আগে সমস্ত দিক গুলি দেখে নেওয়া খুবই জরুরী। এছাড়া এটাও দেখা জরুরী যে, যে বসবাস যোগ্য ফ্ল্যাট বা বাড়ী কেনা হচেছ বর্তমানে তা কিভাবে ব্যবহার করা হচেছ। উদাহরণঃ যদি কোন বসবাস যোগ্য ফ্ল্যাট বা বাড়ী কিনে তাতে ভাড়া বসিয়ে আয় প্রাপ্তি করাই একমাত্র উদ্দেশ্য হয় তবে পরিবারের সেই সদস্যের নামে তা কখনই কেনা উচিত না যার আমদানী অনেক বেশী, বরং যার আয় খুবই কম তার নামে এই বাড়ী বা ফ্ল্যাট কেনা উচিত, যাতে, আয়করের ভাড় অনেক কম বহন করতে হয় এবং করমুক্তি ও আয়কের কম দরের লাভও যতটা সম্ভব পেত পারে। অন্য দিকে যে কর্মচারী বাড়ী ভাড়ার ভাতা পায় তার নিজের নামে বসবাস যোগ্য ফ্ল্যাট না কিনে পরিবারের অন্য সদস্যদের নামে কেনা উচিত যাতে তাতে ভাড়া দিতে পারে এবং বাড়ীর ভাড়ার ভাতার রূপে অধিকতম ছাড় প্রাপ্ত করতে পারে। যদি ফ্ল্যাট ভাড়া দিয়ে তার থেকে আয় করাই ফ্ল্যাট কেনার উদ্দেশ্য হয় তবে নিয়োগকারীর এই ফ্ল্যাটের মূল্য হিসাবে আবশ্যকীয় অর্থ

নিজের থেকে না দিয়ে বেশীর ভাগটাই পরিবারের সদস্যদের কাছ থেকে ঋণ স্বরূপ নেওয়া উচিত, বিশেষ করে পরিবারের সেই সদস্যের কাছ থেকে যার আয় কম, যাতে তাকে পর্যাপ্ত সুদ প্রদান করে অনেকটা ছাড় প্রাপ্ত করতে পারে। যদি কোন করদাতা বাস করার জন্য কোন ফ্ল্যাট বা বাড়ী কিনতে চায় তবে তাকে আয়কর আইন 1961-র ধারা 24-এর ব্যবস্হাপনা মাথায় রাখতে হবে, এই প্রকারের বাড়ীর বার্ষিক মূল্য শূন্য হয় এবং এর কোন খরচই ছাড় যোগ্য নয়, শুধুমাত্র এই বাড়ীর জন্য নেওয়া হলে তার জন্য প্রদেয় সুদের ব্যাপারে ছাড় আছে। একটা বসবাস যোগ্য ফ্ল্যাট বা বাড়ী একাধিক ব্যক্তির সংযুক্ত নামে কেনা যায়, এর থেকে প্রাপ্ত ভাড়া স্বরূপ আয়ের জন্য প্রত্যেক মালিককেই পৃথক-পৃথক কর দিতে হবে।

21. Government Securities :
(সরকারী সুরক্ষা)

নিয়োগ থেকে আয়	ঃ	নিশ্চিত
সুরক্ষা	ঃ	অধিকতম
তরলতা	ঃ	আছে
আয়কর লাভ	ঃ	কিছু না
নিয়োগের অধিকতম সীমা	ঃ	কিছু না

বেশীর ভাগ নিয়োগকারীরা সরকারী খাতে টাকা রাখতে চায় না, কিন্তু সরকার দিক থেকে এই নিয়োগ সর্বোত্তম পি এন বি গিল্টস্ লিমিটের থেকে এই সুরক্ষা কেনা যায়। এর উপর নতুন 'সওদা কর' দিতে হবে না।

22. Hospitals in Certain Areas :
(কোন স্হানে হাস্পাতাল)

নিয়োগ থেকে আয়	ঃ	সুনিশ্চিত
সুরক্ষা	ঃ	উত্তম
তরলতা	ঃ	নেই
আয়কর লাভ	ঃ	ধারা 80-1B(11B)-এর অন্তর্গত 5 বছর পর্যন্ত সম্পূর্ণ রূপে কর মুক্ত।
নিয়োগের অধিকতম সীমা	ঃ	কিছু নেই

আর্থিক অনুসারে 2008-এ আয়কর আইনের ধারা 80-IB-তে একটা নতুন উপধারা (11C) প্রস্তাবিত করা হয়েছে যা কর-নির্ধারণ বর্ষ 2009-10 থেকে প্রযোজ্য হবে। এই আইন অনুসারে ভারতের কয়েকটি স্হান বাদ দিয়ে যে কোন স্হানে নতুন হাসপাতাল তৈরী করতে এবং তা চালানো হলে হাসপাতাল শুরুর বছর থেকে 5 বছ পর্যন্ত তা সম্পূর্ণ রূপে কর-মুক্ত থাকবে। এই ধরণের হাসপাতাল 1-4-2008 থেকে 31.3.2013-রে মধ্যে তৈরী হয়ে যেতে হবে। গ্রাম্য অঞ্চলে তৈরী হাসপাতালের ক্ষেত্রের কর-মুক্তির ব্যাপারে ধারা 80IB(11B)-তে কিছু শর্তে (যেমন 100 বেডের হতে হবে) উল্লেখ আছে। যে সমস্ত স্হানে এই প্রকার হাসপাতাল গড়ে ওঠা উচিত সেগুলি হল বৃহত্তর মুম্বাই, দিল্লী, কোলকাতা, চেন্নাই, হায়দ্রাবাদ ব্যাঙ্গালোর এবং আমেদাবাদ ও কিছু শহরে (যেমন–ফরীদাবাদ, গুরগাঁও, গাজিয়াবাদ, গৌতম বুদ্ধ নগর এবং গান্ধী নগরের জেলা ও সিকন্দরাবাদ শহর প্রভৃতি)।

23. Hotels in Districts Having a World Heritage Site :
(বিশ্বের ঐতিহ্যবাদী জেলায় অবস্হিত হোটেল)

নিয়োগ থেকে আয়	ঃ	নিশ্চিত
সুরক্ষা	ঃ	উত্তম
তরলতা	ঃ	নেই
আয়কর লাভ	ঃ	ধারা 80-ID-এর অন্তর্গত 5 বছর পর্যন্ত সম্পূর্ণ কর মুক্ত
নিয়োগের অধিকতম সীমা	ঃ	কিছু নেই

আর্থিক অনুসারে 2008-এ কর নির্ধারণ 2009-10 থেকে ধারা 80-IC তে কিছু সংশোধনের মাধ্যমে বিশেষ কিছু জায়গায় (যেগুলি বিশ্বের ঐতিহ্য বাহী স্হল) 5 কর-নির্ধারণ বছরের জন্য তার অন্য সম্পূর্ণ রূপে কর মুক্ত করে দেওয়া হয়েছে, যদি সেখানে 1-4-2008 থেকে 31-3-213-এর মধ্যে 2-তারা, 3 তারা, 4 তারা শ্রেণীর হোস্টল তৈরী হয় বা তৈরীর কাজ শুরু হয়। যে সমস্ত জেলায় বিশ্ব ঐতিহাবাহী স্হল আছে সেই সমস্ত প্রস্তাবিত জেলা হল–আগ্রা, জলগাঁও, ঔরঙ্গবাদ, কাঞ্চীপুরম, পুরী, ভরতপুর, ছত্তরপুর, থাঞ্জওয়ার, লেরী, দক্ষিণ চব্বিশ পরগনা (কোলকাতা শহর ছেড়ে), চমোলী রায়সেন, গায়া ভোপাল, পঞ্চমহল, কামরূপ, ওয়াল পড়ো, নবাগাওঁ, উত্তরী গোয়া, দক্ষিণী গোয়া, দার্জিলিং এবং

নীলগিরি। রাষ্ট্রীয় রাজধানী ক্ষেত্র প্রভৃতিতে তৈরী হোটেলেও এই শর্তগুলি প্রযোজ্য হবে।

24. House Investments : Rebate :
(বাড়ীতে অর্থ নিয়োগ ঃ আয়কর মুক্তি)

নিয়োগ থেকে আয়	ঃ	অনিশ্চিত
সুরক্ষা	ঃ	অধিকতম
তরলতা	ঃ	নেই
আয়কর লাভ	ঃ	ধারা 80C-এর অন্তর্গত
নিয়োগের অধিকতম সীমা	ঃ	কিছু নেই

আয়কর আইন, 1961র ধারা 80C অনুসারে এক বিশেষ প্রকারের অর্থ-নিয়োগের উপর 1,00,000 টাকা পর্যন্ত ছাড় পাওয়া যায়, যাতে জীবন বীমা প্রিমিয়াম, প্রভিডেন্ট ফাণ্ডে অংশদান প্রভৃতি বিশেষ করে করদাতাদের কাছে খুবই প্রিয়। কিন্তু বসবাস যোগ্য বাড়ীতে অর্থ নিয়োগ করলে এক বিশেষ ধরণের ছাড় পাওয়া যায়।

নতুন ধারা 80C I(2) (XVIII) তে এই সমস্ত কিছুর বর্ণনা আছে এটি সম্পূর্ণ রূপে বসবাস যোগ্য বাড়ী সম্পর্কিত। এই ছাড় শুধুমাত্র ব্যক্তিগত করদাতা এবং হিন্দু অবিভুক্ত পরিবার করদাতাই পাবে। এর অর্থ হল অংশীদায়ী সংস্থান, কম্পানি, প্রমুখরা এই ছাড় পাবেনা। এই ছাড়া কিছু বিশেষ প্রকারের অর্থ প্রদানের ক্ষেত্রেও পাওয়া যায়, যার দ্বারা কোন বাড়ী কেনার ব্যাপারে অর্থ নিয়োগ করা হয়, কিন্তু শর্ত হল এই নিয়োগ কোন আবাসীয় বিকাশ প্রাধিকরণ পরিকল্পনায় অন্তর্গত বা কোন হাউসিং বোর্ড বা কোন কম্পানী যা বাড়ীর মালিকানা প্রদান করার জন্য কিস্তীতে টাকা নিয়ে বাড়ী দেওয়ার পরিকল্পনা করছে কিস্তী প্রদানের ব্যাপারেও এই ছাড় পাওয়া যায়। কিস্তীতে অর্থ প্রদানের ব্যাপারেও এই ছাড় পাওয়া যায়। এই ভাবে কোন কম্পানী বা সহকারী সমিতির কোন সদস্যকে কোন বাড়ীর মালিকানা দিলে তার যে কোন কিস্তীই ছাড় যোগ্য বলে বিবেচিত হবে। এছাড়া কিছু বিশেষ প্রকার খাণের মূল্যধন প্রদানের ব্যাপারেও ছাড় পাওয়া যায়। কিস্তীতে অর্থ প্রদানের ব্যাপারেও এই ছাড়ে পাওয়া যায়। এই ভাবে কোন কম্পানী বা সহকারী সমিতির কোন সদস্যকে কোন বাড়ীর মালিকানা দিলে তার যে কোন কিস্তীই ছাড় যোগ্য বলে বিবেচিত হবে। এছাড়া কিছু বিশেষ প্রকার খাণের মূলধন প্রদানের ব্যাপারেও ছাড় পাওয়া যায়। যে খাণ ফেরতের ব্যাপারে এই ছাড় পাওয়া যায়, তার মধ্যে নিম্ন

লিখিত ঋণ গুলি প্রধান ঃ 1. কেন্দ্রীয় সরকার বা রাজ্য সরকার, অথবা 2. ব্যাঙ্ক বা সহকারী ব্যাঙ্ক, অথবা 3. জীবন বীমা নিগম, অথবা 4. রাষ্ট্রীয় আবাসীয় ব্যাঙ্ক, অথবা 5. এমন এক সার্বজনিক কম্পানী যার উদ্দেশ্য বসবাস যোগ্য বাড়ী তৈরী বা ক্রয় হেতু দীর্ঘকালীন আর্থিক সুবিধা প্রদান করা। অথবা 6. সার্বজনিক কম্পনা, বিশ্ববিদ্যালয় বা তার সাথে সম্পর্কিত মহাবিদ্যালয় যেখানে সে কাজ করে। আর্থিক (সংখ্যা-2) আইন, 2004 অনুসারে কেন্দ্রীয় রাজ্যের আইনের অন্তর্গত স্হাপিত কোন প্রতিস্ঠানের কর্মচারীও এই লাভ পেয়ে থাকে।

বাড়ী কেনার জন্য যে অর্থ ব্যয় হয় সেই সাথে এই বাড়ী হস্তান্তর সম্পর্কিত স্ট্যাম্প খরচ, পঞ্জীকরণ খরচ প্রভৃতির জন্য অর্থ ব্যয় হয় তাতেও কর-মুক্তির সুবিধা পাওয়া যায়।

এই ধারা অনুসারে প্রাপ্ত আয়কর ছাড় এবং ধারা 24-এ অনুসারে প্রাপ্ত ছাড়ের মধ্যে পার্থক্য বোঝা প্রত্যেক নিয়োগকারীর জন্য খুবই আবশ্যক। যেমন, বিশেষ প্রকারের ঋণ ফেরত দিলে ধারা 80C-এর অন্তর্গত আয়করের ছাড় পাওয়া যায় কিন্তু সুদ প্রদানের ব্যাপারে এতে কোন রকম লাভ পাওয়া যায় কিন্তু সুদ প্রদানের ব্যাপারে এতে কোন রকম লাভ পাওয়া যায়না, তা ধারা 24 এর অন্তর্গত পাওয়া যায়, কর-নির্ধারণ বর্ষ 2002-2003 থেকে কিছু-কিছু ক্ষেত্রে বসবাস যোগ্য বাড়ীর উপর প্রতিবছর 1,50,000 টাকা পর্যন্ত ছাড় পাওয়া যায়।

25. Immovable Property :
(অচল সম্পত্তি)

নিয়োগ থেকে আয়	ঃ	অনিশ্চিত
সুরক্ষা	ঃ	অধিকতম
তরলতা	ঃ	ঋণের দ্বারা
আয়কর লাভ	ঃ	ধারা 80C-এর অন্তর্গত
নিয়োগের অধিকতম সীমা	ঃ	কিছু নেই

ভবিষ্যৎ-এ বৃদ্ধি পাবে এমন আশায় যদি অর্থ নিয়োগ করা হয় তবে অচল-সম্পত্তিতে অর্থ-নিয়োগকেই সর্বোত্তম বলে ধরে নেওয়া যেতে পারে। অচল-সম্পতিতে অর্থ-নিয়োগ বিভিন্ন প্রকারের হতে পারে। যেমন, জমি বা বাড়ী বা কৃষি জমি বা ফার্ম হাউস বা অফিস তৈরীর জন্য ঘর বা বাড়ী, মালের গোদাম ঘর প্রভৃতি। মোটামোটি সবক্ষেত্রেই কর দায়িত্ব একই প্রকারের। কিন্তু নিজের প্রয়োজন এবং ভবিষ্যৎ-এর প্রয়োজনকে মাথায়

রেখেই বিভিন্ন প্রকারের অচল সম্পত্তিতে কোন ব্যক্তির নিয়োগ করা উচিত। এই ব্যাপারে পরিবারের সদস্য সংখ্যা, তাদের বয়স, বর্তমান সময়ে তাদের অচল সম্পত্তির প্রয়োজনীয়তা, সেই থেকে বর্তমানে নিশ্চিত আয়ের প্রয়োজনীয়তা, ভবিষ্যৎ-এ আয়কর এবং সম্পত্তি করের দায়িত্ব প্রভৃতি বিভিন্ন দিক আছে, এগুলির কথা মাথায় রেখেই অচল সম্পত্তিতে অর্থ নিয়োগ করা উচিত। এই ব্যাপারে পরিবারের সদস্য সংখ্যা, তাদের বয়স, বর্তমান সময়ে তাদের অচল সম্পত্তির প্রয়োজনীয়তা, সেই বর্তমানে নিশ্চিত আয়ের প্রয়োজনীয়তা, ভবিষ্যৎ-এ আয়কর এবং সম্পত্তি করে দায়িত্ব প্রভৃতি বিভিন্ন দিক আছে, এগুলির কথা মাথায় রেখেই অচল সম্পত্তিতে অর্থ নিয়োগ করা উচিত। সবার প্রথমে যে ব্যাপারটা ঠিক করা উচিত তা হল, পরিবারের কোন সদস্যের নামে অচল সম্পত্তি নেওয়া যেতে পারে। অনেক সময় একাধিক ব্যক্তির নামেও একটি বসবাস যোগ্য বাড়ী বা সম্পত্তি ক্রয় করা যায়, এক্ষেত্রে প্রত্যেক মালিক সম্পত্তির অংশ অনুসারে পৃথক-পৃথক ভাবে কর-মুক্তির সুবিধা পেয়ে থাকে। যেহেতু একাধিক বসবাস যোগ্য বাড়ী সম্পূর্ণ রূপে সম্পত্তি-কর থেকে মুক্ত নয় এবং শুধুমাত্র একটাই বসবাস যোগ্য বাড়ী নিজের বসবাসের জন্য ব্যবহার করা যায়, তা সম্পূর্ণরূপে আয়কর মুক্ত, তাই যতদূর সম্ভব, একজনের নামে একাধিক বসত বাড়ী যা থাকাই শ্রেয়। কর-নির্ধারিণ বর্ষ 1993-94 থেকে 1996-97 পর্যন্ত সমস্ত রকমের ব্যবসা-বাণিজ্যের জমি-জায়গার উপর কোন রকম সম্পত্তি কর লাগে না, কিন্তু আর্থিক সংখ্যা (2) আইন, 1996-এ এক গুরুত্বপূর্ণ সংশোধন হয়েছিল, এই অনুসারে যদি কর নির্ধারিণ বর্ষ 1997-98 থেকে ব্যবসা বাণিজ্য সম্পর্কিত কোন সম্পত্তি করদাতা নিজের ব্যবসা বাণিজ্যের কাজে ব্যবহার না করে, অর্থাৎ যদি তাতে ভাড়া বসানো থাকে, তবে তা সম্পত্তি কর যোগ্য বলে ধরা হবে। বসবাস যোগ্য বাড়ী এবং ব্যবসায়িক সম্পত্তির বর্ণনা এই বইতে আলাদা স্থানে বিস্তৃত রূপে দেওয়া হয়েছে, যেখানে এটা বলা হয়েছে যে, কর-নির্ধারিণ বর্ষ 1999-2000 থেকে তা পুনঃ সম্পত্তি কর থেকে মুক্ত করে দেওয়া হয়েছে।

26. Income : Clubbing :

(উপার্জন ঃ সঙ্ঘবদ্ধ)

কর-প্রদানের দৃষ্টিতে নিয়োগ করার ক্ষেত্রে নিয়োগকারীকে সেই সমস্ত ব্যবস্থা গুলিকে অবশ্যই মাথায় রাখতে হবে যার দ্বারা এক ব্যক্তির আয় আর ব্যক্তির আয়ের সাথে সম্মিলিত করা যায়। কিভাবে বিভিন্ন ব্যক্তির আয়ের সাথে আয় সঙ্ঘবদ্ধ করা যায় তা নিম্নে আলোচনা করা হল।

Clubbing of Income :
(সঙ্ঘবদ্ধ আয়)

নাবালক ব্যক্তি ঃ

কর-নির্ধারিণ বর্ষ 1993-94 থেকে এটা ঠিক করা হয়েছে যে কোন নাবালক বাচ্চার আয়কে সাধারণত তার বাবা-বা মার মধ্যে যার উপার্জন বেশী তা আয়ের সাথে যুক্ত করা হয়। এই ব্যবস্হাপনা প্রয়োগের সময় নাবালক বাচ্চার আয়ের উৎস কি তা দেখা হয়না, অর্থাৎ তা তার বাবা-মা বা অন্য কোন আত্মীয় বা বন্ধুর কাছ থেকে প্রাপ্ত উপহার নাকি নাবালক বাচ্চার নামে করা নিয়োগ থেকে অর্জিত আয় না কি কোন আত্মীয়ের মৃত্যুতে প্রাপ্ত অর্থ প্রভৃতি কিছুই দেখা হয়না। সমস্ত ক্ষেত্রেই বাবা-মার মধ্যে যার উপার্জন বেশী তার সাথেই এই আয় যুক্ত করা হবে। এই ব্যবস্হাপনার একটা গুরুত্বপূর্ণ দিক আছে সেটা নিয়োগকারীকে অবশ্যই মাথায় রাখতে হবে, যদি নাবালক বাচ্চা তার পরিশ্রম, বুদ্ধি, যোগ্যতা বা বিশেষ জ্ঞান এবং অভিজ্ঞতার ভিত্তিতে আয় করে তবে তার আয়কে তার বাবা-মার আয়ের সাথে যোগ করা হবে না। এছাড়া প্রত্যেক নাবালক বাচ্চার আয়ের ওপর আয়কর আইন 1961-এর ধারা 10(32) অনুসারে বাচ্চা প্রতি 1,500 টাকা কর-মুক্ত অর্থাৎ তা বাবা-বা মায়ের আয়ের সাথে যুক্ত করা যাবে না, বরং তা এই নাবালক বাচ্চার আয় বলেই ধরা হবে। কিন্তু যদি লাভের জন্য এই নাবালককে কোন অংশীদায়ী সংস্হার সদস্য করা হয় বাজ নিজেদের সুবিধার জন্য তাকে অংশীদার করা হয় তবে এই লাভের অর্থ ধারা 10(2A) অনুসারে সম্পূর্ণ রূপে কর-মুক্ত এবং তা তার বাবা-মার আয়ের সাথেও যুক্ত করা হবেনা। কিন্তু, যদি কোন অংশীদারী সংস্হা থেকে নাবালক বাচ্চার নিয়োগের উপর তাকে সুদ প্রদান করা হয় তবে এই সুদ এই নাবালক বাচ্চার ব্যবসায়িক আয় বলে গণ্য করা হবে, যা তার বাবা-বা মায়ের আয়ের সাথে যোগ করা হবে। আর্থিক আইন 1994-এর সংশোধন অনুসারে উপরোক্ত আয় যুক্ত করার যে ব্যবস্হা তা কোন বিকলাঙ্গ শিশুর ক্ষেত্রে প্রযোজ্য নয়। সর্বোচ্চ আদালতের এক গুরুত্বপূর্ণ সিদ্ধান্ত হল, (যা **কমিশনার অফ ইনকাম ট্যাক্স** বনাম **দোষী** (1995) 211 আইটিআর 1-রে ক্ষেত্রে দেওয়া হয়েছিল) যদি কোন নাবালক বাচ্চার তার আয় প্রাপ্ত বয়স্ক হওয়ার পরেও না পান এবং যদি প্রাপ্ত

বয়স্ক না হওয়া পর্যন্ত তার প্রাপ্তি রদ করে দেওয়া হয় তবে এই সাবালোকের এমন বার্ষিক আয়কে তার বাবা বা মায়ের আয়ের সাথে যুক্ত করা হবেনা।

স্ত্রী ঃ

আয়কর আইন 1961-র ধারা 64(1) অনুসারে কিছু-কিছু-কিছু ক্ষেত্রে স্ত্রীর আয় তার স্বামীর আয়ের সাথে যোগ করা যায়। এই ধরণের ব্যবস্থাপনা বিশেষ করে সেই ক্ষেত্রে প্রযোজ্য হয়, যখন স্বামী প্রত্যক্ষ বা অপ্রত্যক্ষ রূপে স্ত্রীকে উপহার স্বরূপ প্রদত ধনরাশি বা অন্য কোন উপহার থেকে স্ত্রীয়ের কোন রকম আয় হয়। ধরুন কোন স্বামী তার স্ত্রীকে 28-4-2010-এ 7,00,000 টাকা উপহার স্বরূপ দিয়েছে, যদি এই টাকার থেকে তার স্ত্রী বছরে 90,000 টাকা সুদ পায় তবে এই সুদের টাকা স্ত্রীর আমদানী বলে ধরা হবেনা, তা তার স্বামীর আয়ের সাথে যুক্ত করা হবে। কিন্তু কোন স্ত্রী যদি তার বন্ধু বা অন্য কোন আত্মীয়ের (স্বামী, শ্বশুর, শ্বাশুড়ী বাদ দিয়ে) কাছ থেকে উপহার স্বরূপ কোন টাকা পায় তবে এই প্রাপ্ত অর্থ নিয়োগ করে প্রাপ্ত আয়কে বিবাহিত স্ত্রীর আমদানী বলেই গণ্য করা হবে এবং এই আমদানীকে কারোর আয়ের সাথে যোগ করার প্রশ্নই আসছেনা। তাই কর-প্রদানের ব্যাপারে একজন বিবাহিত স্ত্রী তার স্বামী, শ্বশুর বা শ্বাশুরির কাছ থেকে অর্থ নিয়ে তা নিয়োগ করা উচিত না। প্রয়োজন হলে কোন স্ত্রী তার স্বামী, শ্বশুর বা শ্বাশুরির কাছ থেকে ঋণ নিতে পারে, কিন্তু উপহার নয়।

পুত্র-বধূ ঃ

আয়কর আইন 1961-এর ধারা 64(1) অনুসারে আকার আর একটি ক্ষেত্র যেখানে এক ব্যক্তির আয় আর এক ব্যক্তির আয়ের সাথে সম্মিলিত হয়ে যায়, তাহলে যদি কোন বিবাহিত স্ত্রী তার শ্বশুর বা শ্বাশুরির কাছ থেকে উপহার পায় এবং এই অর্থ যদি কোথাও নিয়োগ করে তবে তার থেকে প্রাপ্ত আয়কে এই শ্বশুর-শ্বাশুড়ীর আয় বলে গণ্য করা হবে। তাই কোন পুত্র-বধূর নিজের শ্বশুর বা শ্বাশুড়ীর কাছ থেকে উপহার নেওয়া উচিত না। এমন উপহার দেওয়া উচিত যেখান থেকে আয়কর উৎপাদনের কোন সমস্যাই থাকবে না এবং যে বস্তু পুত্র-বধূ নিজে ব্যবহার করতে পারবে। কিন্তু যদি কোন মেয়ে বিয়ের আগেই হবু স্বামী বা হবু শ্বশুর-

শ্বাশুড়ীর কাছ থেকে উপহার গ্রহণ করে তবে এই উপহার থেকে প্রাপ্ত আয়কে তার স্বামী বা শ্বশুর-শ্বাশুড়ি আয় বলে ধরা হয়না। এই ব্যাপারে সর্বোচ্চ ন্যায়ালয় **ফিলিপ জন থমাস** বনাম **কমিশনার অফ ইনকাম ট্যাক্স** 49 আইটি আর 97-এ করদাতা এবং নিয়োগকর্তাদের পক্ষে এক গুরুত্বপূর্ণ নির্ণয় দিয়েছে।

Clubbing of Wealth :
(সম্পত্তির একত্রিত করা)

আয়কর আইনের মত সম্পত্তি-কর আইন 1957-এর অনুসারে এক ব্যক্তির সম্পত্তি আর ব্যক্তির সম্পত্তির সাথে একত্রিত করা বা যুক্ত করার ব্যাপারে কিছু ব্যবস্থাপনা আছে, নিয়োগকারীর এই ব্যাপারটা মাথায় রাখা খুবই জরুরী। সবার প্রথমে যে বিষয়টা মাথায় রাখতে হবে তাহল, যদি নাবালক ছেলে বা মেয়ের কোন কর যোগ্য সম্পত্তি থাকে তবে সেটা তার বাবা বা মার মধ্যে যার সম্পত্তি বেশী তার সাথে একত্রিত করা হবে। এর জন্য এই নাবালককে এই সম্পত্তি বাবা-বা মার কাছ থেকেই পেতে হবে তার কোন মানে নেই। এর থেকে এটা বোঝা যায় যে, যদি কোন নাবালক বাচ্চা কোন আত্মীয়ের বা বন্ধুর থেকে বা কোন আত্মীয়ের মৃত্যুতে কোন সম্পত্তি পায় তবে তা এই নাবালক বাচ্চার হাতে না দিয়ে, কর নির্ধারণ বর্ষ 1993-94 এর পর তার বাবা বা মার সম্পত্তির সাথেই একত্রিত করে দেওয়া হয়।

কোন বিবাহিত স্ত্রীর কর যোগ্য সম্পত্তি তখনই তার স্বামীর সম্পত্তির সাথে যুক্ত করা হয়। যখন এই স্ত্রী এই সম্পত্তি প্রতক্ষ্য বা পরক্ষ রূপে তার স্বামীর কাছ থেকে উপহার স্বরূপ পায়। তাই কোন স্ত্রীর সম্পত্তি-কর আইনের অন্তর্গত পূর্ণ করমুক্তির সুবিধা গ্রহণের জন্য তার কখনই স্বামীর কাছ থেকে উপহার স্বরূপ চল বা অচল সম্পত্তি গ্রহণ করা উচিত না। কিন্তু যদি কোন বিবাহিত স্ত্রী তার বাবা-মা বা অন্য কোন বন্ধু বা আত্মীয়ের থেকে কোন সম্পত্তি পায় (উপহার স্বরূপ বা অন্যকোন ভাবে) তবে এই সম্পত্তি স্ত্রীর নিজস্ব সম্পত্তি বলে গণ্য করা হবে এবং সম্পত্তি কর আইন অনুসারে তার উপর বিবাহিত-স্ত্রীকেই এই সম্পত্তি কর প্রদান করতে হবে। কোন বিবাহিত স্ত্রীর তার শ্বশুর বা শ্বাশুড়ীর কাছ থেকে কোন রকম উপহার গ্রহণ করা উচিত না। যদি সে নিজের শ্বশুর বা

শ্বাশুরির কাছ থেকে কোন উপহার নিতে চায় তবে যে এই উপহার দেবে (শ্বশুর/শ্বাশুড়ী) যুক্ত করে দেবে। কিছু যখন কোন সম্পত্তি এক ব্যক্তির হাতে অর্পন না করে অপর কোন ব্যক্তির হাতে দেওয়া হয় তখন সম্পত্তি কর আইনের অন্তর্গত করমুক্তির যে ব্যবস্হাপনা আছে সেটা এই কর দাতাই পায় যার সম্পত্তিতে অন্য ব্যক্তির সম্পত্তি সম্মলিত করা হয়েছে।

27. Income Tax-Free Investments :
(আয়কর মুক্তি নিয়োগ)

নিয়োগ থেকে আয়	ঃ	নিশ্চিত ও অনিশ্চিত
সুরক্ষা	ঃ	অধিকতম
তরলতা	ঃ	নেই
আয়কর লাভ	ঃ	ধারা 10 এর অন্তর্গত
নিয়োগের অধিকতম সীমা	ঃ	কিছু নেই

এমন কিছু নিয়োগের ক্ষেত্র আছে যেগুলিকে শূন্য-কর ফ্রু নিয়োগ বলা হয়। সাধারণত আয়কর আইন 1961 এর ধারা 10-এ দশ রকম নিয়োগের বর্ণনা আছে, যেগুলি সম্পূর্ণ রূপে কর মুক্ত। পোস্ট অফিসের সঞ্চয় খাতে অর্থ রাখলে তার থেকে প্রাপ্ত সুদ সম্পূর্ণ রূপে কর মুক্ত। একই ভাবে যদি সার্বজনিক জমা নিধি খাতে প্রতি বছর 8% দরে সুদ পাওয়া যায় তবে তা সম্পূর্ণ রূপে কর মুক্ত। একই ভাবে 7% যুক্ত পুঁজি নিয়োগ বণ্ড এবং 8%, 8.5% বা 10% যুক্ত রিলিফ পত্র বা 6.5% সঞ্চয় পত্রের (যা G7-2004) থেকে বন্ধ হয়ে গেছে) সুদ ও সম্পূর্ণ রূপে কর মুক্ত। কিছু বিশেষ ক্ষেত্রে সার্বজনিক ক্ষেত্রের করমুক্ত বণ্ড, যার ুপর 8 থেকে 8.5 সুদ পাওয়া যায়, সম্পূর্ণ রূপে কর-মুক্ত।

28. Infrasturcture Shares, Bonds, Units, etc.
(বুনিয়াদী শেয়ার এবং বণ্ডস ইত্যাদি)

নিয়োগ থেকে আয়	ঃ	অনিশ্চিত
সুরক্ষা	ঃ	মধ্যম

তরলতা	ঃ	নেই
আয়কর লাভ	ঃ	ধারা 80C-এর অন্তর্গত
নিয়োগের অধিকতম সীমা	ঃ	1.00,000 টাকা

সাধারণত কোন একজন নিয়োগকারী বুনিয়াদী কম্পানী বা প্রতিষ্ঠানের শেয়ার বা বণ্ডে অর্থ নিয়োগ করতে পছন্দ করে না কারণ তার উপর প্রাপ্ত সুদের পরিমাণ খুবই কম। সাধারণত প্রতি বছরে প্রায় 5.3% সুদ পাওয়া যায়। এই বণ্ডের সময় সীমা সাধারণতঃ তিন বছর। ধারা 80C(2) (XIX) এবং (XX)-এর অনুসারে বুনিয়াদী শেয়ার বা বণ্ড বা ইউনিটে অর্থ নিয়োগ করার ফলেই এই ছাড় পাওয়া যায়, এতে সর্বাধিক 1,00,000 টাকা নিয়োগ করা যায়। এ ছাড় প্রাপ্তির জন্যই বুনিয়াদী শেয়ার এবং বণ্ড এবং ইউনিটকে আকর্ষণীয় বলে গণ্য করা হয়, বিশেষ করে যে সমস্ত করদাতার আয় উচ্চতর আয়কর সীমার অধিক অর্থাৎ বছরে 5,00,000 টাকা তাদের জন্য এই ক্ষেত্র খুবই আকর্ষণীয়।

29. Insurance Policies :
(বীমা পলিসি)

নিয়োগ থেকে আয়	ঃ	নিশ্চিত
সুরক্ষা	ঃ	অধিকতম
তরলতা	ঃ	ঋণ বা সমর্পন দ্বারা
আয়কর লাভ	ঃ	ধারা 1C এবং 80C-এর অন্তর্গত
নিয়োগের অধিকতম সীমা	ঃ	কিছু নেই

যে কোন অর্থ নিয়োগকারী জীবন-বীমা পলিসিতে অর্থ নিয়োগ করতে পারে এবং সে নিজের নামে বা পরিবারের যে কোন সদস্যের নামে এই জীবন বীমা পলিসি করতে পারে। জীবন বীমা নিগমের বিভিন্ন কম্পানীগুলি এই পলিসি ভ্যার করে থাকে। এ ছাড়া মাঝে-মাঝে চুরি, ডাকতি, আগুন লাগা, এবং শরীর সম্পর্কিত বীমা পলিসিও জারী করা হয়।

কোন বীমা পলিসি নেওয়ার আগে নিয়োগকারীকে একটা বিষয় দেখে নিতে হবে যে দীর্ঘকালীন ও অল্পকালীন পলিসি নিলে কি হয়। বাজারে প্রাপ্ত বিভিন্ন প্রকার জীবন বীমা পলিসি গুলির শর্ত দেখে সেগুলির মধ্যে তুলনা করা উচিত এবং যে ক্ষেত্রে সবচেয়ে বেশী সুরক্ষা, সবচেয়ে বেশী টাকাও বোনাস প্রাপ্তির সুবিধা আছে সেই জীবন বীমা পলিসিই করা উচিত। যদি একজন অর্থ নিয়োগকারী অনেক গুলি পলিসি করে তবে তার তিনটে বা চারটে বীমা কম্পানী বিভিন্ন প্রকারের পলিসিতে অর্থ নিয়োগ করা উচিত। অনেক সময় সময়ের আগেই টাকার প্রয়োজন হলে বীমা পলিসি স্থগিত করা যায় বা তা ছেড়ে দেওয়া যায় এবং সে যতগুলি বীমা প্রিমিয়াম দিয়েছে তার কিছু অংশ সে সেই সময়ে পেয়ে যায়। এই ভাবে অর্থ নিয়োগকারী নিজের অর্থ সম্পর্কিত প্রয়োজনকে সফলতার সাথে পূরণ করতে পারে। জীবন বীমা নিগমের অন্য শাখা গুলি মাঝে-মাঝে বিভিন্ন প্রকার জীবন বীমা পলিসি জারী করে, নিম্নে সেগুলির বর্ণনা দেওয়া হল ঃ-

L.I.C. Policies :
(জীবন বীমা পলিসি)

জীবন বীমা নিগম বিভিন্ন প্রকারের নিয়োগকারীদের জন্য বিভিন্ন প্রকারের পলিসি জারী করেছে। এরমধ্যে একটা অতি জনপ্রিয় পলিসি হল স্থায়ী নিধি জীবন বীমা পলিসি, এটা একটা নির্দ্দিষ্ট সময়ের জন্য করা হয়। সাধারণত 12 বছর থেকে 60 বছর বয়স পর্যন্ত মানুষেরা এই পলিসি করতে পরে। এই ধরণের আর একটি পলিসি হল জীবন মিত্র পলিসি। কোন কারণে যদি বীমা ধারক সময়ের আগেই স্বাভাবিক ভাবে মারা যায় তবে তাকে পুরো অর্থ দিয়ে দেওয়া হয় আর যদি কোন ব্যক্তি দুর্ঘটনায় মারা যায় তবে তাকে বীমার টাকার তিগুণ ভাগ দেওয়া হয়। এই পরিকল্পনা খুবই লাভদায়ক বীমা পলিসি পরিকল্পনা।

জীবন বীমা নিগম অন্য আরএকটি জীবন বীমা পলিসি জারী করেছে, এটা 'জীবন সাথী' পরিকল্পনা নামে পরিচিত। এই পরিকল্পনা অনুসারে স্বামী-স্ত্রী দুজনের নামেই বীমা থাকে এবং যে ব্যক্তি, আগে মারা যায় সঙ্গে-সঙ্গে জীবিত ব্যক্তি বীমা পলিসির পুরো টাকা বোনাস সহ পেয়ে যায়। যদি পলিসির মেয়াদের সময় দুজনেই বেঁচে থাকে তবে বোনাস সহ পলিসির

পুরো টাকা তারা পেয়ে যায়। এই পরিকল্পনা অনুসারে যখন দুই ব্যক্তি বেঁচে থাকে তখনই প্রিমিয়াম দেওয়া হয়, এবং যখনই এক ব্যক্তি মারা যায় বা মেয়াদের শেষ হয়ে যায়, কী তখন প্রিমিয়াম দেওয়া বন্ধ হয়ে যায়। জীবন বীমা নিগম 15,20 এবং 25 বছরেরর সময় সীমাতে এই পরিকল্পনা জারী করে থাকে।

আরোও একটি জনপ্রিয় পলিসি আছে যার নাম 'মানি ব্যাক প্ল্যান পলিসি'। এই পরিকল্পনা অনুসারে 5,10,15 এবং 20 বছর বাদে আংশিক অর্থ প্রদান করা হয়ে থাকে, এটা পাওয়া যায়। 15% এবং বাকী 40% বোনাসের সাথে মেয়াদ সমাপ্ত হওয়ার পর দেওয়া হয়ে থাকে। এই পরিকল্পনা অনুসারে জীবন সম্পূর্ণ সুরক্ষিত। যদি পলিসির মেয়াদ শেষ হওয়ার আগেই ব্যক্তির মৃত্যু হয়ে যায় তবে এই টাকা বোনাস সহ সেই ব্যক্তি পায় এবং সেই সময় এই বিষয়টাও দেখা হয় যে, যে টাকা আংশিক রূপে পাওয়া হয়ে গেছে, তা কেটে নেওয়া হয়না। এছাড়াও এক 'বিশেষ নিশ্চিত অবধি পরিকল্পনা' অর্থাৎ 'স্পেশাল ইণ্ডোম্যান্ট প্ল্যান' ও আছে, এটা অনুসারে প্রথম পাঁচ বছরে তিগুণ প্রিমিয়াম দেওয়া হয়, সেই প্রিমিয়ামের তুলনায় যা পরে প্রদান করা হয়। এই পলিসি 15, 20, এবং 23 বছরের জন্য জারী করা হয়। এই পরিকল্পনা সেই সমস্ত ব্যক্তিদের জন্য খুবই উপযোগী যারা কার্য সূত্রে বিদেশে যায় এবং ফিল্মী অভিনেতা-অভিনেত্রী এবং ব্যবসায়িদের জন্যও এটা খুবই উপযোগী। যদি নিয়োগকারী মেয়াদ শেষ হওয়ার আগেই টাকা পেতে চায় তবে সে নিজের বাচ্চার জীবনের বীমা 'মাণিব্যাক পলিসির' অন্তর্গত করতে পারে। একই ভাবে 'এন্টিসিপেটিড হোল লাইসা পলিসি' 'ম্যারিজ এণ্ডোম্যান্ট পলিসি' এবং 'এডুকেশনাল এন্যুটি পলিসি' ও আছে।

উপরোক্ত জীবন বীমা পলিসি গুলি ছাড়াও জীবন বীমা নিগম এবং অন্যান্য কিছু বীমা কম্পানী আরোও কিছু নতুন পলিসি জারী করেছে, এই পলিসি গুলি সম্পর্কে নিয়োগকারীরা খুব বেশী কিছু জানে না। এই পলিসি গুলির মধ্যে প্রধান হল–জীবন ছায়া পলিসি, জীবন বাল্য পলিসি, জীবন কিশোর পলিসি, চিল্ড্রেন্স ডেফর্ড এণ্ডোম্যান্ট ইনশিয়রেন্স পলিসি, চিলড্রেন এন্টিসিপেটিড পলিসি, নিউ চিলড্রেন রেকর্ড ইনশিয়োরেন্স প্ল্যান জয়েন্ট লাইফ পলিসি, পেনশিয়ান প্ল্যান, হোল লাইফ পলিসি, পলিসি যার

হাউস ফাইনেন্স, পলিসি অফ কী ম্যান ইনশিয়ারেন্স, জীবন সরিতা পলিসি, জয়েন্ট লাইফ ইণ্ডোম্যান্ট পলিসি, প্রভৃতি। কোন নিয়োগকারীর জন্য কোন বীমা পলিসিটা ঠিক হবে, সে সম্পর্কে নিয়োগকারীকে জীবন বীমার এজেন্ট বা কোন উচ্চ পদস্থ অফিসারের সাথে পরামর্শ করা উচিত। বিভিন্ন প্রকারের জীবন বীমা পলিসির আয়করের দিক দিয়ে লাভ প্রায় একই রকম কারণ এই বীমা পলিসি গুলির জন্য প্রদেয় প্রিমিয়াম ধারা 80C অনুসারে ছাড় যোগ্য সর্বাধিক যতটা টাকা এই সমস্ত প্রকার বীমা পলিসি গুলির প্রিমিয়াম রূপে নিয়োগ করা যায় তা হল বছরে 70,000 টাকা।

কর-নির্ধারণ বর্ষ 1995-96 পর্যন্ত আর এক রকম ব্যবস্থাপনা ছিল, এখন আর তা প্রযোজ্য নেই, অর্থাৎ যত টাকার জীবন বীমা করা হয়েছে, তার প্রিমিয়ামের অংশ 16%-র থেকে বেশী হতে পারবেনা। এখন এই শর্ত তুলে নেওয়া হয়েছে তাই খুবই সুবিধা হয়েছে। যদি কোন করদাতা পলিসির প্রিমিয়াম স্বরূপ বেশ কিছুটা টাকা নিয়োগ করে এবং 2 বছরের ভেতরেই সেই বীমা তুলে নেয় তবে এই কর দাতা যে আয়কবরে ছাড় পেয়েছিল তা যে বছর তুলে নেওয়া হবে সেই বছরে কর যোগ্য বলে ধরা হবে। এছাড়াও আরোও কয়েক প্রকার জীবন বীমা পলিসি আছে, এই গুলি সম্পর্কে যে কোন বীমা অফিসারের কাছ থেকে জানা যেতে পারে। কর-নির্ধারণ বর্ষ 2002-2003 থেকে অন্য বীমা কম্পানী গুলিকেও জীবন বীমা নিগমের সুবিধা গুলি দেওয়া হয়েছে।

জীবন বীমা নিগম পলিসি ঃ বাড়ীর জন্য ঃ

আর্থিক সুবিধা প্রদানের জন্য জীবন বীমা পলিসি বাড়ীর জন্য কিছু পলিসি জারী করেছে। নিয়োগকারীদের এই পলিসি গুলির থেকে অবশ্যই সুবিধা গ্রহণ করা উচিত। একটি খুবই সহজ এবং সরল পলিসি, এটি অনুসারে কয়েক লাখ টাকা পর্যন্ত ঋণ পাওয়া যায়, এর নাম হল 'জীবন কুটির পলিসি'। এই ধরণের জীবন নিগম পলিসি অনুসারে বাড়ীর জন্য কয়েক লক্ষ টাকা পর্যন্ত ঋণ পাওয়া যায়। অন্য আরএকটি পলিসি আছে, তার নাম হল, 'জীবন গৃহ পলিসি' এর মাধ্যমে বাড়ী সম্পর্কিত ঋণ-প্রাপ্তির ব্যাপারে খুবই সুবিধা হয়। এই পলিসির সবচেয়ে বড় বিশেযত্ব হল যদি নিয়োগকরী বা ঋণ গ্রহণকারী ব্যক্তি পলিসি চলাকালীন মারা যায়

তবে বাকি থাকা অর্থকে নিজে নিজেই সমাপ্ত বলে ধরে নেওয়া হবে। এখন আরোও অনেক নতুন পলিসি এসেছে। মধ্যবিত্ত বেতনভোগী করদাতা এবং ব্যবসায়ীদের জন্য এই পলিসি খুবই ভালো। করদাতাদের এই পলিসি অনুসারে ঋণ গ্রহণ করে অবশ্যই বাড়ী কেনা উচিত কারণ সময় মত কাটতে থাকবে ঋণ প্রদানের কিস্তীর অর্থ তত কমতে থাকবে এবং বাড়ীর দাম ধীরে-ধীরে বৃদ্ধি পাবে। দ্বিতীয় লাভ হল, আয়কর আইন 1961-র ধারা 80 C অনুসারে পলিসির কিস্তী স্বরূপ যে টাকা প্রদান করা হবে তা আয়কর বর্ষ 2002-2003 থেকে সেই ছাড় যোগ্য টাকা 1,50,000 যদি 1-4-99-এর পর ঋা নেওয়া হয় এবং তার থেকে তিন বছরের মধ্যে বাড়ী তৈরী করে ফেলা হয়।

জীবন বীমা পলিসি ঃ জীবন ধারা এবং জীবন অক্ষয় ঃ

কর-নির্ধারণ বর্ষ 1992-93 পর্যন্ত 'জীবন ধারা' এবং 'জীবন অক্ষয়' পলিসিতে অর্থ-নিয়োগ করা করদাতাদের কাছে খুবই ভালো মাধ্যম বলে গণ্য করা হত, যার ফলে আয়কর আইনের ধারা 80CCA অনুসারে 40,000 টাকারও বেশী টাকার উপর পুর্ণ অর্থ প্রাপ্ত হত। এই পলিসির ব্যবস্হাপনা অনুসারে যদি এর থেকে কোন টাকা ফেরত পাওয়া যেত বা তোলা হত তবে যে বছর এই টাকা তোলা হত বা পাওয়া যেত সেই বছর তা কর যোগ্য বলে বিবেচিত হত। তা সত্ত্বেও 'জীবন ধারা' এবং 'জীবন অক্ষয়' পলিসি গুলি আকর্ষণীয় হয়ে থাকেনি কারণ এখন এ পলিসির থেকে করদাতারা যে লাভ পায়, তা শুধুমাত্র আয়কর ছাড়ের লাভ বা ধারা 80C অনুসারে 'জীবন বীমা পলিসি প্রিমিয়াম, সার্বজনিক সুরক্ষা নির্ধিতে অংশ দান' প্রভৃতি বিভিন্ন প্রকার নিয়োগ থেকেই পাওয়া যায়। তা সত্ত্বেও কিছু ক্ষেত্রে কিছু নিয়োগকারীদের জন্য 'জীবন ধারা' পলিসি উপযোগী বলে প্রমাণিত হতে পারে, কারণ অবসর গ্রহণের পর এই পলিসির থেকে নিয়োগকারী একটা নিশ্চিত আয় প্রাপ্ত করতে পারবে। একই ভাবে একজন দোকানদার, মধ্যবিত্ত শ্রেণীর বেতনভোগী কর্মচারী, ব্যবসায়ি প্রভৃতিরা এই ধরণের পলিসি করে, ফলে অবসর গ্রহণের পর বা কাজ না থাকলেও বৃদ্ধাবস্হায় অর্থ পাওয়ার ক্ষেত্রে কোন রকম সমস্যা থাকে না কারণ এই পলিসি অনুসারে সে একটা নিধারিত টাকা পাওয়া যায়। 'জীবন অক্ষয় পলিসি'র তেও করদাতা একত্রে অনেকটা টাকা পায়, সেটা তাকে মাসিক

পেনশিয়ান আজীবন জীবন বীমা নিগম দ্বারা দেওয়া হয়।

জীবন বীমা পলিসি ঃ বিবাহিত মহিলার সম্পত্তি আইনঃ

বিবাহিত মহিলাদের সম্পত্তি আইন, 1874 অনুসারে একটা জীবন বীমা পলিসি করলে একদিকে যেমন 80C অনুসারে আয়কর ছাড় পাওয়া যায়, অন্যদিকে তেমনি আরোও কিছু লাভ পাওয়া যায়, যার ফলে এই পলিসি আরোও আকর্ষণীয় হয়ে ওঠে। বিবাহিত মহিলাও বাচ্চাদের জন্য এই পলিসি খুবই সুরক্ষিত। এই পলিসি বন্ধক রেখে 'ঋণ' পর্যন্ত দেওয়া হয়ে থাকে। শুধুমাত্র মুসলমান ও জম্মু-কাশ্মীরের লোকেরা ছাড়া সকলেই এই পলিসির সুবিধা পেতে পারে।

জীবন বীমা নিগমের পলিসি ঃ পুনঃ টাকা প্রাপ্তিঃ

এই প্রকার পলিসিতে নিয়োগকারীকে প্রিমিয়াম স্বরূপ একটু বেশী টাকা দিতে হয় ঠিকই কিন্তু এই ধরণের পলিসির সবচেয়ে বড় লাভ হল জীবন বীমা নিগম থেকে একটা নির্দ্দিষ্ট সময় বাদে বাদে পুরো টাকাই পাওয়া সম্ভব হয়। তাই যে সমস্ত ব্যক্তিদের বিভিন্ন সময়ে বা একটা নির্দ্দিষ্ট সময় বাদে বিশেষ কোন কারণে অর্থের প্রয়োজন হয় তাদের জন্য এই পলিসি গুলি খুবই ভালো। যেখানে ধারা 80C অনুসারে আয়কর ছাড়ের ব্যাপারে আসছে সে ক্ষেত্রে অন্য পলিসির প্রিমিয়াম এবং এই পলিসির প্রিমিয়ামের মধ্যে কোন পার্থক্য নেই। যদি বিভিন্ন পৃথক-পৃথক সময়ে জীবন বীমা নিগম থেকে কিছু টাকা পাওয়া যায় তবে তা কর যোগ্য বলে ধরা হয়না, কিন্তু যে সমস্ত নিয়োগকারীর কিছু সময় বাদে-বাদে অর্থের প্রয়োজন হয়না তাদের জন্য এই পলিসি বিশেষ লাভদায়ক নয়।

কন্যার জন্য জীবন বীমা পলিসি ঃ

কোন নিয়োগকারী যদি বিভিন্ন রকম জীবন বীমা পলিসি করতে চান তবে আমরা তাকে তার কন্যার জীবনের জন্য একটা পলিসি করার পরামর্শ দেব। মেয়ের বয়স 15 বা 16 হলে তবেই এতে সবচেয়ে বেশী লাভ পাওয়া যায়, এতে পলিসি তার বিয়ের পরেও চালু থাকবে। এই ধরণের পলিসি পরোক্ষ ভাবে আপনার কন্যাকে আর্থিক সুরক্ষা প্রদান করে, যদি তার স্বামী বা শ্বশুর-শ্বাশুরি বিয়ের পর এই পলিসির প্রিমিয়াম দেয়। আপনার কন্যা যদি নাবালক হয় এবং তার বয়স যদি খুবই কম হয় তবে তার নামে 'জীবন সুকন্যা' নামক পলিসি নেওয়া যেতে পারে। এমন কি কিছু ক্ষেত্রে

'জীবন কিশোর' পলিসিও কন্যার নামে করা যায়। পলিসির মেয়াদ যত বেশী হয় কন্যার আর্থিক সুরক্ষা ততই বৃদ্ধি পায়। যদি কন্যার বীমা পলিসির প্রিমিয়াম বাবা জমা করে তবে বিয়ের পরেও এই পলিসির উপর জন্য প্রয়োগ প্রিমিয়ামের উপর ধারা অ80C অনুসারে প্রতি বছর আয়কর ছাড় পাবে।

স্ত্রী ও বাচ্চাদের জন্য জীবন বীমা পলিসি ঃ

আয়কর আইন 1961-র ধারা 80C অনুসারে যদি স্ত্রী এবং বাচ্চাদের নামে জীবন-বীমা পলিসির প্রিমিয়াম দেওয়া হয় তবে সর্বাধিক 1,00,000 টাকার প্রিমিয়ামের উপর ছাড় পাওয়া যায়। তাই নিয়োগকারীকে স্ত্রী ও বাচ্চাদের সুরক্ষার জন্য কোন না কোন পলিসি অবশ্যই করা উচিত। যদি স্ত্রী তার কর যোগ্য আয়ের থেকে প্রিমিয়ামের টাকা দেয় তবে ভবিষ্যৎ-এ যখন জীবন বীমা নিগম থেকে টাকা ফেরত পাওয়া যাবে তখন তা স্বামীর নয় স্ত্রীর সম্পত্তি বলেই গণ্য করা হবে ফলে সম্পত্তি কর প্রভৃতির জন্য তার স্বামীর সম্পত্তির সাথে যোগ করার প্রশ্নই আসছে না। বাচ্চাদের জীবনের কথা ভেবে জীবন বীমা পলিসি নেওয়ার সময় করদাতাকে এক বিশেষ ব্যবস্হা গ্রহণ করা উচিত, সর্বপ্রথম নিজের কর যোগ্য আয় থেকে এই পলিসির প্রিমিয়াম প্রদান করে ধারা 80C অনুসারে ছাড়ের লাভ গ্রহণ করা উচিত, এছাড়া প্রতি বছর সে এই টাকা তার পুত্রকে উপহার স্বরূপ প্রদান করতে পারে। 1-10-98 থেকে উপহার কর সমাপ্ত করে দেওয়া হয়েছে।

জীবন বীমা পলিসি ঃ মেয়াদ সমাপ্তির পর প্রাপ্ত অর্থ ঃ

জীবন-বীমা পলিসির টাকা এই পলিসির মেয়াদ শেষ হওয়ার পর বা পলিসি ধারকের মৃত্যুতে বা কিছু বিশেষ পরিস্হিতিতে পৃথক-পৃথক সময়ে জীবন বীমা নিগম থেকে পাওয়া সম্ভব, আয়কর আইন 1961-এর ধারা 10(10D) অনুসারে এটা সম্পূর্ণ রূপে কর মুক্ত বলে গণ্য করা হয়। আর্থিক আইন 2003 দ্বারা এক নতুন সংশোধন করা হয়েছে, যেটা অনুসারে যদি 1-4-2003 বা তারপর করা বীমা পলিসির উপর সে কোন বছরে বীমা পলিসির অর্থের 20%-র বেশী প্রিমিয়াম দেওয়া হয় তবে বীমা কম্পানী থেকে প্রাপ্ত যে কোন টাকা সম্পূর্ণ রূপে কর-মুক্ত বীমা ধারকের মৃত্য হলে প্রাপ্ত টাকা সম্পূর্ণ রূপে কর-মুক্ত।

Life Insurance Policies of Non-LIC Insurance:

(জীবন বীমা নিগম ছাড়াও অন্যান্য বীমা কম্পানীর পলিসি)

এরা সেই সমস্ত সুবিধা পায় যা জীবন বীমা নিগমের লোকেরা পায়।

Key Man Insurance Policy :

(মুখ্য ব্যক্তির বীমা পরিকল্পনা)

ভারতীয় জীবন বীমা নিগম মুখ্য ব্যক্তিদের জীবন বীমার জন্য এক বিশেষ জীবন-বীমা পরিকল্পনা তৈরী করেছে, এই অনুসারে ব্যবসার বহু মুখ্যব্যক্তিদের নামে এক বড় টাকার বীমা নিগম তার পূর্তি করতে পারে। এই ক্ষেত্রে জীবন বীমা নিগমকে যে প্রিমিয়াম দেওয়া হয়, তা ব্যবসার খরচ রূপেই ধরা হয়। আর্থিক (সংখ্যা 2) আইন, 1996-1-10-96 থেকে এই আইন করা হয়েছে যে, যদি কোন মালিক কোন মুখ্য ব্যক্তির বীমা পলিসির অন্তর্গত কোন টাকা পায় তবে সেটা তার ব্যবসার আয় অর্থাৎ ব্যবসার লাভ হিসাবে গণ্য করা হবে। একই ভাবে এই পলিসির সাথে সম্পর্কিত কোন টাকা যদি অবসর গ্রহণের সময় কর্মচারী পায় তবে সেটা তার 'বেতন' বা অন্য কোন আয় হিসাবে ধরা হবে।

30. Investment Guidelines and Criteria :

(অর্থ নিয়োগ সম্পর্কিত মার্গ দর্শন)

কোন নিয়োগকারীর আয়কর এবং সম্পত্তি করের দিক থেকে এবং ভবিষ্যৎ-এ চলও অচল সম্পত্তি এক ভালে নিয়োগ বলে প্রমাণীত হতে পারে, এই ব্যাপারে বিশেষ কত গুলি বিষয় মাথায় রাখা উচিত, নিয়ে এর বর্ণনা করা হল ঃ

নিয়োগের উদ্দেশ্য সম্পর্কে বিচার যো   কথা ঃ

সর্বপ্রথম নিয়োগকারীকে নিজের মতামত সম্পর্কে স্পস্ট থাকতে হবে, কোন বিষয়টিকে মাথায় রেখে যে অমুক খাতে অর্থ নিয়োগ করছে অর্থাৎ এই নিয়োগ থেকে কোন ব্যক্তির লাভ হয়ে বা এই নিয়োগ কোন ব্যক্তির

জন্য এবং কোন পরিস্হিতির জন্য করা হচেছ, এই নিয়োগ তার কোন প্রয়োজন পূরণ করতে পারে সেটা দেখতে হবে। নিয়োগের ব্যাপারে বিভিন্ন ব্যক্তির মধ্যে মত পার্থক্য থেকেই যায় কারণ বিভিন্ন নিয়োগকারীদের জন্য বিনিয়োগ সম্পর্কিত সিদ্ধান্ত ভিন্ন হয়ে থাকে, তা তাদের পরিবারের আকার, পরিবারের বিভিন্ন সদস্যের বয়স, তাদের কর যোগ্য এবং কর মুক্ত আয় এবং তাদের প্রদেয় আয়কর ও সম্পত্তি-কর প্রভৃতির উপর নির্ভর করে। তাই যখন কোন ব্যক্তি নিজের পরিবারের কোন সদস্যের নামে কোন অর্থ নিয়োগ করতে চায় তখন এই নিয়োগ সম্পর্কে একটা নীতি করার পরেই নিয়োগ সম্পর্কিত পদক্ষেপ গ্রহণ করা উচিত।

উদাহরণ ঃ কোন এক ব্যক্তির জন্য তার বয়সের কথা মাথায় রেখে অমুক খাতে নিয়োগ ঠিক নয়, অন্যদিকে অন্য ব্যক্তির জন্য এই নিয়োগ খুবই ভালো বলে প্রমাণিত হয়, কারণ তার বয়স কম। একই ভাবে কোন ব্যক্তির বর্তমান আয় অনুসারে অমুক খাতে অর্থ নিয়োগ ঠিক বলে বিবেচিত হয়না, অথচ যার বর্তমান আয় প্রচুর তার জন্য এই নিয়োগ খুবই ভালো বলে বিবেচনা করা হয়। কোন কোন খাতে অর্থ নিয়োগ করলে প্রথম দিন থেকেই আয় আরম্ভ হয়ে যায় আবার কোন-কোন ক্ষেত্রে বহু বছর পর্যন্ত কোন রকম আয় পাওয়া যায়না। তাই যে ব্যক্তিরা নিয়োগের প্রথম দিন থেকেই আয়ের কথা ভাবেন, তাদের জন্য এই নিয়োগ ঠিক নয়। তাই নিয়োগকারীকে আগেই ঠিক করে নিতে হবে যে, সে নিয়োগের শুরুর থেকেই আয় চায় নাকি দীর্ঘদিন কোন রকম আয় না হলেও সে সুন্দর ভাবে সমস্ত কিছু চালাতে পারবে। এই ব্যাপারে নির্ণয়ের উপরেই নিয়োগ নীতি নির্ভর করবে এ ছাড়া নিয়োগকারীকে এটাও মাথায় রাখতে হবে যে, এই নিয়োগের প্রয়োজন তার এখন হবে নাকি ভবিষ্যৎ-এ, বিয়ে, বাড়ী তৈরী বা উচ্চ শিক্ষা কিসের জন্য এই অর্থের প্রয়োজন। এই ব্যাপারটি মাথায় রেখেই চল বা অচল সম্পত্তিতে অর্থ নিয়োগ করা হয়।

নিয়োগ নীতির আর একটি দিক হল, পরিবারের কোন ব্যক্তির নামে অর্থ নিয়োগ করা হবে। যেমনঃ নিয়োগকারী যদি তার স্ত্রীর জন্য কোন গয়না কিনতে চায় তবে সাধারণত সে নিজের টাকা থেকেই এই গয়না কিনবে। যদি নিয়োগকারী তার মেয়ের জন্য একটা ছোট্ট বাড়ী বা ফ্ল্যাট

কিনতে চায় এবং বিয়ের পর তা মেয়েকেই দেবে বলে ঠিক করলে (মেয়েকে আর্থিক সুরক্ষা প্রদানের জন্য) তা তার নিজের নামে না কিনে মেয়ের নামে কেনা উচিত। এক্ষেত্রে শুরুতেই তাকে তা উপহার স্বরূপ প্রদান করা উচিত বা বিভিন্ন আত্মীয়দের কাছ থেকে উপহার বা ঋণ প্রদানের ব্যবস্থা করতে হবে। কোন নিয়োগকারী যদি বিবাহের সময় তার কন্যাকে কোন সম্পত্তি উপহার স্বরূপ প্রদান করতে চায় তব নিয়োগকরীর আগেই এই সম্পত্তি মেয়ের নামে ক্রয় করা উচিত কারণ যদি এই সম্পত্তি তার নিজের নামে অর্থাৎ বাবার নামে কেনা হয় তবে বিয়ের সময় অধিক মূল্য হওয়ার জন্য 30-9-98 পর্যন্ত উপহার কর যোগ্য এবং 1-10-98 থেকে উপহার কর থেকে পূর্ণ কর-মুক্ত হতে পারে এবং উপহার কর স্বরূপ একটা বড় অঙ্কের টাকাও দিতে হতে পারে। তাই নিয়োগকারীকে বুদ্ধির সাথে এই বিষয়গুলি মাথায় রেখেই কোন খাতে কত টাকা নিয়োগ করবে তা ঠিক করা উচিত, এই টাকা কখন পেলে তার প্রকৃত হিত হবে সেটা তাকেই দেখতে হবে। যে পরিবার 2 বা 3 এর বেশী ভাই একসাথে থাকে সেখানকার নিয়োগনীতি এই প্রকার হওয়া উচিত যাতে এক-এক ভাইয়ের দলে অর্থাৎ ভাই, তার স্ত্রী এবং তার বাচ্চারা সব মিলিয়ে প্রায় তত টাকাই নিয়োগ করা উচিত যা দ্বিতীয় বা তৃতীয় ভাই তার পরিবারের জন্য করছে, এতে ভবিষ্যৎ-এ কোন রকম আইনি সমস্যা দেখা দেবে না এবং এক ভাইয়ের পরিবারের থেকে অপর ভাইয়ের পরিবারে সম্পত্তি হস্তান্তরের ক্ষেত্রেও কোন সমস্যা হবেনা। আর একটা বিশেষ বিষয় যা নিয়োগকারীকে মাথায় রাখতে হবে তাহল, একই রকম খাতে নিজের সমস্ত পুঁজি থেকে অধিকতম আয় ও পূর্ণ সুরক্ষা পাওয়া সম্ভব।

এর জন্য নিয়োগ নীতির অন্তর্গত বিভিন্ন খাতে নিয়োগকর্তার পুঁজি লাগানো উচিত। যেমন–শেয়ার, ঋণ-পত্র, মিউচ্যুয়াল ফাণ্ডের ইউনিট, অচল সম্পত্তিতে নিয়োগ, বা কৃষি ভূমি প্রভৃতিতে নিয়োগ। এতে ভবিষ্যৎ-এর সুরক্ষার সাথে সাথে ক্রমাগত আয়ের স্রোত বজায় থাকে। কম্পানীর শেয়ারে অর্থ নিয়োগের সময় এই ব্যাপারটা মাথায় রাখতে হবে যে, তা কোন সর্বশ্রেস্ঠ কম্পানী হয় যাতে সবাধিক সুরক্ষা পাওয়া যায় এবং যেন যতটা সম্ভব লাভাংশ ধারা অ10(34)-এর অন্তর্গত সম্পূর্ণ রূপে কর মুক্ত হয়।

Investment in Major Child's Name :
(সাবালোক সন্তানের নামে নিয়োগ)

কোন নিয়োগকারী যদি তার সাবালোক সন্তানের নামে অর্থ নিয়োগ করতে চায় তবে তাতে কোন বাধা-বিপত্তি নেই। সাবালোক ছেলে বা মেয়ের নামে অর্থ-নিয়োগ করলে তা সেভাবেই গণ্য হবে যেভাবে পরিবারের অন্যান্য সদস্যের নামে গণ্য করা হয়, যেমন–বাবা-মা, কাকা, ঠাকুর দাদা, প্রমুখ। কর-ব্যবস্হাপনের দিকে থেকে যে বিষয়টা মাথায় রাখতে হবে তা হল, এই সবালোক সন্তানের নামে যাই নিয়োগ করা হোক বা কেন তা যেন তার নিজস্ব পুঁজি হয়, অর্থাৎ তা যেন তার নিজস্ব অর্জিত অর্থ হয় বা তা যেন সে উপহার স্বরূপ বা উত্তরাধিকারী সূত্রে লাভ করে। যদি সাবালোক সন্তানদের কাছে নিয়োগের মতন যথেস্ট অর্থ না থাকে তবে তারা তাদের পরিবারের যে কোন সদস্যদের কাছ থেকে ঋণ নিতে পারে এবং ইচ্ছা করলে বন্ধু বা অন্য কোন ব্যক্তির কাছ থেকে ঋণ নিতে পারে ও নিজের অর্থের চাহিদা পূরণ করতে পারে। এই ভাবে প্রত্যেক সাবালোক ছেলে বা মেয়ে যে অর্থ নিয়োগ করছে তার থেকে প্রাপ্ত আয়ের জন্য তাদের পৃথক কর দিতে হবে। ছেলে বা মেয়ে সাবালক হয়ে ওঠার পর তাদের বাবা ইচ্ছা করলে প্রয়োজনানুসারে সার্বজনিক ভবিষ্য নিধিতে বা দীর্ঘ ছাড় যুক্ত বণ্ডে বা নতুন ব্যবসায়িক সম্পত্তি প্রভৃতিতে অর্থ নিয়োগ করতে পারে। যদি নতুন শেয়ারে নিয়োগ করতে চান তবে খুবই ভেবে চিন্তে এবং খুবই ভালো ও বড় কম্পানীর শেয়ারে অর্থ নিয়োগ করবেন। প্রত্যেক সাবালোক সন্তানের জন্য একটা বসবাস যোগ্য বাড়ীও তৈরী করা চেস্টা করার উচিত, যাতে করে এই বাড়ীর উপর প্রাপ্ত আয়কর এবং সম্পত্তি করের করমুক্তির সম্পূর্ণ লাভ গ্রহণ করা যেতে পারে।

Investment in Minor Child's Name :
(সাবালক সন্তানের নামে অর্থ নিয়োগ)

একজন নাবালক বাচ্চার বয়স অনুসারে এমন কোন খাতে অর্থ-নিয়োগ করা উচিত যাতে ভবিষ্যৎ-এ সে তার জন্য লাভবান হয় কিন্তু সেটা তার বাবা-মার কাছে লাভজনক নিয়োগ বলে গণ্য করা হয়না, তাই সমস্ত নিয়োগের প্রক্রিয়া এমন হওয়া উচিত যাতে নাবালক সন্তান যতদূর সম্ভব লাভবান হতে পারে এব সেই সঙ্গে যেন তার বাবা-মার উপরেও আয়করের চাপ কম থাকে।

এর জন্য প্রধান যে ব্যবস্হাটি মাথায় রাখতে হতে তাহলো, কর-নির্ধারণ বর্ষ 1993-94 থেকে নাবালক সন্তানের নামে রাখা অর্থ থেকে উৎপন্ন আয় তার বাবা বা মার মধ্যে যার উপার্জন বেশী তার আয়ের সাথে যুক্ত করা হবে। এই ব্যবস্হাপনার কথা মাথায় রেখেই নাবালক বাচ্চার নামে অর্থ নিয়োগ করা উচিত, যেমন–সার্বজনিক ভবিষ্য নিধি বা দীর্ঘকালীন ছাড় যুক্ত বণ্ড যা অর্থের গাছ পরিকল্পনা প্রভৃতিতে অর্থ নিয়োগ করা যেতে পারে, কিন্তু যে টাকা নাবালক বাচ্চার নামে নিয়োগ করা হয়, তা যে এই বাচ্চার নিজস্ব পুঁজি বা নিধি হয়। কারণ ভবিষ্যৎ-এ এই নিধি বৃদ্ধি পেয়ে অনেক বড় অঙ্কের টাকায় পরিণত হতে পারে এবং যদি শুরুতেই তার উপহার প্রভৃতির ব্যবস্হা না করা হয় তবে এই রাশির পরিমাণ বৃদ্ধি পেয়ে গেলে উপহার করে (30-9-98 পর্যন্ত) ভার বৃদ্ধি পেতে পারে বা নতুন ব্যবসায়িক ভবন নির্মাণের ক্ষেত্রে 3 থেকে 4 বছর লাগতে পারে, যদি একজন নাবালক বাচ্চা 13-14 বছর বয়সের হয় এবং ব্যবসায়িক ভবন বা সম্পত্তি নির্মাণের মধ্যে যদি সে সাবালোক হয়ে যায় তা হলে এই নাবালক বাচ্চার উপহার প্রভৃতি একত্রিত করে তা নিয়োগ করা খুবই লাভজনক। কর নির্ধারণ বর্ষ 1995-96 থেকে আর এক ব্যবস্হাপনা গ্রহণ করা হয়েছে, যদি দুর্ভাগ্যবশতঃ কোন নাবালক বাচ্চা বিকলাং হয় তবে তার আয় তার বাবা-মার আয়ের সাথে যুক্ত করা হয়না।

Investment in Wife's Name :
(স্ত্রীর নামে নিয়োগ)

স্ত্রীর নামে অর্থ নিয়োগের মূল উদ্দেশ্য স্ত্রীকে আর্থিক সুরক্ষা প্রদান করা এবং ভবিষ্যৎ-এ আগত সম্ভাব্য প্রতিকূল পরিস্হিতির সাথে মোকাবিলা করার জন্য দৃঢ় করে তোলা। তার জন্য যতদূর সম্ভব স্ত্রী নামে একটা বসবাস যোগ্য বাড়ী কেনা বা বানানো সবচেয়ে উত্তম। এক্ষেত্রে অনেক দিক দিয়ে লাভবান হওয়া যায়। প্রথমত, একট বসবাস যোগ্য বাসস্হান প্রত্যেক করদাতার জন্য সম্পূর্ণ রূপে করমুক্ত। দ্বিতীয়ত একটা বসবাস যোগ্য বাড়ী সম্পত্তি-কর থেকেও পূর্ণরূপে মুক্ত। এছাড়া প্রয়োজন মনে করলে যে কোন মহিলা এই বাড়ীর খানিকটা অংশ ভাড়া দিতে পারে এবং নিজের আয়ের পথ প্রসস্হ করতে পারে। কোন মহিলার নামে বাড়ী থাকলে

বৃদ্ধাবস্থায় তার থাকার চিন্তা হয় না এবং তার আয়ের পথও প্রশস্থ হয়। এছাড়া স্ত্রীর নামে অন্য আর যে পথে অর্থ নিয়োগ করা যায় সেগুলি হল, ব্যাঙ্কে টাকা ফিক্সড করা যায় বা মিউচ্যুয়াল ফাণ্ডের ইউনিট, কোন কম্পানীতে ফিক্সড করা বা সার্বজনিক ভবিষ্য নিধিতে অংশদান বা ইউ.পি.আই-এর ইউনিটস্ বা খুবই ভালো কম্পানীর কিছু শেয়ার প্রভৃতি করা যায়। কোন করদাতার কোন অচেনা ব্যক্তির সাথে স্ত্রীকে নিয়ন্ত্রণ কম হয়ে যায় এবং সে তার সম্পূর্ণ দায়িত্ব ও আইনি জটিলতা বুঝে উঠতে পারে না। কিন্তু একজন বিবাহিত মহিলা যদি ব্যবসার কাজে আর্থিক ব্যাপারে খুবই দক্ষ হয় তবে সে যে ভাবে খুশী কাজ করতে পারে। এক বিবাহিত মহিলার নামে অর্থ-নিয়োগের ব্যাপারে এক বিশেষ পরিকল্পনা গ্রহণ করা উচিত, তার নামে একটা বসবাস যোগ্য বাড়ী এবং এমন কিছু অচল সম্পত্তি থাকা উচিত যা সে অতি সহজেই নিজে দেখাশোনা করতে পারে। বিবাহিত মহিলার নামে কোন বসবাস যোগ্য বাড়ী বা ফ্ল্যাট কেনা বা বানানোই সবচেয়ে ভালো নিয়োগ এর ফলে তাকে বৃদ্ধাবস্থায় প্রতিকূল পরিস্থিতির সম্মুখিনতা করতে হবেনা। এছাড়া প্রয়োজন হলে সে বাড়ীর এক অংশে থেকে অপর অংশটি ভাড়া দিয়ে দিতে পারে। স্ত্রীর নামে যে অর্থই নিয়োগ করা হোকনা কেন তা যেন সুরক্ষিত হয় এতে সুদ বা ভাড়া থেকে প্রাপ্ত আয় একটু কম হলেও কোন অসুবিধা নেই।

Investment for Daughter :
(মেয়ের নামে অর্থ নিয়োগ)

যখন কোন ব্যক্তি বা পিতা-মাতা নিজের কন্যার নামে চল বা অচল সম্পত্তিতে অর্থ নিয়োগ করতে চায় তখন তাকে একট বিশেষ কথা মাথায় রাখতে হবে, তা হল সবার আগে সে তার মেয়ের নামে মোট কত টাকা নিয়োগ করবে তা ঠিক করে নিতে হবে। কারণ একবার মেয়ের নামে অর্থ নিয়োগের পর তা যদি ফেরত নেওয়া হয় তবে অনেক রকম পরিবারিক এবং আইনি সমস্যার সৃষ্টি হতে পারে। মেয়ের নামে অর্থ নিয়োগের ব্যাপারে আর একটা যে বিষয় মাথায় রাখতে হবে তা হল, ভবিষ্যৎ-এ এই নিয়োগের জন্য মেয়ে কতটা অর্থিক সুরক্ষা পাবে। তাই মেয়ের নামে যে অর্থ নিয়োগ করা হবে তাতে যেন কোন রকম আইনি জটিলতা না থাকে

এবং তা যেন সহজেই সামলানো যায়। যেমন, কোন এক মেয়ের নামে ব্যবসায়িক সম্পত্তি, বা সামান্য গয়না-গাটি বা দীর্ঘকালীন নিয়োগ, যেমন সার্বজনিক জমা নিধি, বা জীবন বীমা পলিসিতে অংশ দান বা মিউচ্যুয়াল ফাণ্ডের ইউনিট বা ইন্দিরা বিকাশ পত্র প্রভৃতিতে অর্থ নিয়োগকে ভালো নিয়োগ বলে ধরা যেতে পারে। মেয়ের জন্য তার ধন বা সম্পত্তি থেকেই অর্থ নিয়োগ করা শ্রেয়, কারণ পরে নিয়োগ মূল্য বৃদ্ধি পাবে এবং পরে তা হস্তান্তর করার সময় একটা বড় মাপের অর্থ 30-9-98 পর্যন্ত উপহার করা রূপে দিয়ে বা 10.10-98 থেকে পূর্ণ উপহার কর মুক্তির লাভ নিয়ে হস্তান্তর করা যেতে পারে। যদি কোন মেয়ে তার বাবা অন্য কোন আত্মীয়দের কাছ থেকে কোন উপহার পায় এবং মেয়ের নামেই যদি সেই অর্থ নিয়োগ করা হয় তবে মেয়ে সাবালোক হওয়ার পর বা তার বিবাহ হওয়ার পর এই নিয়োগ থেকে প্রাপ্ত আয়কে তার বাবা-মা বা অন্যান্য আত্মীয়দের আয়ের সাথে যুক্ত করার প্রশ্নই আসছে না। মেয়ে যতদিন নাবালক থাকে ততদিন তার নিয়োগ থেকে প্রাপ্ত আয়কে তার বাবা মার মধ্যে যার আয় বেশী তার সাথে যুক্ত করা হয়, কন্যা যেখান থেকেই সেই টাকা পাক না কেন। এমন কি কন্যার নিজের যোগ্যতার থেকেও প্রাপ্ত অর্থ নিয়োগ করলে তা থেকে যদি তার আয় হয় তবে কন্যা যতদিন নাবালক থাকবে ততদিন তা তার বাবা বা মায়ের আয়ের সাথেই যোগ করা হবে। ভবিষ্যৎ-এ মেয়ের জীবন সুরক্ষিত করার জন্য তার বাবা বা মাকে তার নামে একটা একশো শতাংশ বেনিফিসিয়ারী ট্রাস্ট বানানো উচিত যাতে এই ট্রাস্টের নিয়ন্ত্রণ বা ব্যবস্থাপনা ট্রাস্টির রূপে বাবা, মা বা ভাইয়ের কাছে থাকে এবং তার শ্বশুর বাড়ী লোকেরা যাতে এই অর্থের অসদ্ব্যবহার করতে না পরে। এতে মেয়ের বিয়ের পরেও তাকে আর্থিক সুরক্ষা দান কর যায়। মেয়েকে প্রদেয় উপহারের টাকা ধারা 56(2) (vi) অনুসারে সম্পূর্ণ কর-মুক্ত বলে ধরা হয়।

31. Jewellery :

(গয়না)

নিয়োগ থেকে আয়	ঃ	অনিশ্চিত
সুরক্ষা	ঃ	অধিকতম

তরলতা	ঃ	হ্যাঁ
আয়কর লাভ	ঃ	কিছু নেই
নিয়োগের অধিকতম সীমা	ঃ	কিছু নেই

গত 20 বছর ধরে সোনা ও হিরের গয়না-গাটিতে অর্থ নিয়োগের প্রবণতা খুবই বৃদ্ধি পেয়েছে এবং সোনাও হীরের গয়নাতে অর্থ নিয়োগ করা মহিলাদের আগ্রহে পরিণত হয়েছে। সমস্ত বিশ্ব জুড়ে গয়নাতে অর্থ নিয়োগের ব্যাপারটা খুবই জনপ্রিয় হয়ে উঠেছে। অধিকাংশ পরিবারে গয়নায় অর্থ নিয়োগ পরিবারের আর্থিক স্হিতি এবং সমাজে প্রতিস্ঠা প্রভৃতি দেখেই করা হয়। কোন-কোন ক্ষেত্রে মহিলাদের সুরক্ষা প্রদান করার জন্য গয়নায় নিয়োগ করা হয়, কিন্তু খুব কম ব্যক্তিই কর-প্রদানের দিক দিয়ে গয়নায় নিয়োগ করে। যত দূর সম্ভব গয়না তাদের নামেই কেনা উচিত, যে সেটা পরবে বা পরে এবং গয়না কেনার ব্যাপারে তাদের পুঁজি ব্যবহার করা উচিত। গয়না কেনার ব্যাপারে যে পুঁজির ব্যবহার করা হবে, তাঁর উৎস আয়কর অইনের চোখে সম্পূর্ণ প্রমাণিত হতে হবে, কোন গয়না কেনার ব্যাপারে যদি আয়কর অফিসারকে সন্তোষজনক উত্তর প্রদান করা না যায় তবে এ টাকা অঘোষিত আয় বলে গণ্য কর হয়। কাস্টম থেকে রেট করা হলে গয়নার জন্য নিয়োজিত অর্থ কে বাড়ীর প্রধানের আমদানী বলেই গণ্য করা হয়, যদি এই টাকার ব্যাপারে কোন সঠিক প্রমাণ দেওয়া না যায়। গয়না কেনার ভাউচার বা ক্রয় সম্পর্কিত বিল রাখার প্রয়োজন নেই, কিন্তু যে গয়না প্রভৃতি কেনা হচেছ, তার বিবরণ আয়কর নক্সার সাথে একটি সংলগ্ন পত্রতে দেওয়া আবশ্যক। ফলে ভবিষ্যৎ-এ এই গয়না সম্পর্কে প্রমাণ দিতে কোন রকম সমস্যা হবেনা। যদি মেয়ের বিয়ের জন্য গয়না তৈরী করা হয় এবং মেয়েকে বিয়েতে গয়না দেওয়াটাই যদি উদ্দেশ্য হয়ে থাকে তবে শুরুর থেকে মেয়ের নামেই গয়না কেনা উচিত, কারণ বিয়ের সময় গয়নার দাম অনেক বৃদ্ধি পেয়ে গেলেও করদাতাকে কোন রকম সমস্যায় পড়তে হবেনা। 1-10-98 থেকে উপহার কর সমাপ্ত হয়ে গেছে। যদি অনাত্মীয়ের কাছ থেকে 50,000 টাকার বেশী গয়না বা সোনা পাওয়া যায় তবে তা আয়ের সাথে যুক্ত করা হবে।

32. Land :
(জমি)

নিয়োগ থেকে আয়	ঃ	অনিশ্চিত
সুরক্ষা	ঃ	মধ্যম
তরলতা	ঃ	ঋণের দ্বারা
আয়কর লাভ	ঃ	কিছু নেই
নিয়োগের অধিকতম সীমা	ঃ	কিছু নেই

বিভিন্ন প্রকার অচল সম্পত্তিতে অর্থ নিয়োগ করা যায়, তার মধ্যে একটা গুরুত্বপূর্ণ ক্ষেত্র জমি। জমি বিভিন্ন প্রকারের হতে পরে। যেমন–ব্যবসায়িক জমি, শিল্পের জমি, কৃষি জমি এবং বসবাস যোগ্য জমি প্রভৃতি। যে কোন জমি কেনার আগে যে কোন নিয়োগকারীকে এটা খুব ভালো ভাবে জেনে নিতে হবে যে, সেটা কোন প্রকারের জমি, অর্থাৎ তা বসবাস যোগ্য জমি, নাকি ব্যবসায়িক জমি, নাকি কৃষি জমি নাকি শিল্পের জমি। কারণ এমন কিছু জমি আছে যেগুলি শুধুমাত্র বসবাস যোগ্য এবং যদি নিয়োগকারী সেখানে কোন ব্যবসায়িক ফ্ল্যাট বা ভবন তৈরী করতে চায় তবে পরে তাকে গুরুতর অসুবিধার সম্মুখিনতা করতে হতে পারে। একই ভাবে যদি কোন জমি শুধুমাত্র ব্যবসার কাজের জন্যই নির্ধারিত থাকে তবে তার উপর বসবাস করার জন্য বাড়ী বানানো যাবে না। কোন-কোন রাজ্যে এই ব্যাপারে এতই শক্ত আইন আছে যে তা উলঙ্ঘন করলে তৈরী বাড়ী ভেঙে পর্যন্ত দেওয়া হয়। তাই ভালো মতন খোঁজ খবর নেওয়ার পরেই জমি কেনা উচিত।

কর-প্রদানের দিকে থেকে জমি কেনার ব্যাপারে বিশেষ কিছু জ্ঞান থাকা নিয়োগ কারীদের জন্য খুবই আবশ্যক। সকলেই জানে যে জমি ক্রয়ের মূল্যের উপর কোন রকম রক্ষণা-বেক্ষণ ভাতা পাওয়া যায়না। জমির উপর তৈরী ব্যবসায়িক বা শৈল্পিক ভবনের উপরেই রক্ষণা-বেক্ষণ ভাতা পাওয়া যায়। কোন কোন ক্ষেত্রে বসবাস যোগ্য বাড়ীর উপরেও করদাতা রক্ষণা-বেক্ষণ ভাতা পেয়ে থাকে। জমি যদি ভাড়ায় বা পাট্টায় দেওয়া হয় তবে তার থেকে উৎপন্ন আয়কে ব্যবসায়িক আয় বা বাড়ী ভাড়া স্বরূপ আয় রূপে গণ্য না করে, 'অন্যান্য উৎস থেকে প্রাপ্ত আয়' বলে গণ্য করা হবে। কোন ব্যক্তি যখন জমি কিনবে বলে ঠিক করে তখন তাকে অমুক

রাজ্যে জমির উচ্চতম সীমা সম্পর্কিত নিয়োগ গুলিও জানতে হবে। তারপর একটা সীমার অন্তর্গত এক ব্যক্তি বিভিন্ন রাজ্যে বিভিন্ন জমির উচ্চতম সীমা পর্যন্ত কিনতে পারে। কারণ এক রাজ্যের জমির উচ্চতম সীমা দেখে অন্য রাজ্যে জমির অবস্থা বোঝা সম্ভব না। নিয়োগকারী চাইলে একাধিক ব্যক্তির সংযুক্ত নামেও জমি কিনতে পারে। জমি কেনার ব্যাপারে যে বিষয়টি বিশেষ করে মাথায় রাখা জরুরী তাহলো, কর-নির্ধারণ বর্ষ 1993-94 থেকে শহুরে জমির উপর সম্পত্তি-কর দিতে হয়। যদি ব্যবসার কাজের জন্য কোন জমি কেনা হয় এবং তা যদি 2 বছর ধরে খালি থেকে যায় তবে এই শহুরে জমিকে খালি জমি হিসাবে গণ্য করা হয় এবং তা সম্পত্তি কর যোগ্য হয়ে যায়। কর-নির্ধারণ বর্ষ 1999-2000 থেকে একটি বাড়ী বা 500 বর্গ মিটার জমি-সম্পত্তি সম্পূর্ণ রূপে কর মুক্ত। যদি ব্যবসার জন্য জমি স্টক রূপে কেনা যায় তবে তা 10 বছরের জন্য সম্পত্তি কর থেকে মুক্ত থাকবে।

Lease of Agricultural Land :
(কৃষি ভূমির পাট্টা)

পাট্টাতে কৃষি ভূমি দেওয়ার চলন কৃষকদের মধ্যে খুবই প্রচলিত। এই ভাবে এক ব্যক্তি নিজের কৃষি ভূমি অপের কোন ব্যক্তিকে পাট্টায় দিয়ে নিশ্চিত ভাড়া রূপে আমদানী পেতে পারে। পাট্টার ভাড়া থেকে যে আমদানী পাওয়া যায় তাকে কৃষি আয় বলে গণ্য করা হয় এবং তা সম্পূর্ণ রূপে আয়কর মুক্ত। একই ভাবে পাট্টা জমিতে কৃষি কাজ করে যে আয় হয়, তা কৃষি যোগ্য আয় বলেই ধরা হয় এবং তাও সম্পূর্ণ রূপে করমুক্ত।

পাট্টায় কৃষি ভূমি নিতে হলে নিয়োগকারীর পাট্টার কাগজে এই বিষয়টি অবশ্যই উল্লেখ করতে হবে, একই সাথে পাট্টার রেজিস্ট্রির সময়ে এই কথাটিও উল্লেখ করতে হবে যে পাট্টা মাসিক, বার্ষিক নাকি অন্য কোন সময় সীমার জন্য করা হয়েছে। এতে ভবিষ্যৎ-এ আইনি ঝগড়া দূর হতে বা কম হতে পারে।

Rural Agricultural Land :
(গ্রামীণ কৃষি জমি)

গত কয়েক বছর ধরে ভারতীয় নিয়োগকারীদের মধ্যে কৃষি ভূমিতে অর্থ নিয়োগের প্রবণতা খুবই বৃদ্ধি পেয়েছে। এই কারণেই উচ্চ মধ্য বিত্ত শ্রেণীর

নিয়োগকর্তারা ভারতের বিভিন্ন শহরের আশেপাশের গ্রামে, বিশেষ করে গ্রামীণ কৃষি ভূমিতে অর্থ নিয়োগ করছে এবং এই কারণে সেই সমস্ত জমির দামও প্রতি দিনই বৃদ্ধি পাচ্ছে। গ্রামীণ কৃষি ভূমি কেনার আগে নিয়োগকারীকে অবশ্যই এটা ঠিক করে নিতে হবে যে সে কোন ক্ষেত্রে জমি কিনত চায়। কৃষি জমি ব্যবস্থিত করার জন্য এটা খুবই জরুরী যে এই জমি যেন তার বাড়ী বা অফিসের থেকে বা যেখান থেকে সে জমি দেখা শোনা করতে চায় সেখান থেকে খুব বেশী দূরে না হয়, তা না হলে জমি দেখাশোনার ক্ষেত্রে অসুবিধা হতে পারে, অন্য লোকেরা তা বাজেয়াপ্ত করে নিতে পারে। তাই যেন 2-3 ঘন্টার মধ্যেই কৃষি ভূমিতে পৌঁছানো যায় সেই ব্যবস্হাই রাখতে হবে, এতে অতি সহজেই সেই স্হান সামলানো সম্ভব হবে। গ্রামীণ কৃষি ভূমি কেনার সময় আরোও একটা বিষয় মাথায় রাখা খুবই জরুরী তাহল, এই জমি যে রাজ্যে অবস্হিত সেখানকার কৃষি ভূমির উচ্চতম সীমা কত, অর্থাৎ 18 একর নাকি 21 একর নাকি অন্য কোন সীমা। প্রত্যেক রাজ্যে কৃষি-ভূমির সীমা পৃথক-পৃথক। অনেক রাজ্য যেমন–মহারাষ্ট্র, গুজরাটের আইন অনুসারে কোন ব্যক্তি কৃষক না হলে এই রাজ্যের জমি কিনতে পারবেনা। তাই নিয়োগকারীর এমন কোন রাজ্যে (হরিয়ানা, রাজস্হান প্রভৃতি) সামান্য কৃষি ক্ষেত্র কেনা উচিত সেখানে এই রকম আইন নেই, এই জমি কিনে প্রথমে কৃষক হওয়ার পর অন্য রাজ্যের কৃষি ভূমিতে নিয়োগ করতে পারে।

কৃষি জমির ব্যাপারে অন্য আরো একটা গুরুত্বপূর্ণ দিক আছে এবং তা হল জমির মালিকনার ব্যাপারে সম্পূর্ণ রূপে সন্তুস্ট হওয়া এবং জমির দলিল পত্র দেখার পরেই নিয়োগকারী সেই সম্পর্কে সঠিক ভাবে জানতে পারবে। এই প্রকার জমির ব্যাপারে বিক্রী কর্তার নাম ঠিকভাবে পরিবর্তন করা হয়েছে কিনা, অনুসন্ধানের মাধ্যমে সেটাও স্পস্ট রূপে জানতে হবে। যদি কৃষি জমি কোন নাবালক বাচ্চার নামে হয় বা তার যদি অনেক গুলি মালিক থাকে তবে এই ধরণের জমিতে অর্থ নিয়োগ না করাই শ্রেয়, কারণ এতে করে নিয়োগকারীকে বহু রকম আইনি জটিলতার সম্মুখিনতা করতে হতে পারে। এছাড়া নিয়োগকারীকে আরোও একটা জিনিস দেখতে হবে যে এই জমি যেন শহুরে অঞ্চল বা কোন 'টাউন প্ল্যানিং'-এর অন্তর্গত না হয়ে

যায়, কারণ এমনটা হলে এই জমি ব্যবহারের ক্ষেত্রে বহু রকম বাধা দেখা যায়। এতে তার দাম কমে যায়। এমন বহু কৃষি জমি আছে যেখানে বাড়ী তৈরী নিষিদ্ধ। একই ভাবে এটাও দেখতে হবে যে জমি অধিগ্রহণের ধারা 4 এবং এই জমির উপর প্রযোজ্য আছে কিনা।

কার নামে জমি কেনা যায় ঃ

কৃষি জমি কেনার আগে নিয়োগকারীকে এই বিষয়টা অবশ্যই ঠিক করে নিতে হবে যে এই কৃষি ভূমি সে কার নামে কিনতে চায় ? কারণ কৃষি ভূমি থেকে উৎপন্ন আয় সম্পূর্ণ রূপে কর মুক্ত হলেও তা অন্য আয়ের সাথে যুক্ত করা হয় যার ফলে কর যোগ্য আয়ের দায়িত্ব বৃদ্ধি পায়। তাই যত দূর সম্ভব কৃষি ভূমি এবং বিশেষ করে গ্রামীণ কৃষি ভূমি পরিবারের সেই ব্যক্তির নামে কেনা উচিত যার আয় কর যোগ্য আয়ের মধ্যে পড়ে না বা যার কর দায়িত্ব খুবই কম। কৃষি জমি এক ব্যক্তি বা হিন্দু অবিভক্ত পরিবার বা অংশীদারী সংস্থা বা কম্পানী বা পারিবারিক ট্রাস্ট বা পূণার্থ ট্রাস্ট প্রভৃতির নামেও কেনা যেতে পারে।

কর প্রদানের প্রমাণ-পত্র ঃ

1-06-2001 থেকে কর প্রদান প্রমাণ পত্র সম্পর্কিত ব্যবস্থাপনা এবং ধারা 230A নিরস্ত করে দেওয়া হয়েছে।

পুঁজিগত লাভ কর ঃ

সাধারণত গ্রামীণ ক্ষেত্রের কৃষি ভূমি বিক্রীর ক্ষেত্রে যে লাভ পাওয়া যায়, তা পুঁজিগত লাভ বলে ধরা হয়না, অর্থাৎ তা সম্পূর্ণ রূপে কর-মুক্ত হয়ে থাকে।

সম্পতি কর ঃ

কর-নির্ধারণ বর্ষ 1993-94 থেকে কয়েক প্রকারের গ্রামীণ জমির উপর সম্পত্তি-কর প্রযোজ্য করা হয়েছে। যদি কৃষি জমি কোন মিউনিসিপ্যালিটির ভেতরে অবস্হিত হয় বা তার থেকে 8 কিঃ মিঃ দূরে হয় এবং যদি সেখানকার জন বসতি 10,000 থেকে কম না হয়, এমন কোন স্হানে কৃষিভূমি থাকলে তা শহুরে জমি বলে গণ্য করা হবে এবং তার উপর সম্পত্তি-কর দিতে হবে। এই ধরণের শহুরে কৃষি ভূমির বাজার দাম অন্য করযোগ্য সম্পত্তির সাথে যুক্ত করে যদি তা 15 লক্ষ টাকার থেকে বেশী

হয় তবে তার উপর এক শতাংশ সম্পত্তি-কর লাগবে।

উপহার কর ঃ

1-10-98 থেকে উপহার-কর সমাপ্ত করে দেওয়া হয়েছে। উপরোক্ত নিয়ম গুলি মাথায় রাখলে একজন নিয়োগকারী গ্রামীণ কৃষিভূমিতে অর্থ নিয়োগ করে খুবই লাভবান হতে পারে।

Urban Agricultural Land :

(শহুরে কৃষি ভূমি)

নিয়োগকারীরা শহুরে কৃষি ভূমির উপর খুব বেশী সুযোগ পায় না কারণ বিগত কয়েক বছরে শহুরে কৃষি জমির দাম খুবই বৃদ্ধি পেয়েছে। তাই 99% নিয়োগকারীর এই ধরণের জমিতে অর্থ নিয়োগের ক্ষমতা নেই, কিন্তু যে নিয়োগকারী এই প্রকারের কৃষি জমিতে অর্থ নিয়োগ করতে চায়, তাদের নিম্ন লিখিত বিষয় গুলি অবশ্যই মাথায় রাখতে হবে।

জমি সম্পর্কিত ন্যূনতম আইন ঃ

যদি শহুরে কৃষি জমি কোন মিউনিসিপ্যালিটি বা নগর নিগম সীমার ভেতরে অবস্থিত হয় তবে নিয়োগকারীকে অনুসন্ধান করে জানতে হবে যে এই জমিতে ফার্ম হাউস বা অন্য প্রকার বসবাস যোগ্য বাড়ী বানানো সম্ভব কিনা বা তা অন্যকোন ভাবে ব্যবহার করা যাবে কিনা। এটা খুবই গুরুত্বপূর্ণ। এছাড়া এই আইন সম্পর্কেও নিয়োগকারীদের জানা খুবই জরুরী যার দ্বারা এটা জানা যায় যে, ন্যূনতম কতটা জমির উপর কৃষি ভবন বা ফার্ম হাউস বানানো যায়, যেমন, দিল্লী রাজ্যে এই প্রকারের সীমা 21/2 একর এবং হরিয়াণার এই প্রকারের কাজের জন্য 2 একর সীমা নির্ধারিত।

নির্মাণ নক্সার স্বীকৃতি ঃ

যদি অর্থ নিয়োগকারীর কোন কৃষি ভূমির উপর কোন কৃষি বাড়ী তৈরী করার ইচ্ছা থাকে তবে তার সেই বাড়ী তৈরীর আগে তার নক্সা বানিয়ে মিউনিসিপ্যালিটি বা অন্য কোন প্রাধিকরণ থেকে এই সম্পর্কে সম্মতি নিতে হবে, কারণ যদি অনাধিকৃত নির্মাণ হয় তবে তা পরে ভাঙা যায় এবং নিয়োগকারীকে দণ্ডও দেওয়া হতে পারে।

পঞ্জীকৃত হস্তান্তর যোগ্য দলিল ঃ

যখন কোন অর্থ নিয়োগকারী শহুরে কৃষি ভূমিতে অর্থ নিয়োগ করতে চায় তখন তাকে অবশ্যই এই দলিলের পঞ্জীকরণ করতে হবে। এর থেকে এটা জানা যায় যে ভূমি অধিগ্রহণ অধিনিয়মের ধারার এবং 6 অনুসারে এর কেনা বেচার ক্ষেত্রে কোন রকম বাধা প্রতিবন্ধকতা আছে কিনা। শুধুমাত্র দলিল পত্র দেখে এই প্রকার জমি না কেনাই শ্রেয়। এই ধরণের জমির মালিকানার ব্যাপারে সম্পূর্ণ রূপে সন্তুস্ট হওয়ার পরেই অর্থ নিয়োগ করা বাঞ্ছনীয়।

অস্বীকৃত কলোনি ঃ

আজকাল প্রায়ই দেখা যাচেছ যে, অনেকেই শহুরে কৃষি ভূমি কেটে অনাধিকৃত রূপে কলোনি তৈরী করে সেই জমি বিক্রী করছে। এই ধরণের জমিতে অর্থ নিয়োগ করার মানে বিরাট বড় ঝুঁকি নেওয়া এবং বোঝাদার নিয়োগকারীকে এই প্রকার নিয়োগ করা উচিত না।

কর-প্রদান ঃ

কর-প্রদানের দিক থেকে অর্থ-নিয়োগকারীকে যে বিষয়টি স্মরণে রাখতে হবে, তা হল, শহুরে কৃষি ভূমি থেকে উৎপন্ন আয়, যদি তা ক্ষেত থেকে হয় তবে সেটিকে কৃষি আয় বলা হয় এবং তা আয়কর আইন 1961 এর ধারা 10 (1)-এর অন্তর্গত সম্পূর্ণ রূপে কর মুক্ত। তা শুধুমাত্র উচ্চদর বার করার জন্য কৃষি-হীণ আয়ের সাথে যুক্ত করা হয়। তাই এই প্রকার জমি পরিবারের সেই সদস্যের নামে কেনা উচিত যার অন্যান্য করদেয় আয় শূন্য বা খুবই কম। যদি শহুরে কৃষি ভূমি বিক্রী হয় তবে সেই বিক্রয় থেকে প্রাপ্ত লাভকে পুঁজিগত বলে গণ্য করা হয়, কিন্তু যদি নিয়োগকারী গত দু বছর ধরে এই ভূমিতে কৃষি কাজ করে থাকে এবং ভবিষ্যৎ-ও যদি (2 বছরের মধ্যে) অন্য কৃষিভূমি তো শহুরেই হোক বা গ্রামীণ)

ক্রয়ের কাজে এই জমি বিক্রী করে তবে আয়কর আইন 1961-এর ধারা 54B অনুসারে সম্পূর্ণ পুঁজিগত লাভ করমুক্ত বলে বিবেচিত হবে। এছাড়া যদি তা সম্ভব না হয় তবে ধারা 54 এফের অন্তর্গতও কর মুক্তির লাভ নেওয়া যেতে পারে। এই দ্বিতীয় ধারার জন্য কোন বসবাস যোগ্য বাড়ী ক্রয় বা নির্মাণের ক্ষেত্রে শহুরে কৃষি ভূমি বিক্রী করে প্রাপ্ত সম্পূর্ণ টাকা নিয়োগ করতে হবে। তবে যে বিষয়টা খুবই গুরুত্বপূর্ণ সেটি হল, যে ব্যক্তি বা হিন্দু অবিভক্ত পরিবার ধারা 54F-এর লাভ নিতে চায়, সে

একাধিক বসবাস যোগ্য বাড়ীর মালিক হতে পারবে না।

ভারতের যে কোন প্রান্তে অবস্থিত কোন শহুরে কৃষিভূমি যদি কোন নিয়োগকর্তার কাছে থাকে, তবে কর-নির্ধারণ বর্ষ 1993-94 থেকে তার উপর এক শতাংশ সম্পত্তি কর লাগবে, কিন্তু এই ভূমি এবং অন্য কর যোগ্য সম্পত্তির মোট মূল্য 15 লাখের বেশী হতে হবে। 1-10-98 থেকে উপহার কর সমাপ্ত হয়ে গেছে।

Land And Building :
(ভূমি ও বাড়ী)

জমি ও বাড়ী দুইই অচল সম্পত্তি কিন্তু দুটির কর সম্পর্কিত ব্যবস্থাপনা আলাদা-আলাদা। উদাহরণ স্বরূপ ঃ জমি উপর কোন রকম রক্ষণা বেক্ষণ ভাতা পাওয়া যায়না, কিন্তু বাড়ী বা ইমারত যদি ব্যবসা প্রভৃতির কাজে ব্যবহার করা হয় তবে তার উপর রক্ষণা-বেক্ষণ ভাতা পাওয়া যায়। যদি শুধুমাত্র কোনজমি ভাড়ায় দেওয়া হয় তবে তার আয় 'অন্য স্রোত থেকে আয়' ধরে নিয়ে কর যোগ্য বলে বিবেচনা করা হবে, কিন্তু বাড়ী থেকে প্রাপ্ত আয়কে 'গৃহ-বাড়ী থেকে আয়' ধরে নিয়ে কর যোগ্য বলে বিবেচনা করা হবে। যদি কোন নিয়োগকারীর কাছে এক-টুকরো জমি থাকেএবং তার উপর কোন ইমারত তৈরী করা হয় তবে এই এক টুকরো জমির দামের উরপ কোন রকম রক্ষণা-বেক্ষণ ভাতা পাওয়া যায়না কিন্তু বাড়ীর দাম যদি ব্যবসার কাজে লাগানো হয় তবে তার উপর রক্ষণা-বেক্ষণ ভাতা পাওয়া যায়। এই ব্যবস্থাপনা জানার পর নিয়োগকারীকে সেই ভাবেই নিয়োগ করা উচিত যাতে সে অধিকতম রক্ষণা-বেক্ষণ ভাতা পেতে পারে। যদি বাড়ীও জমি এক সাথে কেনা হয় তবে দুটির একই দাম এব যদি দুটি একই দলিলের অন্তর্গত হয় তবে তার উৎপাদন মূল্যের উপর রক্ষণা-বেক্ষণ ভাতা পাওয়া যাবে। যদি জমি ও বাড়ী সংযুক্ত মালিকানা ভিত্তিক হয় তবে দলিলে আলাদা-আলাদা সহ-স্বামীদের অংশ স্পষ্টরূপে নথিভুক্ত থাকতে হবে। এই ভাবে সহ স্বামীরা যে পৃথক পৃথক অর্থ নিয়োগ করে, তা তাদের মালিকানার অংশের ভিত্তিতেই হয়।

Factory Land :
(ফ্যাক্টারীর জমি)

যে সমস্ত ব্যক্তিদের ফ্যাক্টরী নির্মাণে আগ্রহ আছে এবং যারা প্রকৃত পক্ষে তা চালাতে চায়, তাদের জন্য ফ্যাক্টারীতে অর্থ নিয়োগ করা খুবই

লাভজনক। যদি সাধারণ নিয়োগকারীর এই প্রকারনিয়োগে আগ্রহ থাকে এবং বর্তমানে যদি সে কোন রকম ফ্যাক্টারী বা শিল্প চালাতে না চায় তবে তাকে এমন ধরণের জমি কেনা উচিত, যাতে স্পস্টভাবে ফ্যাক্টারীর কাজ দেখানো যেতে পারে। যদি সরকারী কাগজপত্র অনুসারে এই জমিতে শিল্প বা ফ্যাক্টারী বানানোর কথা না থাকে তবে ভবিষ্যৎ-এ আইনি জটিলতা সৃস্টি হতে পারে ফলে বহু টাক খরচ হতে পারে এবং অর্থ নিয়োগও ততটা ভালো থাকে না।

যদি সম্ভব হয়, ফ্যাক্টারীর জমি পরিবারের সেই সদস্যের নামে বা নিজের অন্য কোন প্রতিস্ঠানের নামে কেনা উচিত, যা এই শৈল্পিক উপকরণকে, প্রকৃত পক্ষে ফ্যাক্টারী চালানোর জন্য ইচ্ছুক ব্যক্তিকে ভাড়ায় দিতে পারে। এতে প্রথমত নিয়োগকারীরও লাভ হবে এবং শৈল্পিক প্রতিস্ঠান বা সংস্হা বা উপক্রমের আয় থেকে জমির ভাড়ার টাকা বাদ দেওয়া যেতে পারে, কারণ এই জমির উপর রক্ষণা-বেক্ষণ ভাতা পাওয়া সম্ভব না। ফ্যাক্টারীর জমির উপর কোন রকম সম্পত্তি কর দিতে হয়না কিন্তু যদি ফ্যাক্টারীর সাথে বা পাশে যুক্ত কোন খালি জমি থাকে যা কেনার পর তাতে কোন রকম ফ্যাক্টারীর কাজ করা হয়নি তবে তার উপর সম্পত্তি-কর লাগানো যেতে পারে। এইভাবে ব্যবসায়িক জমিতেও ভেবে-চিন্তে কর নিয়োগ করা যেতে পারে এবং দশ বছর পর্যন্ত তাতে কোন রকম কর না দিয়েই রাখা যেতে পারে।

Lease of Vacant Land :
(পাট্টায় খালি জমি)

খালি জমির ক্ষেত্রে যেহেতু কোন রকম রক্ষণা-বেক্ষণ ভাতা পাওয়া যায় না সেই কারণে কর-ব্যবস্হাপনার দ্বারা খালির জমি মালিক তার কোন কাছের বন্ধু বা আত্মীয়কে বা কোন ব্যবসায়িক প্রতিস্ঠানকে ভাড়ায় দিয়ে দেয়। যে ব্যক্তি বা প্রতিস্ঠান এই জমি ভাড়ায় নেয়, তার আয়ের থেকে ভাড়ার খরচ ছাড় হিসাবে স্বীকৃত হয়। যদি সেই ব্যক্তি, যে এই জমি ভাড়ায় নেয়, নিজের নামে কিনত তাহলে ছাড়ের সুবিধা পেত না, কারণ তার অর্থ নিয়োগের উপর সে কোন রকম রক্ষনা-বেক্ষণ ভাতা পেত না। উপরোক্ত নীতি অনুসারে কর-প্রদানের পরিকল্পনাকে কার্যান্বিত করতে পারলে অনেক টাকা সঞ্চয় হয়, কারণ জমির ভাড়ার জন্য প্রদেয় অর্থ ব্যবসায়িক খরচ হিসাবে ছাড় যোগ্য। এই পাট্টার ব্যাপারে যে কাগজ-

পত্র তৈরী হয়, তাতে পাট্টার সময় সীমা স্পস্ট রূপে উল্লেখ থাকে, কারণ তা না করা হলে তাকে খুবই দীর্ঘকালীন পাট্টা হিসাবে গণ্য করা হবে।

33. Loans :
(ঋণ)

নিয়োগ থেকে আয়	ঃ	নিশ্চিত
সুরক্ষা	ঃ	ন্যূনতম
তরলতা	ঃ	নেই
আয়কর লাভ	ঃ	কিছু নেই
নিয়োগের অধিকতম সীমা	ঃ	কিছু নেই

এটা বিভিন্ন প্রকারের হতে পারে।

Loan to Government Companies :
(সরকারি কম্পানীকে ঋণ প্রদান)

কোন ব্যক্তি কোন সার্বজনিক কম্পানীকে কয়েক বছরের জন্য ঋণ দিতে পারে অথবা কয়েক বছর বা একটা মেয়াদ অনুসারে পুঁজি জমা করতে পারে। এই ধরণের ঋণের জন্য যে সুদ পাওয়া যায় সাধারণতঃ তার জন্য কর দিতে হয়। ধারা 80 L-এ অনুসারেও এই প্রকার সুদের উপর বিশেষ কোন ছাড় পাওয়া যায় না। সাধারণতঃ এই ধরণের ঋণের মেয়াদ এক বছর থেকে 5 বছর পর্যন্ত। এই প্রকার ঋণের ক্ষেত্রে মোটামোটি বছরে 7 শতাংশ সুদ পাওয়া যায়। সরকরী কম্পানীকে ঋণ দেওয়ার পূর্বে তাদের সমস্ত শর্ত গুলিকে ঠিক মতন বুঝে নেওয়া খুবই জরুরী। এই প্রকার ঋণ সম্পত্তি কর থেকে সম্পূর্ণ রূপে কর মুক্ত সুরক্ষার দিকে থেকে এই প্রকার ঋণকে খুবই ভালো নিয়োগ বলে গণ্য করা যেতে পারে।

Loans to Private Parties and Friends :
(কোন বন্ধু বা ব্যক্তিকে প্রদেয় ঋণ)

কোন নিয়োগকারী সার্বজনিক বা কোন প্রাইভেট কম্পানীকে কিছু একটা নির্দ্দিস্ট সময়ের জন্য ঋণ দিতে পারে। এই ধরণের ঋণের জন্য প্রতি বছর 12 থেকে 15 শতাংশ সুদ পাওয়া যায় এবং এই প্রকার জমা টাকা বা

খাণের সময় সীমা সাধাণরত এক দুই বা তিন বছর হয়ে থাকে। প্রত্যেক ছয় মাস বা এক বছর বাদে সুদ পাওয়া যেতে পারে এবং নিয়োগকারী চাইলে সুদ কম্পানীর কাছে জমাও থাকতে পারে, যা সময় সীমা শেষ হওয়ার পরেই পাওয়া যায়। যদি নিয়োগকারীর নিজের দৈনন্দিন খরচ বা প্রয়োজনের জন্য আয়ের প্রয়োজন হয় তবে 6 মাস বাদে সুদ পাওয়া যাবে সেই পরিকল্পনা অনুসারেই তার খাণ দেওয়া উচিত এবং যদি তার এই ধরণের আয়ের প্রয়োজন না থাকে তবে সঞ্চয় পরিকল্পনা অনুসারে খাণ দেওয়া উচিত।

অনেক সময় বহু নিয়োগকারী কোন প্রাইভেট সংস্হা, বা ব্যক্তি, বা কোন বন্ধুকে খাণ প্রদানের ইচ্ছা প্রকট করে। এই ক্ষেত্রে বিভিন্ন ব্যক্তিকে কিছু-কিছু করে টাকা দেওয়া যেতে পারে। এই প্রকার নিয়োগের ক্ষেত্রে খুবই ভালো সুদ পাওয়া যায় এবং অনেক সময় সুরক্ষা প্রদানের জন্য খাণ গ্রহণকরীরা কিছু শেয়ার্স বা অন্যান্য বস্তু সামগ্রী খাণ-দাতার কাছে জমা রাখতে পারে। 1-6-2001 থেকে প্রতি বছরে 5000/- টাকা সুদ পর্যন্ত ধারা 194A অনুসারে উদামন স্হানের ওপর করের ছাড় প্রযোজ্য নয়।

Loans to Public Limited Company :
(পাবলিক লিমিটেড কম্পানীকে খাণ)

কখন নিয়োগকারীর হাতে নিয়োগ করার জন্য খুবই কম অর্থ থাকে তখন সে ইচ্ছা করলে পাবলিক লিমিটেড কম্পানীতে অর্থ নিয়োগ করতে পারে এবং অনেক সময় 2000 বা 3000 টাকার মতন ছোট-ছোট টাকাও নিয়াগ করা যায়। এই ধরনের নিয়োগের ক্ষেত্রে অর্থ নিয়োগকারীর কাছে দুটি পথ খোলা থাকে। প্রথম পথ অনুসারে নিয়োগকারী নিজের ইচ্ছা অনুসারে প্রত্যেক 6 মাস বা বছরের শেষে সুদের টাকা পেতে পারে। দ্বিতীয় পথ অনুসারে খাণের মেয়াদ শেষ হওয়ার পরেই সঞ্চিত সুদ (যা এই সময় চক্রবৃদ্ধি হারে বৃদ্ধি পায়) একত্রে নিতে পারে। এই ধরণের কম্পানীকে খাণ দেওয়ার জন্য যখন নিয়োগকারীর হাতে ভালো টাকা থাকে তখন তার বিভিন্ন কম্পানীতে অল্প-বিস্তর টাকা খাটানো উচিত যাতে সুরক্ষা ব্যাপারেও নিশ্চিত থাকা যায়। সাধারণত রেখাঙ্কিত চেক্ সরাহি এই প্রকার খাণ দেওয়া উচিত। এই প্রকার খাণের ক্ষেত্রে আয়কর আইন অনুসারে সে রকম বিশেষ কোন ছাড় পাওয়া যায়না। তবে সম্পত্তি-কর আইন অনুসারে এই ধরণের খাণের উপর একেবারেই সম্পত্তি কর লাগে না।

Loans : Private

ঋণ ঃ প্রাইভেট

অনেক সময় নিয়োগকারীকে জানা শোনা ব্যক্তিদের বা খুবই কাছের বন্ধুদের ঋণ দেওয়ার প্রয়োজন হতে পারে, এই ধরণের ঋণের ক্ষেত্রে যে সুদ পাওয়া যায় তা খুবই আকর্ষণীয়। অনেক সময় বছরে 20% থেকে 30% সুদ পাওয়া যায়। নিজের অর্থ সুরক্ষিত রাখার জন্য এই ধরণের ঋণ প্রদানের ব্যাপারে নিয়োগকারীকে শেয়ার বা অন্য কোন সম্পত্তি জমা রাখা উচিত।

34. Monthly Income Plans :

(মাসিক আয় পরিকল্পনা)

নিয়োগ থেকে আয়	ঃ	অনিশ্চিত
সুরক্ষা	ঃ	মধ্যম
তরলতা	ঃ	নেই
আয়কর লাভ	ঃ	ধারা 10-এর অন্তর্গত
নিয়োগের অধিকতম সীমা	ঃ	কিছু নেই

যে সমস্ত অর্থ নিয়োগকারীদের ক্রমাগত অর্থের প্রয়োজন তাদের মাসিক আয় পরিকল্পনায় অর্থ নিয়োগ করা উচিত। বয়স্ক নাগরিক এবং গৃহিনীরা এই প্রকার পরিকল্পনা খুবই পছন্দ করে কিন্তু বর্তমান বাজারে খুব কমই মাসিক আয় পরিকল্পনা আছে যেগুলিতে নিশ্চিত দরে সুদ পাওয়া যায়। আগে ইউনিট ট্রাস্টের কাছে এই প্রকারের পরিকল্পনা ছিল, এটি অনুসারে নিয়োগকারীরা প্রত্যেক মাসে নির্দ্দিষ্ট দরে সুদ পেত। এখন ইউনিট আই এবং কিছু মিউচ্যুয়াল ফাণ্ডের কাছে এই ধরণের পরিকল্পনা আছে। এখন শুধু মাত্র কিছু মিউচ্যুয়াল ফাণ্ড থেকে প্রাপ্ত এই প্রকার টাকা ধারা 10(35) অনুসারে সম্পূর্ণ রূপে কর মুক্ত।

কিছু কম্পানী বা ব্যাঙ্কেও টাকা জমা রাখলে প্রত্যেক মাসে সুদের টাকা পাওয়া যায় এবং এই সঞ্চিত অর্থকে মাসিক আয় পরিকল্পনা রূপেই গণ্য করা হয়। প্রাইভেট প্রতিষ্ঠানের অন্তর্গত এই প্রকার পরিকল্না গুলির সুদ

ছাড় যোগ্য বলে গণ্য হয়না। পোস্ট অফিসের 6 বছরের পোস্ট অফিস মাসিক আয় পরিকল্পনা খুবই ভালো পরিকল্পনা। বয়স্ক নাগরিকদের জন্য বয়স্ক পেনশিয়ান বীমা পরিকল্পনা, যা জীবন বীমা দ্বারা জারী করা হয়েছিল, তাতে 2,66,665 টাকা নিয়োগ করলে মাসে 2000 টাকা করে পেনশিয়ান পাওয়া যেত কিন্তু এই প্রকার পরিকল্পনা থেকে প্রাপ্ত মাসিক আয়ের ুপর কেন রকম আয়কর ছাড় বা মুক্তির লাভ নেই। 9-7-2004 থেকে এই পরিকল্পনা ভবিষ্যৎ-এ নিয়োগ হেতু বন্ধ করে দেওয়া হয়েছে।

35. Mutual Funds :
(মিউচ্যুয়াল ফাণ্ড)

নিয়োগ থেকে আয়	ঃ	অনিশ্চিত
সুরক্ষা	ঃ	মধ্যম
তরলতা	ঃ	হ্যাঁ
আয়কর লাভ	ঃ	ধারা 10-এর 80C-এর অন্তর্গত
নিয়োগের অধিকতম সীমা	ঃ	কিছু নেই

ছোট-খাট নিয়োগকারীদের জন্য, যাদের কাছে বেশী সময় এবং জ্ঞান কোনটাই নেই, তাদের জন্য মিউচ্যুয়াল ফাণ্ডে অর্থ নিয়োগ খুবই লাভজনক। এখন বিভিন্ন ব্যাঙ্কে এবং কিছু অন্য প্রাইভেট সংস্হার বড়-বড় কম্পানীগুলিতে মিউচ্যুয়াল ফ্যাণ্ড স্হাপন করা হয়েছে। সাধারণতঃ প্রায় সবরকম মিউচ্যুয়াল ফাণ্ডের শর্ত প্রায় সমান, তাই নিয়োগকারী নিজের ব্যক্তিগত মতামত এবং ইচ্ছা অনুসারে জীবন বীমা নিগম বা ব্যাঙ্ক মিউচ্যুয়াল ফাণ্ডের ইউনিটে অর্থ নিয়োগ করতে পারে। এই ধরণের নিয়োগের ক্ষেত্রে কোন নির্দ্দিষ্ট হারে সুদ পাওয়া যায় না, কিন্তু পরিকল্পনার মেয়াদ শেষ হওয়ার পর যখন এটা জানা যায় যে এই ধরণের ইউনিটের বাজার মূল্য বৃদ্ধি পেয়েছে তখন নিয়োগকারী সম্পূর্ণ লাভ পায়। এই ধরণের ইউনিটের ক্রয়-বিক্রয়ের দাম প্রকাশিত হয় সাট্টা বাজারে। এছাড়া এক বছর শেষ হওয়ার পর এই প্রকার ইউনিট যদি বাজারে বিক্রী করা হয় তবে তার উপর একটা সমান দরে অর্থাৎ 10 শতাংশ দরে আয়কর

লাগানোর ব্যবস্হাপনা আছে। 1993-94 কর-নির্ধারিণ বর্ষ থেকে এই ধরণের ইউনিটের উপর সম্পূর্ণ রূপে সম্পত্তি-কর তুলে নেওয়া হয়েছে। কর-নির্ধারিণ বর্ষ 2004-05 থেকে এর থেকে প্রাপ্ত আয় ধারা 10(35) অনুসারে সম্পূর্ণ রূপে কর মুক্ত। সাধারণত এর দ্বারা বিতরিত আয়ের উপর 1-4-2007 থেকে 15% বিতরণ আয়কর লাগে। কিছু বিশেষ লিকিউড মিউচ্যুয়াল ফাণ্ড এবং মানি মার্কেট মিউচ্যুয়াল ফাণ্ডের উপর, তার বিতরণের উপর কর-নির্ধারিণ বর্ষ 2007-08 থেকে 25% আয়কর ধারা 115R-এর অন্তর্গত লাগবে। কিছু ক্ষেত্রে 121/2% এবং 20% বিতরণ করও লাগে।

36. National Saving Certificates (NSC) :
(রাষ্ট্রীয় সঞ্চয় প্রমাণ পত্র)

নিয়োগ থেকে আয়	ঃ	নিশ্চিত
সুরক্ষা	ঃ	অধিকতম
তরলতা·	ঃ	না/ঋণের দ্বার সম্ভব
আয়কর লাভ	ঃ	ধারা 80C-এর অন্তর্গত
নিয়োগের অধিকতম সীমা	ঃ	কিছু নেই

1989-90-র বাজেটের সময় কেন্দ্রীয় সরকার রাষ্ট্রীয় সঞ্চয় প্রমাণ পত্রের পরিকল্পনা কে, যা VIII Issue-র সাথে সম্পর্কিত, জারী করেছিল।

যদি 2003-এর 1 লা মার্চের পরে প্রমাণ পত্র কেনা হয় এবং যদি তিন বছর তাতে অর্থ প্রদান করা হয় তবে সুদ সহ 100 টাকার প্রমাণ পত্রের উপর যে টাকা পাওয়া যাবে তা নিম্নে দেওয়া হল ঃ

ক্রঃ সংখ্যা	প্রমাণ পত্র জারী হওয়ার তারিখ থেকে অর্থ-প্রদানের সময় পর্যন্ত	সুদ সহ প্রাপ্ত অর্থ (টাকায়)
1.	3 বছর বা তার থেকে বেশী কিন্তু 3 বছর 6 মাসের কম	121.15
2.	3 বছর 6 মাসের বেশী কিন্তু 9 বছরের থেকে কম	125.09
3.	4 বছর বা তার থেকে বেশী কিন্তু 4 বছর 6 মাসের কম	129.16
4.	4 বছর 6 মাস তার থেকে বেশী কিন্তু 5 বছরের কম	133.36
5.	5 বছর বা তার থেকে বেশী কিন্তু 5 বছর 6 মাসের কম	137.69
6.	5 বছর 6 মাস বা তার থেকে বেশী কিন্তু 6 বছরের কম	142.16

অন্য টাকার প্রমাণ পত্রের উপরেই একই অনুপাতে সুদ গণনা করা হবে।

এই ধরণের প্রমাণ-পত্রের ধারক কখনও মেয়াদ শেষ হওয়ার আগেই টাকা তুলতে চাইতে পারে, কিছু আপদ কালীন পরিস্থিতিতেই এটা করা যায়। যেমন যদি সংযুক্ত ধারকের মধ্যে একজন ধারক মারা যায় যদি কোন ব্যক্তিগত ধারকের মৃত্যু হয়ে যায় এবং যদি এই ব্যাপারে আদালত সঠিক প্রমাণ দেয় তবে সময়ের আগে এই ধরণের প্রমাণ-পত্রের টাকা পাওয়া সম্ভব। কিন্তু যদি এক বছরের আগেই এই প্রকার প্রমাণ পত্রের টাকা তুলে নেওয়া হয় তবে তার উপর কোন রকম সুদ পাওয়া যাবে না। কিন্তু নিয়ম 16 অনুসারে যদি এক বছর পরে ও তিন বছরের আগে টাকা তুলে নেওয়া হয় তবে কিছুটা সুদ কেটে নেওয়া হবে। যদিও 3 বছরের মেয়াদ শেষ হওয়ার পর প্রমাণ পত্রের টাকা তোলা হয় তবে বেশী সুদ পাওয়া যায়। তাই সেই সমস্ত নিয়োগকারীরই এই ধরণের প্রমাণ পত্রে অর্থ নিয়োগ করা উচিত যাদের সময়ের পূর্বে টাকার প্রয়োজন পড়বে না।

যে প্রমাণ পত্র গুলিকে এন এসসী VIII বল হয় তা 3 প্রকারের জারী করা হয়ে থাকে অর্থাৎ একা ধারকের প্রমাণ পত্র, সংযুক্ত A প্রমাণ পত্র এবং সংযুক্ত B প্রমাণ পত্র। কোন নিয়োগকারীর নিজের জন্য বা কোন নাবালোকের জন্য বা কোন নাবালোকের সংরক্ষণের জন্য বা একটি ব্যাঙ্ক, নিগম, দল, সংস্থা বা পুঁজিকৃত সোসাইটি, ফর্ম, অংশীদারী সংস্থা বা স্থানীয় অথরিটির জন্য এই ধরণের এক প্রকারের প্রমাণ পত্র জারী করা হয়, তাকে একা ধারক প্রমাণ বলে। যেমন 2 সংযুক্ত ধারকের নামে এই প্রমাণ-পত্র জারী করা হয়, এই দুজনের মধ্যে একজন মারা গেলে বা দুজনেই একত্রে হস্তাক্ষর করলে এই টাকা পাওয়া যায় তখন একে A প্রকারের প্রমাণ পত্র বলে। এই প্রমাণ পত্র পোস্ট-অফিস থেকে নগদ এবং স্থানীয় চেক্ ও ব্যাঙ্ক ড্রাফ্ট প্রভৃতি দিয়ে কেনা যেতে পারে। নগদ অর্থ প্রদান করলে সঙ্গে-সঙ্গে প্রমাণ-পত্র পাওয়া যায়। প্রমাণ-পত্র কেনার জন্য ফর্ম নম্বর 1 পূরণ করতে হয়। কেনার সময় বা তারপর নিয়ম 14 অনুসারে ফর্ম নম্বর 2 পূরণ করে প্রমাণ-পত্র অন্য কোন ব্যক্তির নামে করে দেওয়া যায়। নাবালক বাচ্চাদের নামেও প্রমাণ পত্র কেনা যায়। নাবালকের নামে নেওয়া প্রমাণ-পত্রও রাস্ট্রীয় বা ভারতীয় রিজার্ভ ব্যাঙ্ক

বা কোন অনুসূচিত ব্যাঙ্ক প্রভৃতির কাছে বন্দক রাখা যেতে পারে, যখন নাবালক বাচ্চার বাবা-মা বা সংরক্ষক নাবালকের জীবিত থাকার ব্যাপারে লিখিত প্রমাণ-পত্র জমা দেয় তখন তা নাবালোকের ভালোর জন্য হস্তান্তর করা যায়। এই প্রকারের প্রমাণ পত্র এবং তার উপর প্রতি বছরে যে সুদ পাওয়া যায়, দুটির উপরে অন্য বিশেষ প্রকারের নিয়োগের সাথে ধারা 80C(2) (ix)-এর অনুসারে সবাধিক 10000 টাকার নিয়োগ পর্যন্ত আয়কর ছাড় পাওয়া যায়। কোন ব্যক্তি যদি সার্বজনিক জমা নিধিতে, 15 বছরের জন্য নিয়োগ করতে না চায় তবে তার রাষ্ট্রীয় সঞ্চয় প্রমাণ পত্র নির্গম 7-এ নিয়োগ করা উচিত, এতে সংযুক্ত হিন্দু পরিবার নিয়োগ করতে পারবে না। শুধুমাত্র ব্যক্তিই এতে নিয়োগ করতে পারে।

37. NRE Bank Accounts :
(প্রবাসী ব্যাঙ্কের খাতা)

নিয়োগ থেকে আয়	ঃ	নিশ্চিত
সুরক্ষা	ঃ	অধিকতম
তরলতা	ঃ	আছে
আয়কর লাভ	ঃ	ধারা 10-এর অন্তর্গত
নিয়োগের অধিকতম সীমা	ঃ	কিছু নেই

শুধুমাত্র প্রবাসী ভারতীয়রাই এই প্রকারের খাতা খুলতে পারে, তাই একে NRE Bank Accounts বা প্রবাসী খাতাবলা হয়। এই পরিকল্পনা অনুসারে সঞ্চয় খাতা বা একটা নির্দ্দিষ্ট সময়ের জন্য খাতা খোলা যায়। সাধারণত এই খাতায় যে টাকা সঞ্চিত থাকে তার উপর প্রায় 10 শতাংশ সুদ পাওয়া যায়। আয়কর আইন, 1961-এর ধারা 10(4) অনুসারে এই প্রকার খাতার সুদ সম্পূর্ণরূপে কর মুক্ত। এই ধরণের আর একটি খাতা এফ সী এন আরও খোলা যেতে পারে, এটাও সম্পূর্ণরূপে কর মুক্ত। এই ধরণের খাতা খোলার জন্য নিয়োগকারীকে (প্রবাসী ভারতীয়) তার নিকটতম ব্যাঙ্ক শাখার সঙ্গে যোগাযোগ করতে হবে এবং সমস্ত কিছু জানার পরেই খাতা খোলা উচিত।

38. Nursery Saplings and Seedlings :
(নাসারীতে গাছ বা বীজ উৎপাদন)

নিয়োগ থেকে আয়	ঃ	অনিশ্চিত
সুরক্ষা	ঃ	উত্তম
তরলতা	ঃ	নেই
আয়কর লাভ	ঃ	ধারা 2(1A) অনুসারে কৃষি আয় রূপে গন্য হওয়ার কারণে সম্পূর্ণ রূপে করমুক্ত।
নিয়োগের অধিকতম সীমা	ঃ	কিছু নেই

2008-এ কর-নির্ধারিণ বর্ষ 2009-2010-এর থেকে আয়কর আইন, 1961-এর ধারা 2(1A)তে এক গুরুত্বপূর্ণ সংশোধনের প্রস্তাব করা হয়েছে এটি অনুসারে নাসারীতে সৃষ্ট গাছ বা বীজ থেকে প্রাপ্ত আয় কৃষি আয় বলে গণ্য করা হবে। এইভাবে এই ধরণের আয় ধারা (10(1) অনুসারে অন্য কৃষি আয়ের সাথে সম্পূর্ণ রূপে কর-মুক্ত হবে।

39. Pension Scheme (New) :
(নতুন পেনশিয়ান পরিকল্পনা)

আয়কর আইন 1961-এর ধারা 80 CCD অনুসারে কেন্দ্রীয় সরকারের নতুন পেনশিয়ান পরিকল্পনায় প্রদেয় অংশ-দান ছাড় যোগ্য বলে গণ্য করা হয়। আজ পর্যন্ত এই ছাড় শুধুমাত্র সরকারী কর্মচারী বা অন্য কিছু মালিক বা কর্মচারীদেরজন্যই প্রাপ্য ছিল কিন্তু বর্তমানে আর্থিক আইন 2009 দ্বারা সমস্ত ব্যক্তিকে এই ছাড় দেওয়া হয়ে থাকে। এই ভাবে 1-4-2009 থেকে কোন ব্যক্তি, যে মালিক হোক বা নাই হোক, এই নতুন পেনশিয়ান পরিকল্পনায় অংশদান দিয়ে ধারা 80CCD অনুসারে প্রাপ্ত ছাড়ের সুবিধা নিতে পারেন। এই ভাবে বয়স্ক নাগরিক, মহিলা এবং নিজের ব্যবসারসাথে যুক্ত করদাতা নতুন পেনশিয়ান পরিকল্পনায় অংশ গ্রহণ করে আয়করের ছাড় পেতে পারে। এই পেনশিয়ান পরিকল্পান গ্রহণ কারী ব্যক্তিরা যে টাকা প্রদান করে তা তার মোট কর যোগ্য আয়ের থেকে বাদ দেওয়া হয়। একজন কর দাতা সর্বাধিক কতটা ছাড় পেতে পারে তা হল তার বেতনের বা আয়ের 10% এর অধিক নয়। অধিকতম ছাড়ের টাকা এক বছর

1,00,000 টাকা হতে পারে।

এখন পর্যন্ত করদাতার ধারা 80C এবং 80CCC-এর অনুসারে জীবন বীমা প্রিমিয়াম, প্রভিডেন্ট ফাণ্ডে অংশদান প্রভৃতির জন্য কর ছাড় পেয়ে থাকে। এই নতুন ছাড়ের থেকে লাভবান হওয়ার জন্য করদাতাকে এটা মাথায় রাখতে হবে যে ধারা 80 CCC এবং ধারা 80 CCD অনুসারে সমস্ত ছাড় যুক্ত করে 1,00,000 টাকার অধিক হতে পারবে না। এই কথাটা সমস্ত করদাতা এবং বিশেষ করে বয়স্ক নাগরিকদের মাথায় রাখতে হবে যাতে তারা যে জীবন বীমা প্রিমিয়াম, প্রোভিডেন্ট ফাণ্ডে অংশদান, টিউশান ফিস্, বাড়ীর খাণ প্রদান এবং নতুন পেনশিয়ান পরিকল্পনায় অংশদান প্রভৃতি সব মিলিয়ে যেন এক লক্ষ টাকার বেশী না হয়।

এই পেনশিয়ান পরিকল্পনার অনুসারে করদাতা যে বছর এই টাকা পাবে সে বছর তা কর যোগ্য বলে ধরা হবে। কিন্তু আর্থিক (সংখ্যা-2) আইন, 2009-দ্বারা একটা সংশোধনের মাধ্যমে এটা স্পস্ট করা হয়েছে যে, আর্থিক বর্ষ 2009-10 থেকে যদি করদাতাএই টাকা কোন বার্ষিক পরিকল্পনায় লাগায় তবে এটা ধরা হবে যে সে এই ধরণের কোন টাকাই পায়নি 2009-এর 1 লা মে থেকে পেনশিয়ান ফাণ্ড ব্যবস্হপানা অথরিটি দ্বারা 2009-এর 1 লা মে থেকেএই পরিকল্পনা সমস্ত নাগরিকদের জন্য ঘোষণা করা হয়েছে। এই ভাবে পরিকল্পনায় অংশ গ্রহণ করার সময় এবং পরিকল্পনার মেয়াদ শেষে কর-মুক্তির লাভ পাওয়া যায়, কিন্তু পরিকল্পনা শেষ হওয়ার পর টাকা তোলার সময় আয়কর দিতে হবে।

আর্থিক (সংখ্যা 2) আইন, 2009 দ্বারা নতুন পেনশিয়ান পরিকল্পনা ট্রাস্ট দ্বারা আয়করের ক্ষেত্রেও কিছু সুবিধা দেয়া হয়েছে। এই ধরণের ট্রাস্ট আয়কর থেকে সম্পূর্ণ রূপে কর-মুক্ত। এছাড়া এই ধরণের ট্রাস্ট দ্বারা বিতরিত লাভাংশের টাকার উপর কোন রকম লাভাংশ বিতরণ কর দিতে হবে না শুধু তাই নয়, এই ধরণের ট্রাস্ট দ্বারা শেয়ার প্রভৃতি ক্রয় এবং বিক্রীর উপরেও কোন রকম কর দিতে হয়না। এই প্রকার ট্রাস্টের আয়ের উদগম স্হানে কোন কর ছাড় পাওয়া যায় না।

এই পরিকল্পনা অনুসারে 6 মাসের মধ্যে পেনশিয়ানের কোন টাকা তোলা যাবে না। এই পরিকল্পনার দ্বিতীয় ভাগ অনুসারে কিছু শর্ত মেনে টাকা তোলা যেতে পারে, যা কিছু সময় বাদে প্রযোজ্য হবে।

2009-এর 1 লা মে থেকে ভারতের যে কোন নাগরিক যদি নতুন পেনশিয়ানর পরিকল্পনায় খাতা করতে চায় তবে সে এই বিশেষ 22 টি কেন্দ্রের মধ্যে যে কোন একটি কেন্দ্রের সাথে যোগাযোগ করতে পারে। ভবিষ্যৎ-এ এই প্রকার কেন্দ্রের সংখ্যা বৃদ্ধি করা হবে।

অর্থ মন্ত্রী 2010-2011 বাজেট ঘোষণার সময় নতুন পেনশিয়ান পরিকল্পনার ব্যাপারে প্রত্যেক ব্যক্তিকে উৎসাহিত করার জন্য নতুন পেনশিয়ান পরিকল্পনার লাভের কথা মনে করিয়ে দিয়ে খাতা খোলার কথা বলেছে। এর জন্য সরকার তিন বছর 1000 টাকা করে নিজের পক্ষ থেকে অনুদান দেবে, যাতে নতুন পেশিয়ান পরিকল্পনার প্রচার-প্রসার হয়। সরকারের তরফ থেকে শুধু সেই সমস্ত ব্যক্তিকেই এই অনুদান দেওয়া হবে যারা নতুন পেনশিয়ান স্কীমে কমপক্ষে 1,000 টাকা জমা করবে এবং আর্থিক বছর 2010-2011-এ সর্বাধিক 12,000 টাকা পর্যন্ত জমা করবে।

40. Personal Effects :
(ব্যক্তিগত বস্তু)

আয়করের দিক থেকে অনেক সময় ব্যক্তিগত বস্তুতে অর্থ নিয়োগ খুবই ভালো বলে প্রমাণিত হয়।এর কারণ হল, ব্যক্তিগত বস্তু বিক্রী করে যে লাভ পাওয়া যায় তাকে পুঁজিগত লাভ বলে গণ্য করা হয় এবং তা আয়কর থেকে সম্পূর্ণরূপে কর মুক্ত আয়কর আইন 1961 এর ধারা 2(14)-এ অনুসারে "Capital Asset" অর্থাৎ পুঁজিগত সম্পত্তির পরিভাষার মধ্যে সমস্ত রকমের পুঁজি বা সম্পত্তি, তা করদাতার পেশার সাথে সম্পর্কিত হোক বা না হোক, সম্মিলিত আছে কিন্তু তাতে ব্যক্তিগত ব্যবহারের বস্তু সম্মিলিত নেই। যেমন–সেই চল সম্পত্তি, যা কোন করদাতাবা তার পরিবারের কোন সদস্যের কাজে আসে, তাতে পরণের কাপড় এবং ফার্নিচার সম্মিলিত থাকলেও গয়না এরমধ্যে পড়েনা। এই ভাবে এই সংজ্ঞাকে দেখলে আমরা এটা জানতে পারব যে যদি করদাতা ব্যক্তিগত উপভোগের বস্তুতে অর্থ নিয়োগ করে এবং কিছুদিন ব্যবহার করার পর যদি তা বিক্রী করে ভালো লাভ পায়, তবে সেই লাভের উপর কোন প্রকার আয়কর দিতে হবে না। অনেক সময় তা অমুক ব্যক্তির ব্যক্তিগত বস্তু হিসাবে গণ্য করা হবে কিনা সেই নিয়ে বিবাদ উপস্থিত হয়।এই ব্যাপারে সর্বোচ্চ ন্যায়ালয় মহারাজা রাণা হেমন্ত সিংহ বনাম ইনকাম ট্যাক্স কমিশনার (1976) 103 আইটির আর 61তে বলা আছে যে, সেই বস্তুকেই ব্যক্তিগত বস্তু বলে গণ্য করা যাবে, যা একজন করদাতা ব্যক্তি বা তার শরীরের সাথে বিশেষ ভাবে সম্পর্ক রাখে। যেমন, রূপোর বাসন, টেলিভিশান সেট্, ভিসিআর, নিজের ব্যবহারের জন্য ঘোড়া, দামী ক্রকারী, ব্যক্তিগত ফার্নিচার, ব্যক্তিগত গাড়ী প্রভৃতি সবই ব্যক্তিগত বস্তু বলে গণ্য করা হবে। ব্যক্তিগত বস্তুর ব্যবহার বছরে কতবার করা হবে, তার জন্য কোন নিশ্চিত নিয়ম নেই। গুরুত্বপূর্ণ বিষয়টি হল তা ব্যবহার করতে হবে, শোকেস বা ড্রয়িং রুমে শোভা বর্ধক হিসাবে রেখে দিলে চলবে না।

কর-নির্ধারণ বর্ষ 2008-09 থেকে পুরাতত্ত্বের জিনিস, চিত্রশিল্প, পেন্টিংস, শিল্পকলার বস্তু, কলাত্মক বস্তু, প্রভৃতি ব্যক্তিগত বস্তু বলে গণ্য করা হয়না।

41. Post Office Investments :
(পোস্ট অফিসে নিয়োগ)

নিয়োগ থেকে আয়	ঃ	নিশ্চিত
সুরক্ষা	ঃ	অধিকতম
তরলতা	ঃ	নেই
আয়কর লাভ	ঃ	ধারা 10, এবং 80-এর অন্তর্গত
নিয়োগের অধিকতম সীমা	ঃ	কিছু নেই

ব্যক্তিগত কর-দাতাদের সুবিধার জন্য পোস্ট অফিসের তরফ থেকে বেশ কিছু ছোট-ছোট নিয়োগ ক্ষেত্রের পরিকল্পনা করা হয়েছে। এই পরিকল্পনায় অর্থ নিয়োগের সবচেয়ে বড় লাভ হল টাকা সুরক্ষিত থাকে। পোস্ট অফিসের পরিকল্পনায় অর্থ নিয়োগ করার জন্য পোস্ট অফিসের যে কোন ব্রাঞ্চে গিয়ে অর্থ নিয়োগ করা যেতে পারে। এই ভাবে যে কোন নিয়োগকারী এজেন্টের দ্বারা রাস্ট্রীয় সঞ্চয় প্রমাণ পত্র বা কিসান বিকাশ প্রমাণ পত্র কিনতে পারে। একজন নিয়োগকারী পোস্ট অফিসে 5 বছরের জন্য সঞ্চয়ের খাতা খুলতে পারে বা এবং ক্রমাগত তাতে টাকাজমা করাতে পারে। এই রকম মাসিক আয় পরিকল্পনায় বছরের জন্য অর্থ নিয়োগ করতে পারে। কিসান বিকাশ পত্র থেকে প্রাপ্ত সুদের ওপর কোন রকম আয়কর ছাড় পাওয়া যায় না। কিন্তু পোস্ট অফিস সঞ্চয় খাতে টাকা রাখতে তা সম্পূর্ণ রূপে কর মুক্ত এতে সুদের পরিমাণ খুবই কম হলেও তা খুবই সুরক্ষিত। এই সম্পর্কিত কিছু প্রধান পরিকল্পনার কথা নিচে বর্ণনা করা হলঃ

Post Office Monthly Income Account :
(পোস্ট অফিসে মাসিক আয়ের খাতা)

এটাও একটি সুরক্ষিত নিয়োগ। 1-3-2003 থেকে এই ধরণের খাতে প্রতিবছর 8% সুদ পাওয়া যায়। এটা সম্পূর্ণ রূপে কর মুক্ত নয়। কম আয় মুক্ত আয়কর দাতাদের জন্য এটা ভালো পরিকল্পনা।

Post Office Recurring Deposits Account :
(পোস্ট অফিসে রেকারিং-এর খাতা)

পোস্ট অফিসে সাধারণতঃ 5 বছরের জন্য রেকারিং-এর খাতা খোলা যায়। এই খাতায় টাকা জমা করার কোন উচ্চ সীমা নেই, কিন্তু 10 টাকা বা তার গুণিত টাকা জমা করানো যায়। 1-3-2003 থেকে 5 বছরের জন্য টাকা জমা করলে প্রতিবছর 7.5% সুদ পাওয়া যায়। এই খাতে সঞ্চিত অর্থ সম্পত্তি কর থেকেও সম্পূর্ণ রূপে কর মুক্ত। এই সুরক্ষিত নিয়োগ ক্ষেত্র ছোটখাট নিয়োগকারীদের জন্য খুবই লাভজনক।

Post Office Savings Bank Account :
(পোস্ট অফিসে সঞ্চয় ব্যাঙ্ক খাতা)

পোস্ট অফিসের সঞ্চয় ব্যাঙ্ক খাতায় টাকা নিয়োগ করা সঞ্চয় করাকে ঠিক বলে ধরা হচেছ কারণ, ব্যাঙ্ক খাতায় যেভাবে টাকা জমা করা হয় এখানেও একই নিয়মে টাকা জমা করা হয়। অনেক সময় এক অমুক ন্যূনতম টাকা রাখলে চেকের দ্বারা টাকা বার করার সুবিধাও পাওয়া যায়। সাধারণত এই প্রকার খাতে বছরে প্রায় 3.3 শতাংশ সুদ পাওয়া যায়, এর উপর কোন রকম কর দিতে হয়না। এই খাতে জমা টাকার উপরেও কোন রকম সম্পত্তি কর দিতে হয়না। কম অর্থ সঞ্চয়কারীদের জন্য এই খাতে অর্থ নিয়োগ খুবই ভালো।

Post Office Time Deposit Account :
(পোস্ট অফিসে টাইম সঞ্চয় খাতা)

কোন নিয়োগকারী যেমন কোন ব্যাঙ্কে নির্দ্দিষ্ট সময়ের জন্য টাকা জমা করে সুদের আয় প্রাপ্ত করে, তেমনি পোস্ট অফিসেও টাকা জমা করলে সুদের টাকা পাওয়া যায়। 50 টাকা বা তার গুণনের টাকা ছাড়া নিয়োগের উচ্চতম সীমার খাতে টাকা জমা করানো যায়। এই প্রকার সঞ্চিত রাশির উপর কোন রকম সম্পত্তি-কর লাগে না। 1-3-2005 থেকে 5 বছরের জন্য জমা খাতায় 7.5% সুদ পাওয়া যায়।

সঞ্চিত রাশির উপর প্রাপ্ত সুদের দর

সঞ্চয়ের সীমা	প্রতি বছরের সুদের দর
1 বর্ষ	6.25%
2 বর্ষ	6.50%
3 বর্ষ	7.25%
5 বর্ষ	7.50%

আর্থিক আইন, 2008 দ্বারা 5 বছরের জন্য সঞ্চিত টাকা কর-নির্ধারণ বর্ষ 2009-2009 থেকে ধারা 80-C-এর অন্তর্গত 1 লাখ টাকার সীমার ভেতরেই তা ছাড় যোগ্য।

42. Property (or Real Estate) Investment :
(সম্পত্তিতে নিয়োগ)

নিয়োগ থেকে আয়	ঃ	অনিশ্চিত
সুরক্ষা	ঃ	মধ্যম
তরলতা	ঃ	নেই
আয়কর লাভ	ঃ	ধারা 24 এবং 80C-এর অন্তর্গত
নিয়োগের অধিকতম সীমা	ঃ	কিছু নেই

সমস্ত রকম করদাতাদের কাছেই সম্পত্তিতে অর্থ নিয়োগ করাটা খুবই আকর্ষণীয়। এতে অর্থ সম্পূর্ণ রূপে সুরক্ষিত থাকে কিন্তু সম্পত্তি বিক্রয় করার পর অতি সহজেই ফাদ অর্থ পাওয়া যায়না, নিজের বসবাস যোগ্য বাড়ী তৈরীর জন্য ঋণ নেওয়া হলে তার উপর ধারা 24 অনুসারে প্রতি বছর 1.5 লাখ টাকা পর্যন্ত সুদের ছাড় পাওয়া যায়। এছাড়া অধিকাংশ ক্ষেত্রে গৃহ সম্পর্কিত অর্থ প্রদান বা বাড়ীর ব্যাপারে ছাড় প্রাপ্ত করা যায়। যদি বাড়ীটাতে ভাড়া দেওয়া হয় তবে 30% মাসিক ছাড় পাওয়ার জন্য আয়করের ক্ষেত্রে খুবই সঞ্চয় হয়। আরো বেশী কিছু জানার জন্য কৃষি জমি, বিল্ডিং (ইমারৎ) অচল সম্পত্তি দেখুন।

43. Property : Immovable :
(অচল সম্পত্তি)

নিয়োগ থেকে আয়	ঃ	অনিশ্চিত
সুরক্ষা	ঃ	মধ্যম
তরলতা	ঃ	নেই
আয়কর লাভ	ঃ	ধারা 80C-এর অন্তর্গত
নিয়োগের অধিকতম সীমা	ঃ	কিছু নেই

বিভিন্ন ভাবে অচল সম্পত্তিতে অর্থ নিয়োগ করা যায়, যেমন, জমি বা ব্যবসায়িক সম্পত্তি বা বসবাস যোগ্য বাড়ী। এই ভাবে এক অচল সম্পত্তির রূপে প্রাপ্ত সম্পত্তিও যেমন কোন ব্যক্তির নামে কেনা যায় তেমনিই তা কোন অংশীদারী সংস্হা বা কম্পানীর নামেও কেনা যায়। তেমনি এই অচল সম্পত্তি কোন একজন ব্যক্তির নামে, দুজন ব্যক্তির নামে বা ততাধিক ব্যক্তির নামেও কেনা যায়। অচল সম্পত্তিতে অর্থ নিয়োগের সময় সবচেয়ে গুরুত্বপূর্ণ যে বিষয়টা মাথায় রাখা উচিত তা হল, এই অর্থ নিয়োগের উদ্দেশ্য কি। আগেই তা ঠিক করার পরেই অর্থ নিয়োগ করা উচিত কারণ পরে শীঘ্রই অর্থ ফেরত পাওয়ার ক্ষেত্রে সমস্যা দেখা যায়। পরবর্তী পরিচেছদে অচল সম্পত্তিতে নিয়োগের সাথে সম্পর্কিত কিছু মুখ্য বিষয় বর্ণনা করা হল।

Property : Freehold :
(সম্পত্তি ঃ লাখেরাজ)

কোন পাট্টা যুক্ত জমিতে অর্থ নিয়োগ করার পরিবর্তে নিয়োগকারীর যতদূর সম্ভব লাখেরাজ জমিতে, তা খালি জমিই হোক না কেন, বা বাড়ী, বা বাড়ীর অংশ, বা কার্যালয় সম্পর্কিত স্হানে, এ নিয়োগ করা উচিত। এই প্রকার নিয়োগের ক্ষেত্রে সবচেয়ে সুবিধাজনক বিষয়টি হল বিক্রীর সময় কোনরকম আইনি সমস্যা দেখা যায়না। এই প্রকার জমি বন্দক রাখার ব্যাপারেও সুবিধা পাওয়া যায়। লাখেরাজ জমি হস্তান্তরের সময় সরকারের অনুমোদন নেওয়ারও প্রয়োজন পড়ে না। সাধারণতঃ কর নির্ধারণ বর্ষ 1993-94 থেকে সমস্ত রকম ব্যবসায়িক লাখেরাজ জমি-সম্পত্তির উপর থেকে কর তুলে নেওয়া হয়েছে। এই ভাবে কর-নির্ধারণ বর্ষ 1994-95 থেকে একটা বাড়ীর উপর, তা লাখেরাজ বাড়ীই হোক বা পাট্টা যুক্ত জমির উপর স্হিত সম্পত্তিই হোক, কর মুক্তির ঘোষণ করা হয়েছে। কর-নির্ধারণ বর্ষ 1999-2000 থেকে যদি বসবাস যোগ্য সম্পত্তিতে কমপক্ষে 300 দিন ভাড়া থাকে, অর্থাৎ যদি তা নিজস্ব ব্যবসা বাণিজ্যের জন্য ব্যবহার না করা হয় তবে তার ওপর সম্পত্তি কর দিতে হয়না।

আয়কর আইন, 1961এর অধ্যায় 20C অনুসারে ভারতের বিভিন্ন নগরে 20 লাখ টাকার থেকে 75 লাখ টাকার বিভিন্ন সীমার বেশী সম্পত্তি হস্তান্তরণের ক্ষেত্রে ফর্ম 371 পূরণ করা খুবই জরুরী ছিল। 1-7-2002 থেকে এই নিয়ম নিরস্ত করা হয়েছে।

Property : Industrial :
(সম্পত্তি ঃ শৈল্পিক)

শৈল্পিক সম্পত্তি, ফ্যাক্টরি বা জমি রূপে উপলব্ধ হয়ে থাকে, আর এই প্রকার জমিতে নিয়োগের ব্যাপারে কর সম্পর্কিত ব্যবস্হাপনা প্রায় সমান। যতদূর সম্ভব, যে শিল্পপতি এই ধরণের শিল্প স্হাপন করতে চায় তার এই শিল্পের নামেই এই জমি বা সম্পত্তি কেনা উচিত। কিন্তু যদি সম্ভব হয় তবে নিজের সাথে সম্পর্কিত কোন কম্পানী বা পরিবারের কোন ব্যক্তির নামে এই জমি কেনা ভালো এবং প্রকৃত শিল্পপতি যদি তার থেকে এই সম্পত্তি ভাড়ায় নিয়ে নেয় তবে সে লাভবান হবে, কারণ ভাড়া স্বরূপ যে টাকা প্রদানকরা হবে তা ছাড় যোগ্য বলে বিবেচিত হবে। এটা আরোও একদিকে জরুরী যদি কোন শৈল্পিক কম্পানী এই জমি কেনে তবে তার উপর কোন রকম রক্ষনা-বেক্ষণ ভাতা পাবে না। যখনই ফ্যাক্টারী বা শেড নির্মাণের প্রশ্ন এসে যায়, যে ক্ষেত্রে করদাতা রক্ষণা-বেক্ষণ ভাতা প্রাপ্ত করতে পারে। যদি কোন বছরে ফ্যাক্টারীর সম্পত্তি বিক্রী করা হয় এবং যদি এই টাকার সমান বা তার থেকে বেশী টাকা দিয়ে অন্য কোন সম্পত্তি কেনা হয় তবে 'সম্পত্তির ব্লক' অনুসারে এই সম্পত্তি হস্তান্তর থেকে প্রাপ্ত আয়ের উপর কোনরকম আয়কর লাগানো হবে না। কর-নির্ধারিণ বর্ষ 1997/98 থেকে যদি কোনসম্পত্তি করদাতা ব্যক্তিগত ব্যবসার জন্য ব্যবহার না করে তবে তার উপর সম্পত্তি ব্যবসায়িক প্রতিষ্ঠান সম্পত্তি কর থেকে মুক্ত করে দেওয়া হয়েছে।

Property Joint :
(সম্পত্তি ঃ সংযুক্ত)

ভারতের সাধারণ আইনের অন্যর্শতি এবং আয়কর আইন 1961-এর ধারা 26 অনুসারে একাধিক ব্যক্তি কোন একটি অচল সম্পত্তির সংযুক্ত মালিক হতে পারে এবং আলাদা-আলদা ভাবে আলাদা-আলাদা তার কর-নির্ধারিণ করা হবে। বসবাস যোগ্য সম্পত্তির ক্ষেত্রেও এই প্রকার সংযুক্ত মালিকানা স্বীকৃত।

বড়-বড় শহরে এক শয়ন কক্ষ বিশিস্ট ফ্ল্যাট ও একাধিক ব্যক্তির নামে কেনা হয়। তার থেকে প্রাপ্ত আমদানীর উপর পৃথক-পৃথক অংশ অনুসারে পৃথক-পৃথক আয়কর লাগানো হয়ে থাকে। এই প্রকার সম্পত্তি করের ব্যাপারেও আলাদা-আলাদা অংশের হিসাবে তা সম্পত্তি গণ্য করা হয়ে থাকে। একই ভাবে খুব ছোট একটা দোকান বা অফিসও একাধিক

ব্যক্তির সংযুক্ত নামে থাকতে পারে। কোন সম্পত্তির মালিক যদি একাধিক হয় তবে এই সম্পত্তির দলিলে কার কতটা অংশ তার উল্লেখ থাকাটাও খুবই জরুরী, যাতে প্রত্যেক সহ মালিকের প্রাপ্ত আয় থেকে সঠিক আয়কর নির্ধারিণ করা সম্ভব হয়।

Property : Leasehold :
(সম্পত্তি ঃ পাট্টা)

আয়কর প্রদানের ব্যাপারে পাট্টার নেওয়া জমি এবং আয়কর মুক্ত জমির উপর আয়কর, সম্পত্তি-কর এবং উপহার করের ব্যবস্থাপনা সমান রূপে প্রযোজ্য হয়ে থাকে। পাট্টায় নেওয়া জমির ক্ষেত্রে পাট্টার জন্য প্রতি বছর কিছুনা কিছু ভাড়া দিতে হয়, যা গৃহ সম্পত্তির থেকে ভাড়ার আয় গণনা করার সময় ছাড় যোগ্য বলে গণ্য করা হয়। পাট্টায় নেওয়া জমির উপর যদি শিল্প বা ব্যবসার কাজ করা হয় তবে পাট্টার ভাড়ার হিসাবে প্রতি বছর যে ভাড়া দেওয়া হয়, তা ছাড় যোগ্য খরচ বলে গণ্য করা হবে। কিন্তু যদি পাট্টার জমিকে আয়কর মুক্ত জমিতে পরিণত করা হয় তবে তার জন্য যে টাকা দেওয়া হয়, তা সম্পত্তি-খরচের রূপে গণ্য করা হয় এবং তা ছাড় যোগ্য নয়।

44. Public Provident Fund (PPF)
(সার্বজনিক ভবিষ্য নিধি)

নিয়োগ থেকে আয়	ঃ নিশ্চিত
সুরক্ষা	ঃ অধিকতম
তরলতা	ঃ নেই
আয়কর লাভ	ঃ ধারা 10 (11) এবং 80C-এর অন্তর্গত
নিয়োগের অধিকতম সীমা	ঃ 70,000 টাকা

ব্যক্তি বা অবিভক্ত হিন্দু পরিবারের জন্য সার্বজনিক ভবিষ্য নিধি অর্থাৎ PPF-এ অর্থ নিয়োগ খুবই ভালো ক্ষেত্র বলে ধরা হয় এবং আয়কর আইন 1961-এর 80C অনুসারে আয়কর সম্পর্কিত সম্পূর্ণ লাভ পাওয়া যায়। এই ধরণের খাতে সঞ্চিত অর্থের উপর 1-3-2003 থেকে প্রতি বছর 8% সুদ পাওয়া যায়, তা এই খাতায় যোগ হতে থাকে এবং তা আয়কর আইনের ধারা 10(11) অনুসারে করমুক্ত। এই ধরণের খাতা

সাধারণত 15 বছরের জন্য হয়ে থাকে। কর নির্ধারিণ বর্ষ 2003-04 থেকে এইখাতে প্রতি বছর সর্বাধিক 70,000 টাকা জমা করা যায়। যে সমস্ত ব্যক্তিদের বর্তমানে নিজেদের পুঁজির প্রয়োজনীয়তা কম এবং নিকট ভবিষ্যৎ-ও যাদের এই পুঁজির প্রয়োজন নেই তাদের জন্য এই নিয়োগ খুবই আকর্ষণিয় ক্ষেত্র, নিয়মানুসারে প্রতি বছর এক শতাংশ বেশী সুদ দিয়ে এই খাতা থেকে ঋণও নেওয়া যায়। এই খাতা অনুসারে নিজের সাবালোক বাচ্চাদের নামেও অর্থ নিয়োগ করলে ধারা 80C অনুসারে আয়কর ছাড় পাওয়া সম্ভব। তাই যতদূর সম্ভব, একজন বাবা বা মার নিজের করযোগ্য আয় থেকে নিজের নাবালক বাচ্চার নামে এই ধরণের খাতায় কিছু টাকা জমা করা উচিত যাতে বাবা-মা ধারা 80C-এর লাভ নিতে পারে। তারপর এই টাকা নাবালককে উপহার স্বরূপ প্রদান করা উচিত। এই ধরণের খাতে যে অর্থ জমা করা হয় তার থেকে প্রাপ্ত সুদ যেহেতু সম্পূর্ণ রূপে কর-মুক্ত তাই ধারা 64 অনুসারে এক ব্যক্তির আয় আপর ব্যক্তির সাথে যুক্ত করা যায়, এই ব্যবস্থাপনা অনুসারে কোন করদাতার ক্ষতিও হবে না। এছাড়া এই টাকার সম্পত্তি-করও মুক্ত।

সরকারী বিজ্ঞপ্তি (সংখ্যা জী. এস. আর 908(E) তারিখ 6-12-2002) দ্বারা সার্বজনিক ভবিষ্য নিধি (সংশোধন) পরিকল্পনা 2006 দ্বারা সার্বজনিক ভবিষ্য নিধি পরিকল্পনা 1968-এ সংশোধন করা হয়েছে। এই অনুসারে আবেদন পত্র ফর্ম A নতুন প্রযোজ্য হয়েছে। এই নতুন ফর্ম অনুসারে এক ব্যক্তি নিজের বা নিজের নাবালক বাচ্চার নামে বা হিন্দু অবিভক্ত পরিবারের নামে এই খাতে এক আর্থিক বছরে সর্বাধিক 70,000 টাকা নিয়োগ করতে পারে। 70,000 টাকার বেশী টাকা জমা করলে তার উপর কোন রকম সুদ পাওয়া যাবে না। এখন আর অবিভক্ত হিন্দু পরিবার নতুন সার্বজনিক ভবিষ্য নিধি খাতা খুলতে পারবে না।

45. Rural Bonds from NABARD
(নাবার্ড প্রদত্ত গ্রামীন বণ্ড)

সুরক্ষা	ঃ	পূর্ণ
ধারা 80C অনুসারে	ঃ	এক লক্ষ পর্যন্ত নিয়োগ ছাড় যোগ্য

আয়কর আইনের ধারা 80C অনুসারে 1,00,000 টাকা পর্যন্ত নিয়োগের উপর প্রাপ্ত ছাড়ের অন্য আর এক বিকল্প নাবার্ড (কৃষি এবং গ্রামীণ বিকাশ হেতু রাষ্ট্রীয় ব্যাঙ্ক) জারী করেছে নিয়োগকারীদের জন্য, এর উপর প্রতি বছর 8.25% সুদ পাওয়া যায়। বয়স্ক নাগরিকরা 8.75% সুদ পায়। 5 বছরের থেকে বেশী সময়ের জন্য এই অর্থ নিয়োগ করে রাখতে হবে। প্রতিটি বণ্ডের দাম 1000 টাকা করে, ন্যূনতম 5 টি বণ্ড কিনতেই হবে। এই বণ্ডের উপর প্রাপ্ত সুদ কর যোগ্য বলে গণ্য করা হবে। কেবল ধারা 80C অনুসারে সর্বাধিক 1,00,000 টাকার উপরেই কর ছাড় পাওয়া যাবে।

46. Savings Bonds, 2003 :
(সেভিংস বণ্ড, 2003)

নিয়োগ থেকে আয়	ঃ নিশ্চিত
সুরক্ষা	ঃ অধিকতম
তরলতা	ঃ নেই
আয়কর লাভ	ঃ ধারা 10-এর অন্তর্গত
নিয়োগের অধিকতম সীমা	ঃ কিছু নেই

গছ 4 বছর ধরে সুদের দর কমে যাওয়ায় নিয়োগকারীরা খুবই চিন্তা এবং সমস্যার মধ্যে আছে। এমন অবস্থায় 2003 সাল থেকে সরকার দুই প্রকার নতুন সঞ্চয় বণ্ড জারী করেছে। ভারতীয় রিজার্ভ ব্যাঙ্ক যে দুটি বণ্ড জারী করেছে তার নাম হল 6-5 শতাংশ সঞ্চয় বণ্ড-2003 (করমুক্ত) এবং 8 শতাংশ সঞ্চয় বণ্ড (কর যোগ্য) 2003। একই সাথে আগের 8.7% এবং 8% রিলিফ বণ্ড বন্ধ করে দিয়েছে। বিভিন্ন পরিস্থিতিতে নিয়োগকারীদের জন্য এই দুটি বণ্ডে নিয়োগ খুবই ভালো মাধ্যম বলে ধরা হয়। নিম্নে এর বিশেযত্ব দেওয়া হল–

6.5% Savings Bond,s 2003 (Non Taxable) :
6.5 সেভিংস বণ্ড 2003 (করমুক্ত)

এই বণ্ড থেকে প্রাপ্ত সুদের উপর কোন রকম আয়কর দিতে হয়না।

এর কোন উচ্চতম সীমা নেই। যে কর দাতার আয় প্রতিবছর 1.5 লাখ টাকার ওপরে তার সকল আয় এই প্রার বণ্ডে নিয়োগ করলে প্রতি বছরে প্রায় 9.5% পড়ে এবং নিয়মানুসারে নেট 6.5 শতাংশ কর মুক্ত আয় পড়ে। যে নিয়োগকারীর আয় বার্ষিক 50.000 টাকার থেকে কম তাদের অবশ্যই এই বণ্ডে অর্থ নিয়োগ করা উচিত। এই বণ্ডে যে কোন ব্যক্তি (প্রবাসী ভারতীয়দের বাদ দিয়ে) নিয়াগ করতে পারে। যদি নিয়োগকারী চায় তবে সে নিজের নামে বা কোন আত্মীয় বা বন্ধুর সাথে সংযুক্ত নামে নিয়োগ করতে পারে। নিয়োগের ন্যূনতম রাশি 15000 টাকা এবংএই টাকার জুলস অনুসারে আরো বেশী টাকা নিয়োগ করা যায়।এই নিয়োগের ব্যাপারে সবচেয়ে ভালো কথা হল নিয়োগের কোন উচ্চতম সীমা নেই এবং কোন ব্যক্তি ইচছা করলে বার-বার এই বণ্ডে অর্থ নিয়োগ করতে পারে। 24.3.2003 থেকে এই বণ্ডে অর্থ নিয়োগ শুরু হয়েছে। এই বণ্ড সম্পত্তি কর থেকেও সম্পূর্ণ রূপে কর মুক্ত। এই বণ্ডের সময় সীমা 5 বছর, 9-7-2004 থেকে এই বণ্ড বিক্রী হওয়া বন্ধ হয়ে গেছে।

8% Savings Bonds, 2003 (Taxable) :

8% সেভিংস বণ্ড 2003 (করযোগ্য)

এটি আর এক ধরণের বণ্ড, এটিতে প্রতিবছর 8% সুদ দেওয়া হয়, এটিও রিজার্ভ ব্যাঙ্কই জারী করেছে। 21-4-2003 থেকে নিয়োগকারীরা এই বণ্ড পেতে শুরু করেছে। ভারতে বসবাসকারী যে কোন ব্যক্তি, এই বণ্ডে টাকা নিয়োগ করতে পারে। এছাড়া পূণ্যার্থ ট্রাস্ট এবং সংস্হা বা বিশ্ববিদ্যালয় গুলিও এই বণ্ডে অর্থ নিয়োগ করতে পরে। কমপক্ষে 1000 টাকা নিয়োগ করতে হবে এবং এর গুণণ অনুসারে আরোও টাকা নিয়োগ করা যাবে। নিয়োগের কোন উচ্চতম সীমা নেই। বণ্ড খাতার রূপেই বণ্ড জারী করা হয় এবং রিজার্ভ ব্যাঙ্কে এক খাতা বণ্ড খাতায় টাকা জমা থাকে। 6.5% করমুক্ত সেভিংস বণ্ড 2003-এ যেমন নামাঙ্কনের সুবিধা ছিল, এই বণ্ডে তেমনি সুবিধা আছে। এই বণ্ড হস্তান্তর করা যায়না। যে দিন বণ্ড জারী করা হয় তার 6 বছর বাদে এর টাকা পাওয়া সম্ভব। ব্যাঙ্ক বা অন্য আর্থিক সংস্হানে সুরক্ষার জন্য এটা জমা করা যেতে পারে,

সাধারণ বাজারে এর ক্রয় বিক্রয় হয়না।

যে বণ্ডে সুদ সঞ্চিত হয়না, সেক্ষেত্রে প্রত্যেক 6 মাস অন্তর সুদ প্রদান করা হয়ে থাকে এবং সে ক্ষেত্রে সুদ সঞ্চিত হয় সেক্ষেত্রে 6 বছরের মেয়াদ শেষ হওয়ার পর নিয়োগকারী সুদ সহ মূলধন পেতে পারে। এই ভাবে 6 বছর বাদে সঞ্চিত বণ্ডের অর্থ দাঁড়াবে 1,601 টাকা। বণ্ড জারী করার তারিখ থেকে 31 শে জুলাই এবং 31 শে জানুয়ারী পর্যন্ত সুদ 1 লা আগস্ট এবং 1 লা ফেব্রুয়ারী দেওয়া হবে। নিয়োগকারী নিজের ইচ্ছা মতন চেক্ বা ওয়ারন্ট বা নিয়োগকারীর খাতায় অর্থ জমা করতে পারে।

এই বণ্ডের সুদ কর যোগ্য তাই কেবল 10,000 টাকার বেশী সুদ 1-6-2007 থেকে উদাগম স্হানের উপর সুদ ছাড় যোগ্য বলে গণ্য হবে। কিন্তু যে সংস্হান গুলি মোচনা করেছে যে তা আয়কর আইনের অন্তর্গত কর-মুক্ত, সে ক্ষেত্রে প্রাপ্ত সুদও আয়করের ছাড় যোগ্য।

উপরোক্ত বর্ণনা থেকে এটা স্পস্ট বোঝা যাচেছ যে দুটি বণ্ডের মধ্যে কিছু সমানতা ও কিছু ভিন্নতা আছে। দুই প্রকার বণ্ডের মধ্যে প্রধান যে পার্থক্য তা হল 6.5% সঞ্চয় সম্পূর্ণ কর মুক্ত কিন্তু 8% সঞ্চয় বণ্ডের উপর কর দিতে হবে। এছাড়া 8% বণ্ড পূণ্যার্থ ট্রাস্ট এবং সংস্হা ও বিশ্ববিদ্যালয়ও কিনতে পারে। দুটি বণ্ডেই নিয়োগের ক্ষেত্রে কোন উচ্চ সীমা নেই। দুটি বণ্ডের মধ্যে মূলগত আরএকটি যে পার্থক্য আছে তা হল 6.5% যুক্ত বণ্ড 3 বছর বাদে প্রয়োজন পড়লে টাকা তোলা যেতে পারে কিন্তু 8% যুক্ত বণ্ডের ক্ষেত্রে মেয়াদ শেষ না হওয়া পর্যন্ত টাকা তোলা যাবে না।

উপরোক্ত বর্ণনা থেকে এটা স্পস্ট বোঝা যাচেছ যে, যে ক্ষেত্রে করদাতার আয় বছরে 2-5 লাখ টাকার বেশী সেক্ষেত্রে 6.5% সঞ্চয় বণ্ডেই অর্থ নিয়োগ করা উচিত এবং যে ক্ষেত্রে মোট আয় 1,60,000 টাকা বা তার থেকে কম সেক্ষেত্রে 8% যুক্ত সঞ্চয় বণ্ডেই অর্থ নিয়োগ করা উচিত। যাতে করের ভার কম হয় এবং সুদের টাকাও বেশী পাওয় যায়। যে সমস্ত বয়স্ক নাগরিক এবং মহিলাদের আয় বেশী নয় তাদের জন্য 8% যুক্ত সঞ্চয় বণ্ড খুবই আকর্ষণীয়, কারণ তাদের কর যোগ্য আয়ের সীমা 2,40,000 টাকা এবং 1,90,000 টাকা পূণার্থ সংস্হানের ক্ষেত্রে 6 বছরের জন্য নিয়োগ খুবই ভালো বলে ধরা যেতে পারে।

48. Section 80C : Investment Eligible for Tax Deduction : (ধারা 80C : আয় করে ছাড় পাওয়ার জন্য নিয়োগ)

আয়কর আইন, 1961-এর নতুন ধারা 88C অনুসারে ব্যক্তি এবং অবিভক্ত হিন্দু পরিবারের করদাতারা এক বিশেষ প্রকার আয়কর ছাড় পেয়ে থাকে। সর্বাধিক যত টাকার উপর আয়কর ছাড় পাওয়া যায় তা হল 1,00,000 টাকা। এই ছাড়ের জন্য প্রধানত যে সমস্ত খাতে অর্থ রাখা যায় তা নিম্নে দেওয়া হল ঃ

i) কোন ব্যক্তি তার নিজের জীবন, জীবন সাথীর জীবন এবং সন্তানের জীবন সুনিশ্চিত করার জন্য জীবন বীমা পলিসি করতে পারে, এর প্রিমিয়াম সম্পূর্ণ কর মুক্ত। হিন্দু অভিভুক্ত পরিবারে যে কোন সদস্যের জন্য করা জীবন বীমা পলিসি প্রিমিয়াম। কোন এক আর্থিক বছরে প্রিমিয়াম স্বরূপ 20% এর বেশী টাকা প্রদান করা যাবেনা।

ii) জীবন ধারা এবং জীবন অক্ষয় পলিসি, বা অন্য বার্ষিক প্ল্যান, যা জীবন বীমা নিগম বা অন্য বীমা কম্পানী দ্বারা জারী করা হয়, তার জন্য প্রদেয় অর্থ।

iii) এক স্বীকৃত ভবিষ্য নিধি অর্থাৎ Recognised Provident Fund-এ কর্মচারী দ্বারা প্রদত্ত অংশ দান।

iv) ভবিষ্য নিধি আইন, 1925 অনুসারেএক ব্যক্তি দ্বারা প্রদেয় অংশ দান।

v) স্বীকৃত Superannuation Fund-এ কর্মচারীদের দ্বারা করা অংশদান।

vi) সার্বজনিক ভবিষ্য নিধি আইন 1968 অনুসারে কোন PPF খাতা অর্থাৎ সার্বজনিক ভবিষ্য নিধি খাতে প্রদেয় অংশ দান, এই খাতা কোন ব্যক্তি, তার জীবন সাথী এবং নাবালক সন্তানের নামেও হতে পারে। অবিভক্ত হিন্দু পরিবারের যেকোন সদস্যের নামে এই খাতা হলেই তা ছাড় যোগ বলে স্বীকৃত হবে।

vii) কেন্দ্রীয় সরকারের কোন সম্পত্তি বা সঞ্চয় পরিকল্পনায় রাখা অর্থ।

viii) রাস্ট্রীয় সঞ্চয় প্রমাণ পত্রে রাখা অর্থ এবং প্রাপ্ত সুদ।

ix) ইউনিটের সাথে সংলিপ্ত বীমা পরিকল্পনার অন্তর্গত প্রদেয় অংশ দান।

x) জীবন বীমা নিগমের মিউচ্যুয়াল ফাণ্ডের ইউনিটের সাথে সম্পর্কিত বীমা প্লান, এতে প্রদেয় অংশদান।

xi) রাস্ট্রীয় আবাসীয় ব্যাঙ্ক দ্বারা পেনশিয়ান ফাণ্ডে অংশদান বা তার অন্তর্গত প্লানে রাখা অর্থ।

xii) এক সার্বজনিক ক্ষেত্রের কম্পানী, যা বাড়ী ক্রয় বা নির্মাণ সম্পর্কীয় দীর্ঘকালীন আর্থিক সহায়তার কার্যের সাথে সংলগ্ন, তার কোন সঞ্চয় পরিকল্পনার ভেতর করা অংশদান।

xiv) জ্ঞাপিত সঞ্চয় প্রমাণ পত্র নিয়োগ।

xv) একই আবাসীয় বোর্ড বা অথরিটি দ্বার জারী কোন পরিকল্পনার অন্তর্গত আবাসীয় বাড়ী ক্রয় বা নির্মাণের জন্য প্রয়োজনীয় টাকা বা কিছু ঋণ প্রদানের উপর। ঋণ প্রদানের ব্যাপারে তা সরকারি ব্যাঙ্ক, জীবন বীমা নিগম, রাস্ট্রীয় আবাসীয় বোর্ড, সার্বজনিক কম্পানী, সে যেখানে কাজ করে, সার্বজনিক ক্ষেত্রের কম্পানী বা বিশ্ববিদ্যালয়, মহাবিদ্যালয়, বা স্থানীয় অথরিটি বা সরকারি সংস্থা, যেখানকার সে কর্মচারী, হওয়া আবশ্যক।

xvi) নিজের দুটি সন্তানের পড়াশোনার জন্য টিউশান ফিস্।

xvii) কোন বিশেষ প্রকারের জ্ঞাপিত মিউচ্যুয়াল ফাণ্ড এবং যে সমস্ত সার্বজনিক কম্পানী গুলি শক্তি, দূর সঞ্চার সেবা এবং বুনিয়াদী সুবিধার কাজ করে, তাদের সাধারণ শেয়ার বা ঋণ-পত্রে নিবেশ।

xvii) কেন্দ্রীয় প্রত্যক্ষকর বোর্ড দ্বারা স্বীকৃত বুনিয়াদী সুবিধা যুক্ত মিউচ্যুয়াল ফাণ্ডের ইউনিটে নিবেশ, প্রভৃতি।

xviii) কিছু শর্ত সাপেক্ষে শিডুল ব্যাঙ্কে 5 বছর বা অধিক সময়ের জন্য ফিক্সড ডিপোজিট।

xix) নাবাডের গ্রামীণ বণ্ডে 5 বছরের জন্য নিয়োগ।

xx) বয়স্ক নাগরিক সঞ্চয় পরিকল্পনা 2004 বা অন্তর্গত নিয়োগ।

xxi) পোস্ট অফিসের 5 বছরের জমা খাতে নিয়োগ। উপরোক্ত শেষ দুটি নিয়োগ অর্থ বিধেয়ক 2008 প্রস্তাবিত।

49. Shares :
(শেয়ার্স)

নিয়োগ থেকে আয়	ঃ	অনিশ্চিত
সুরক্ষা	ঃ	ন্যূনতম
তরলতা	ঃ	নেই
আয়কর লাভ	ঃ	ধারা 10 এবং 80C-এর অন্তর্গত
নিয়োগের অধিকতম সীমা	ঃ	কিছু নেই

সাধারণত কোন একজন ব্যক্তি খুব কম টাকাই শেয়ার রূপে নিয়োগ করতে পারে। কর-প্রদানের দিক থেকে যে গুরুত্বপূর্ণ বিষয়টি কোন নিয়োগকর্তার মাথায় রাখা উচিত তাহল, পরিবারের প্রত্যেক সদস্যের নামে এতটাই শেয়ার থাকা উচিত যাতে কর-নির্ধারণ বর্ষ 2004-05 থেকে ধারা 10(34) অনুসারে সম্পূর্ণ কর মুক্তি লাভ নিতে পারে। শেয়ার নিজের নামে ক্রয় করাই শ্রেয়। যদি শেয়ার সংযুক্ত নামে হয় তবে শেয়ারে অর্থ নিয়োগ করছে তার নাম প্রথমে থাকা বাঞ্ছনীয়। নিয়েগকারী প্রাইমারী অর্থাৎ প্রারম্ভিক বাজার বা সেকেণ্ডারী অর্থাৎ মাধ্যমিক বাজার থেকে শেয়ার কিনতে পারে। ভালো মতন দেখে শুনে যদি নতুন কম্পানীর শেয়ারে টাকা লাগানো যায় তবে কিছু দিনের মধ্যেই নিয়োগকারীর ভালো প্রাপ্তি হয়। অনেক সময় পুরানো কম্পানীর শেয়ারের সাথে রাইট শেয়ারও থাকে যাতে ঠিক ভাবে নিয়োগ করলে ভালো প্রাপ্তি ঘটে- এর জন্য রাইট শেয়ারের সমস্ত শর্ত ঠিক মতন দেখে নেওয়া উচিত যাতে নিয়োগকারীকে কোন রকম ক্ষতি স্বীকার করতে না হয়। কোন নতুন কম্পানীর শেয়ারে নিয়োগকারী যদি টাকা খাটাতে চায় তবে তার জন্য প্রধানত কিছু বিষয় মাথায় রাখা খুবই জরুরী, নিম্নে সেগুলি দেওয়া হলঃ

1. কোন একই কম্পানীতে সমস্ত অর্থ নিয়োগ করার উচত না বরং 4-5 বা 10 টি ভালো কম্পানীতে অর্থ নিয়োগ করা উচিত।
2. নিয়োগকারী, কম্পানীর প্রয়োজক, কর্মচারী, মিউচ্যুয়াল ফাণ্ড, বিদেশী অংশীদার, প্রবাসী ভারতীয়, ভারতীয় জনতা, প্রভৃতির ভিতিতে

শেয়ার কেনা উচিত, এই কারণে এই ব্যাপারে অধ্যায়ন খুবই জরুরী।

3. কম্পানীর অতীতের গতি বিধি সম্পর্কে খুবই ভালো মতন জানতে হবে এবং তার ই পী এস মূল্য এবং তিন বছরে তা কতটা লাভ দিয়েছে, এটাও জানাও জরুরী।
4. নতুন কম্পানী গুলির সমকক্ষ কম্পানী গুলির শেয়ার মূল্য কত, তা জানাও জরুরী।
5. কম্পানীর প্রবর্তকের পৃষ্ঠভূমির জানা খুবই জরুরী।
6. কম্পানী নিয়ন্ত্রণের দায়িত্ব ব্যবসায়ী লোকের হাতে কিনা তাও ঠিক মতন জানাটা খুবই জরুরী।
7. যদি প্রবর্তকের নাম সুপ্রসিদ্ধ কোন কম্পানীর নামের সাথে মেলে সেক্ষেত্রে যেন কোনরকম ভুল না হয়ে যায় যে কারণে সম্পূর্ণ খোঁজ-খবর নিয়ে নিতে হবে।
8. দীর্ঘকালীন কোন খাতে কম্পানীর টাকা লাগানো আছে কিনা তা জানা খুবই প্রয়োজন।
9. কম্পানী কোন শিল্পে কাজ করবে এবং সেই শিল্পের মূল্য কেমন, সেক্ষেত্রে সরকারী নিয়ন্ত্রণ থাকবে কিনা এই সমস্ত বিষয় ঠিক মতন জেনে নেওয়া খুবই জরুরী।

যদি উপরোক্ত বিষয় গুলি মাথায় রেখে নতুন কম্পানীর শেয়ারে বা পুরানো কম্পানীর নতুন উপক্রমে টাকা লাগানো যায় তবে ঠাকার সম্ভাবনা নেই এবং এই টাকাও সুরক্ষিত থাকবে। নিয়োগকারীকে মূল যে বিষয়টি মাথায় রাখতে হবে তাহল, বিভিন্ন প্রকরের কম্পানীর মধ্যে যেগুলি সর্বশ্রেষ্ঠ তাদের শেয়ারেই অর্থ নিয়োগ করতে হবে।

কর-নির্ধারণ বর্ষ 1993-94 থেকে শেয়ারে নিয়োগ সম্পূর্ণ রূপে সম্পত্তি কর মুক্ত। এছাড়া যদি এক বছর বাদে শেয়ার বিক্রী করা হয় তবে তার থেকে প্রাপ্ত আয়কে দীর্ঘকালীন পুঁজিগত লাভ বলে গণ্য করা হবে।

দীর্ঘকালীন পুঁজিগত লাভ থেকে আর একটা টাকা বাদ দেওয়া যেতে পারে। যদি নিয়োগকর্তা Cont Inflation Index অর্থাৎ উৎপাদন মূল্য মুদ্রাস্ফীতি সূচাঙ্কের অনুসারে শেয়ারের উৎপাদন মূল্যের গুনন করে তার

লাভ নেয়। উৎপাদন মূল্য মুদ্রাস্ফীতি সূচাঙ্ক দ্বারা শেয়ারের দীর্ঘকালীন পুঁজিগত লাভের উপর 10%-এর অধিক আয়কর হতে পারে না।

আর্থিক আইন 2003 দ্বারা নতুন ধারা 10(30) অনুসারে কিছু শেয়ারের দীর্ঘকালীন পুঁজিগত লাভ পূর্ণ তথা কর-মুক্ত হবে। এর জন্য মুম্বাই স্টক এক্সচেঞ্জের উপর 1-3-2003-এর দিনে প্রথম 500 লিস্টেড কম্পানীর শেয়ার 1-3-2003 বা তারপর কেনা অবশ্যক কিন্তু 1-3-2004-এ কেনাই ভালো। এছাড়া এই সময়ে যদি কোন নতুন শেয়ার বন্টিত করা হয় তবে তা বিক্রী করলে দীর্ঘকালীন পুঁজিগত লাভ কর-মুক্ত হবে। মান্যতা প্রাপ্ত যে কোন স্টক এক্সচেঞ্জ এর সওদা হওয়া আবশ্যক। যদি শেয়ার বিক্রীর পর 1-10-2004 তে বা তারপর যদি 'সম্পত্তি সওদা' কর লাগে তবে তার দীর্ঘকালীন পুঁজগত লাভ সম্পূর্ণ রূপে কর মুক্ত থাকবে এবং অল্পকালীন পুঁজগত লাভের উপর 18% আয়কর লাগবে।

Shares and Debuntures of Public Companies for Infrasturcture, Power Sectors and Telecommunication Service

(ইনফ্রাস্ট্রাক্চার, পাওয়ার সেক্টর এবং দূর সঞ্চার নিগমে সংলগ্ন সার্বজনিক কম্পানী গুলির শেয়ার্স এবং বয়ন-পত্র)

নতুন ধারা 80C অনুসারে 1,00,000 টাকা নিয়োগের উপর এক বিশেষ প্রকার আয়কর ছাড়ের বন্দোবস্ত করা হয়েছে, এটা সার্বজনিক কম্পানীর কিছু বিশেষ প্রকার ঋণ-পত্র এবং শেয়ারের উপর পাওয়া যায়, কিন্তু এই কম্পানী গুলিকে শক্তি ক্ষেত্র বা দূর সঞ্চার সেবা বা বুনিয়াদী সুবিধার সাথে যুক্ত থাকতে হবে। এই ভাবে এক বিশেষ রকমের মিউচ্যুয়াল ফাণ্ড যা এই কাজের সাথে সংলগ্ন, তার ইউনিটের উপরেও কর-ছাড় পাওয়া যায়, এর জন্য কর নির্ধারণ বর্ষ 2006-2007 থেকে নিয়োগের উচ্চতম সীমা 1,00,000 টাকা করে দেওয়া হয়েছে।

Shares : Bonus :

(শেয়ার ঃ বোনাস)

কোন কম্পানী যখন কোন রকম অর্থ না নিয়ে বিনামূল্যে ধারককে শেয়ার প্রদান করে তখন তাকে বোনাস শেয়ার বলা হয়। কোন কম্পানী কতগুলি বোনাস শেয়ার জারী করবে তা তাদের পুরানো লাভ এবং মুক্ত রিজার্ভের উপর নির্ভর করে। ধারককে কোন অনুপাতে বোনাস শেয়ার দেবে তা কম্পানীর ইচ্ছার উপর নির্ভর করে, যেমন, 1:1 বা 1:2 প্রভৃতি। কর-নির্ধারণ বর্ষ 1993-94 থেকে সাধারণত বোনাস শেয়ারের উপর কেন রকম সম্পত্তি-কর লাগে না। যে রকম শুধমাত্র বোনাস প্রাপ্তির উপর কোন রকম আয়কর লাগে না।

কর-নির্ধারিণ বর্ষ 1996-97 থেকে বোনাস শেয়ারের বিক্রীর উপর আয়করের নতনু ব্যবস্হাপনা ঃ

আর্থিক আইন, 1995 দ্বারা আয়কর আইন 1961 এ এক গুরুত্বপূর্ণ সংশোধন করা হয়েছিল, তার থেকে বোনাস শেয়ারের হস্তান্তরের ফলে যে লাভ হয় তাত এক প্রভাবশালী পরিবর্তন করা হয়েছিল। এই নতুন ব্যবস্হাপনার মূল বিষয় হল পুঁজিগত লাভ বার করার জন্য ধারা 55 অনুসারে বোনাস শেয়ারে মূল্য শূন্য ধরা হবে, অর্থাৎ যখন বোনাস বিক্রী হবে তখন সম্পূর্ণ বিক্রীর টাকাটা পুঁজিগত লাভ বলে গণ্য করা হবে।

Shares : Co-operative Society :

(শেয়ার ঃ সহকারি সমিতি)

বর্তমানে বিভিন্ন প্রকার সহকারি সমিতি তৈরী করা হচেছ। কিছু সহকারি সমিতির অন্তর্গত বসবাস যোগ্য বাড়ী বা ফ্ল্যাট তৈরী হয় তো কিছু উপভোগকারীদের সাহায্যকারী সমিতি আছে আবার কিছু সমিতি আছে যা কৃষি ক্ষেত্রে সাহায্য করে। যে কোন সহকারী সমিতির শেয়ারে অর্থ নিয়োগ করলে কোনরকম সম্পত্তি-কর দিতে হয়না। কিন্তু যদি কোন একজন ব্যক্তির কাছে বিভিন্ন স্হানে বিভিন্ন সহকারী আবাসীয় সমিতির

অন্তর্গত আবাসীয় বাড়ী বা তার অংশের ফ্ল্যাট প্রভৃতি থাকে তবে একটি বসবাস যোগ্য ফ্ল্যাট বা বাড়ীই সম্পত্তি-কর আইনের ধারা 5(1) অনুসারে সম্পূর্ণরূপে কর-মুক্ত হবে, যদি করযোগ্য সম্পত্তি 15,000,000 টাকার বেশী হয় তবেই। আয়কর আইন 1961-এর ধারা 80P অনুসারে কিছু বিশেষ ধরণের সহকারী সমিতির সম্পূর্ণ আয়ই করমুক্ত, যেমন, যে সহকারী সমিতি গুলি ব্যাঙ্ক বা নিজের সদস্যদের ঋণ প্রদান করে বা যেগুলি কুটীর শিল্পের সাথে যুক্ত বা নিজের সদস্যদের উৎপাদন বা বিননের কাজ করে, প্রভৃতি।

কোন সহকারী সমিতির সদস্য যদি অন্য কোন ব্যক্তিকে প্রদান করতে চায় বা বিক্রী করতে চায় তবে তাতে কোন সমস্যাই নেই। এমন অবস্থায় সহকারী সমিতির অফিসেই নাম বদলানো হয়ে থাকে। সহকারী সমিতির অন্তর্গত ফ্ল্যাট প্রভৃতি কেনার ক্ষেত্রে পঞ্জীকরণ, কোর্ট ফিস্ এবং স্ট্যাম্প খরচ প্রভৃতি বেচে যায়, কিন্তু সহকারি সমিতির অফিসারদের সম্পর্কে অতি অবশ্যই জেনে নিতে হবে যে, সে অধিকৃত অফিসার কিনা এবং যে ব্যক্তির নামে কেনা হচ্ছে তার অংশ তার নামে হস্তান্তর হয়েছে কিনা।

Shares : Renunciation :
(শেয়ার ঃ পরিত্যাগ)

সাধারণত যখন কোন অর্থ-নিয়োগকারী শেয়ারের ব্যাপারে নিজের অধিকার পরিত্যাগ করে তখন এই প্রশ্ন ওঠে যে এই প্রকার পরিত্যাগের ক্ষেত্রে কোন প্রকার আয়কর দায়িত্ব আছে কিনা। কর-নির্ধারিণ বর্ষ 1994-95 পর্যন্ত এই প্রকার রাইট শেয়ার পরিত্যাগ করলে কোন রকম আয়কর দায়িত্ব ছিল না। একই ভাবে যদি কোন ব্যক্তি নিজের রাইট শেয়ারের অধিকার পরিত্যাগ করার পর কোন টাকা নেয় তবে সেই টাকাকে পুঁজিগত লাভ বলে ধরা হবেনা, কিন্তু কর-নির্ধারিণ বর্ষ 1995-96 থেকে করদাতা নিজের 'রাইট শেয়ার'-এর অধিকার পরিত্যাগ করার ফলে যে টাকা পায় তা কর যোগ্য পুঁজিগত লাভ বলে গণ্য করা হয়।

Shares : Right :

(শেয়ার অধিকার)

বর্তমান দিনে বহু কম্পানী নিজের শেয়ার হোল্ডার্সদের অধিকার যুক্ত শেয়ার দিয়ে থাকে, তাকেই বলা হয় রাইট শেয়ার। এক্ষেত্রে বর্তমান ধারকদের সেই অধিকার দেওয়া হয়, যাতে কম্পানী নতুন শেয়ার যে দামে ঘোষণা করে তারা তা সেই দামেই পায়। যেমন রাইট শেয়ার ঘোষণা করা হয় তা সেই শেয়ার জারী করার ঘোষণা পত্রে স্পষ্ট রূপে উল্লেখ থাকে। সাধারণত একজন নিয়োগকারীর কম্পানী দ্বারা জারী করা রাইট শেয়ারের প্রস্তাবের লাভ নেওয়া উচিত, কারণ এতে নিয়োগ করলে বেশীর ভাগ ক্ষেত্রে নিয়োগকারীরা লাভবানই হয়ে থাকে। তবুও নিয়োগকারীদের রাইট শেয়ারের অর্থ-নিয়োগ করার আগে তার বিভিন্ন দিক গুলি দেখে নেওয়া খুবই জরুরী এবং যদি কম্পানী কোন শেয়ারের ব্যাপারে প্রিমিয়াম দেয় তবে প্রিমিয়াম দেওয়ার পর এই শেয়ারের বাজার মূল্য কমে যাবে কিনা সেটা জানাও খুবই জরুরী, কারণ সাট্টা বাজারের অবস্হা আজকাল একটু মন্দা। এই কারণে নিয়োগকারীর এই বিষয়গুলি মাথায় রাখা খুবই জরুরী।

কর-নির্ধারণ বর্ষ 1995-96 থেকে এক নতুন বন্দোবস্ত করা হয়েছিল, যে ব্যক্তি রাইট শেয়ারে টাকা লাগানোর অধিকার পেয়েছে, তার কাছে থাকা রাইট শেয়ারের মূল্য শূন্য ধরা হবে।

তাই যখন কোন ব্যক্তি রাইট শেয়ার কেনে তখন এই নতুন ধারকের হাতে এই রাইট শেয়ারের মূল্য সেটাই গণ্য করা হয়, বা সেই এই রাইট শেয়ার কেনার জন্য দিয়েছে এবং যে দাম সে কম্পানীকেও দিয়েছে। যে দিন থেকে কম্পানী রাইট শেয়ার সম্পর্কে নিজের ঘোষণা জারী করেছে, সে দিন থেকে রাইট শেয়ারের অধিকার গণ্য করা হয় যাতে এই দিক থেকে পুঁজিগত লাভ গণনা করা যায় এবং তা দীর্ঘকালীন না অল্পকালীন পুঁজিগত লাভের মধ্যে পড়ছে তা দেখার জন্য তারিখটি বিশেষ ভাবে মাথায় রাখা উচিত।

2004-এর প্রস্তাবিত নতুন অধ্যায় 7 অনুসারে স্বীকৃত স্টক এক্সচেঞ্জের অন্তর্ভুক্ত ডিলীভারী ভিত্তিক ব্যবসার উপর ক্রেতার দ্বারা 0.075% এবং

বিক্রেতা দ্বারা 0.075% সওদা কর প্রদান যোগ্য। ইক্‌ভিটি (শেয়ার) ওরিয়েন্টেড ফাণ্ডস ইউনিটের সওদার উপরেও ক্রেতাকে 0.15% সওদা কর দিতে হয়। এই প্রকার সওদার দীর্ঘকালীন পুঁজিগত লাভ সম্পূর্ণ রূপে কর মুক্ত থাকবে। এই সওদার অল্পকালীন পুঁজিগত লাভের উপর 10% আয়কর দিতে হবে। ডে ট্রেডস এবং আর্ট্রিাজর্ম দ্বারা 0.015% এবং ডেরিবেটিভ ট্রেডসের দ্বারা সওদার উপর 0.10% সওদা কর লাগবে। কিন্তু বণ্ডের সওদা (সরকারী সম্পত্তি সহ) এবং বস্তু ওরিয়েন্টেড মিউচ্যুয়াল ফাণ্ডের ইউনিটের সওদার উপর সওদা কর শূন্য থাকবে। এটি সংশোধন 1-10-2004 বা তারপর হওয়া সওদার উপর কর-নির্ধারণ বর্ষ 2005-06 থেকে প্রযোজ্য হয়েছে। আর্থিক আইন 2005 দ্বারা কর-নির্ধারণ বর্ষ 2006-07 এর জন্য এই 'সওদা কর'-এ 331/3% বৃদ্ধি করা হয়েছে। আর্থিক আইন 2006 দ্বারা কর-নির্ধারণ বর্ষ 2007-08 এর জন্য 1-6-2006 থেকে এই সওদা করে 25% বৃদ্ধি করা হয়েছে।

50. Shops and Showrooms :

(দোকান ও শোরুম)

নিয়োগ থেকে আয়	ঃ	অনিশ্চিত
সুরক্ষা	ঃ	মধ্যম
তরলতা	ঃ	নেই
আয়কর লাভ	ঃ	কিছু নেই
নিয়োগের অধিকতম সীমা	ঃ	কিছু নেই

আচল সম্পত্তিতে, বিশেষ করে দোকান এবং শোরুমে অর্থ নিয়োগ করা খুবই লাভজনক, এই ধরণের নিয়োগ নতুন স্হাপিত বাজারে করা হয় ঠিকই কিন্তু তা সত্ত্বেও এটা খুবই লাভ দায়ক। নতুন শপিং ক্ষেত্রতে

দোকানে এবং শোরুমে অর্থ নিয়োগ করলে পুরানো দোকান বা শোরুমের চেয়ে বেশী অর্থ প্রদান করতে হতে পারে। তাই এই ধরণের দোকান বা শোরুম নেওয়ার সময় পরিবারের সেই সদস্যের নামে দোকান নেওয়া উচিত যে এই দোকানের মালিক নয় বা যে এই দোকানের অংশীদার নয়, এতে করে যে সদস্য এই দোকানে অর্থ-নিয়োগ করতে চায় সে ভাড়ায় এই দোকান পেতে পারে। যদি পরিবারের এমন কোন সদস্য থাকে যার অন্য কোন আয় নেই বা অন্য আয় খুবই কম তবে তাকে অপেক্ষাকৃত কম আয়কর দিতে হয়। অন্যদিকে ব্যবসায়িক প্রতিষ্ঠান বা নিজের দোকান বা শোরুমের জন্য যে ভাড়া দেয় তা সম্পূর্ণরূপে বাতিল যোগ্য। যে প্রতিষ্ঠান দেকান বা শোরুম চালায় তা অন্য আর এক প্রকার সুবিধা পায়, তা হল যদি প্রয়োজন হয় তবে মেরামতের জন্য ইচছা করলে একটা মোটা টাকা খরচ করতে পারে, তা সম্পূর্ণ রূপে ছাড় যোগ্য। এর তাৎপর্য হল যদি কর দাতা নিজে দোকান বা শোরুমের মালিক না হয় এবং যদি কখনও মেরামতের জন্য ভালো টাকা খরচ করতে হয় তবে সে ক্ষেত্রে মেরামত স্বরূপ হওয়া খরচকে ছাড় যোগ্য খরচ হিসাবে গণ্য করা হবে। এই দোকান বা শোরুম ভাড়ায় দিলে এই আয় গণনার ব্যাপারে সেই আয় বসবাস যোগ্য সম্পত্তির থেকে আসছে নাকি ব্যবসায়িক কোন পার্থক্য করা হয়না। প্রয়োজন পড়লে পরিবারের সদস্যের নামে একাধক দোকান বা শোরুম কেনা যায়। যদি কোন দোকান বা শোরুম একাধিক ব্যক্তিদের নামে কেনা হয় তবে ভাড়ার থেকে যে আয় হয় তা বিভিন্ন মালিকের অংশ হিসাবে কর যোগ্য বলে গণ্য হয়, কিন্তু ক্রয় সম্পর্কিত দলিল-পত্রে প্রত্যেক মালিকের অংশ কত যে সম্পর্কে স্পষ্ট উল্লেখ থাকতে হবে, এবং তা ক্রয় বা নির্মাণের জন্য তার কত খরচ হয়েছে তারও উল্লেখ থাকতে হবে। কর-নির্ধারণ বর্ষ 1999-2000 থেকে সমস্ত প্রকার দোকান বা শোরুমের উপর সম্পত্তি কর মুক্ত করে দেওয়া হয়েছে।

51. Tax-Free Pooled Finance Development Bonds :
(কর মুক্ত একত্রিত আর্থিক বিকাশ বণ্ড)

কর মুক্তি	ঃ	সম্পূর্ণ সুদ কর-মুক্ত
সুরক্ষিত	ঃ	সম্পূর্ণ

আয়কর আইন 1964 এর ধারা 10(IS) (vii)-এর অন্তর্গত কেন্দ্রীয় সরকার বিজ্ঞপ্তি সংখ্যা 6/2008 তারিখ 14-1-2008 জারী করেছে এটা অনুসারে জল এবং স্বচছতা একত্রিত ফাণ্ড, তামিলনাড়ু দ্বারা 45 কোটি টাকার 10 বর্ষীয় "কর-মুক্ত একত্রিত আর্থিক বিকাশ বণ্ড" জারী করা হবে, যার সুদ হবে সম্পূর্ণ রূপে কর মুক্ত। কোন নিয়োগকারী 5 বছর পর্যন্ত এই বণ্ড বিক্রী করতে পারবেনা। প্রতি বছর সর্বাধিক 8% দরে সুদ পাওয়া যাবে।

52. Units of Mutual Funds :
(মিউচ্যুয়াল ফাণ্ডের ইউনিট)

নিয়োগ থেকে আয়	ঃ	অনিশ্চিত
সুরক্ষা	ঃ	মধ্যম এবং ন্যূনতম
তরলতা	ঃ	হ্যাঁ
আয়কর লাভ	ঃ	ধারা 10-এর অন্তর্গত
নিয়োগের অধিকতম সীমা	ঃ	কিছু নেই

নিয়োগকারী ছোটই হোক বা বড়, বিভিন্ন রকম মিউচ্যুয়াল ফাণ্ডে অর্থ নিয়োগকে বর্তমানে খুবই ভালো বলে ধরা হয়। গত কয়েক বছর ধরে নিয়োগকারীরা মিউচ্যুয়াল ফাণ্ড থেকে ভালো টাকা উপার্জন করেছে। এই ধরণের ইউনিটের উপর কোন রকম সম্পত্তি কর লাগে না। সাধারণ এই ইউনিটে অর্থ নিয়োগ করলে ধারা 80C অনুসারে কোন রকম আয়কর **ছাড় পাওয়া যায় না। কেবল ইউনিটের সাথে সম্পর্কিত বীমা প্ল্যান** বা

ইউলিপ অনুসারে এই প্রকার মাস্টার ইন্ভিটি প্ল্যান অনুসারে নিয়োগ করলে ধারা 80C-রে ছাড় পাওয়া যায়। এই অর্থ নিয়োগের সবচেয়ে বড় আকর্ষণ হল এর সুরক্ষা এবং দ্বিতীয়ত তার থেকে প্রাপ্ত আয়ের উপর কর মুক্তি। যেমন–মিউচ্যুয়াল ফাণ্ডের ইউনিটের আয় আয়কর আইন অনুসারে সম্পূর্ণ রূপে কর মুক্ত। এই ঘাতে অর্থ নিয়োগ করলে নিয়োগকারী ইচ্ছা করলেই তা বাজারে বিক্রী করে অতি সহজেই টাকা প্রাপ্ত করতে পারে। যদি কোন নিয়োগকারীর কাছে 12 মাসের বেশী সময় ধরে এই ইউনিট থাকে তব তা দীর্ঘকালীন পুঁজিগত সম্পত্তি বলে গণ্য করা হয় এবং তার থেকে প্রাপ্ত আয়ের উপর 10% আয়কর লাগে। আয়কর আইনের ধারা 10(35) অনুসারে মিউচ্যুয়াল ফাণ্ডে নিয়োগের কোন উচ্চ সীমা নেই এবং সমস্ত আয় সম্পূর্ণ রূপে কর মুক্ত।

মিউচ্যুয়াল ফাণ্ডের ইউনিটে নিয়োগ করার আগে নিয়োগকারীকে এটা অবশ্যই দেখে নিতে হবে যে মিউচ্যুয়াল ফাণ্ডের নিয়োগ শেয়ারে হচেছ নাকি সরকারি যাতে নাকি নিশ্চিত আয় যুক্ত বণ্ডে। যদি মিউচ্যুয়াল ফাণ্ডের অধিকাংশ অর্থ শেয়ারে হয় তবে আয় যেমন অধিক হওয়ার আশা থাকে তেমনি ক্ষতির সম্ভাবনাও থেকে যায়। তাই, যদি নিয়োগকারী কোন প্রকার ঝুঁকি নিতে না চায় তবে তার মিউচ্যুয়াল ফাণ্ডের এমন ইউনিটে অর্থ নিয়োগ করা উচিত যার ফাণ্ডের নিয়োগ সরকারী খাতে বা ঋণ সম্পর্কিত দলিল বা কাগজে আছে।

আর্থিক (সংখ্যা 2) আইন, 2004-এর নতুন অধ্যায় 7 অনুসারে স্বীকৃত স্টক এক্সচেঞ্জের অন্তর্ভুক্ত ডেলিভারী ভিত্তিক ব্যবসার উপর ক্রেতা দ্বারা 0.075% এবং বিক্রেতা দ্বারা 0.075% সওদা কর প্রদান যোগ্য। শেয়ার ওরিয়েন্টেড ফাণ্ড ইউনিটের সওদার উপরেও ক্রেতাকে 0.75% সওদা কর দিতে হবে। এই ধরণের সওদার দীর্ঘকালীন পুঁজিগত লাভ সম্পূর্ণ রূপে কর মুক্ত হবে। এই প্রকার সওদার অল্পকালীন পুঁজিগত লাভ সম্পূর্ণ রূপে কর মুক্ত হবে। এই প্রকার সওদার অল্পকালীন পুঁজিগত লাভের উপর 10% আয়কর দিতে হবে। ডে ট্রেডর্স এবং আট্রিজর্স দ্বারা 0.075% এবং ডেরিভেটিভ ট্রেডর্সের দ্বারা সওদার উপর 0.10% সওদা কর লাগবে। কিন্তু বণ্ডের সওদা (সরকারী সম্পত্তি সহ) এবং বণ্ড ওরিয়েন্টেড মিউচ্যুয়াল ফাণ্ডের ইউনিটের সওদার উপর সওদা কর শূন্য থাকবে। এটি সংশোধন। 1-10-2004 বা তারপর হওয়া সওদার উপর কর-নির্ধারণ বর্ষ 2005-06 থেকে প্রযোজ্য হয়েছে। আর্থিক আইন 2005

দ্বার কর নির্ধারিণ বর্ষ 2006-07 এর জন্য এই 'সওদা-কর'-এ 33-1/3% বৃদ্ধি করা হয়েছে। আর্থিক আইন 2006 দ্বারা কর-নির্ধারিণ বর্ষ 2007-08-এর জন্য 1-6-2006 থেকে এই সওদা কর 25/- বৃদ্ধি করা হয়েছে।

53. Varistha Pension Jojna :
(বরিষ্ঠ পেনশিয়ান বীমা পরিকল্পনা)

নিয়োগ থেকে আয়	ঃ	নিশ্চিত
সুরক্ষা	ঃ	অধিকতম
তরলতা	ঃ	না
আয়কর লাভ	ঃ	কিছু নেই
নিয়োগের অধিকতম সীমা	ঃ	কিছু নেই

ভারতের প্রধানমন্ত্রী 2003 সালের 14 জুলাই বরিষ্ঠ পেনশিয়ান বীমা পরিকল্পনার উদ্ঘাটন করেছিলেন। এই পরিকল্পনা অনুসারে 55 বছর বা তার থেকে বেশী বয়সের নাগরিক এক নিশ্চিত আয় গ্যারান্টির সাথে প্রতি বছর 9% প্রাপ্ত করে, এই পেনশিয়ান পরিকল্পনা জীবন বীমা নিগম দ্বারা সঞ্চালিত হয় এবং সুদের দরুণ জীবন বীমা নিগমের যে ক্ষতি হয় ভারত সরকার তাকে সেই পূর্তীর আশ্বাসন দিয়েছে। ভারতীয় নাগরিকদের ক্ষেত্রে বয়সের সীমা কমপক্ষে 55 হলেও বয়সের অধিকতম সীমা নিধারিত নেই। স্বামী বা স্ত্রীর মধ্যে যে কেউ এই পরিকল্পনায় টাকা জমা করতে পারে। প্রতি মাসে অধিকতম বীমা পেশিয়ান রাশি 2,000 টাকার বেশী হতে পারে না। বীমা প্রাপ্তির ন্যূনতম রাশি প্রতি মাসে 250 টাকা অর্থাৎ কোন ব্যক্তি প্রতি মাসে 250 টাকা তুলতে পারে নতুবা তিন মাস বাদে মোট 750 টাকা তুলতে পারে, যে ইচছাকরলে 6 মাসে বাদে 1,500 বা বছরে 3,000 টাকা তুলতে পারে। কিন্তু সব মিলিয়ে প্রত্যেক মাসে পেনশিয়ান বীমার টাকা 2000-এর বেশী হতে পারেনা। বীমার টাকা প্রত্যেক মাসে নেবে, নাকি তিন মাসে বাদে, নাকি 6 মাস না এক বছর বাদে নেবে তা নির্ভর করছে নিয়োগকারীর উপর। বার্ষিক রূপে বীমা দিলে নিয়োগের উপর 9.38% হারে আমদানী হয়, পেনশিয়ান বীমা পরিকল্পনা অনুসারে প্রীমিয়াম স্বরূপ কিছুটা টাকা দেওয়া হয়, নিম্নে সেই সম্পর্কে আলোচনা

করা হল ঃ

পেনশিয়ানের প্রকার ভেদ	প্রত্যেক মাসে ন্যূনতম 250 টাকা পেনশিয়ান পাওয়ার জন্য প্রদের অর্থ টাকা	প্রত্যেক মাসে ন্যূনতম 2,000 টাকা পাওয়ার জন্য বীমা ক্রয়ের অর্থ টাকা
মাসিক	33,335	2,66,665
মাস	33,085	2,64,675
ছয় মাস	32,715	2,61,710
বার্ষিক	31.980	2,55,845

এই ভাবে উপরোক্ত তালিকা অনুসারে 1,00,000 টাকা নিয়োগ করলে বরিস্ট নাগরিক প্রতি বছর 9,381 টাকা পেতে পারে। সে ইচ্ছা করলে 6 মাসে 4,583 টাকা বা তিন মাসে 2,267 টাকা তুলতে পারে। ইচ্ছা করলে পেনশিয়ান স্বরূপ প্রতি মাসে 750 টাকাও তুলতে পারে। নিয়োগকারী ইচ্ছা করলে 15 বছর বাদে এই খাতা বন্ধও করে দিতে পারে। এই পরিকল্পনা সম্পর্কে অর্থ মন্ত্রী বলেছে যে, কোন ব্যক্তি যত টাকা লাগাবে প্রয়োজনে তার 75% ঋণ স্বরূপ নিতে পারে। কিন্তু তার জন্য প্রতি বছর 10.5% হিসাবে সুদ দিতে হবে। এই কারণে কোন বরিস্ঠ নাগরিকই এটিকে নিয়োগের ভালো ক্ষেত্র বলে মনে করে না যে বরিস্ঠ নাগরিকের আমদানী বছরে 1.6 লাখের উপরে এবং যার উপর 30% হারে আয়কর লাগে, তার কর দেওয়ার পর এই বীমার বীমা পেনশিয়ানের অন্তর্গত প্রাপ্ত অর্থের উপর যে নেট আয় প্রাপ্ত হবে তা প্রতিবছরে 6.5% হবে যা 6.5% কর মুক্ত সঞ্চয় বণ্ড 2003-এর থেকে কম। তাই যে বরিস্ঠ নাগরিকের কর যোগ্য আয় প্রতি বছরে 1.5 লাখ টাকার বেশী তার এই নতুন পেনশিয়ান পরিকল্পনায় নিয়োগ না করাই ভালো। কিন্তু সুদের অর্থ বা সুদের দর ভবিষ্যৎ-এ আরোও কম হতে পারে এবং 6.5% করমুক্ত সুদ যুক্ত বণ্ডের ক্ষেত্রে ভবিষ্যৎ-এ নতুন বণ্ড জারী করে যার সুদের দর কম হবে, সুদের আমদানী কমানো যেতে পারে। তাই যদি স্বামী বা স্ত্রীর মধ্যে কোন একজন বরিস্ঠ পেনশিয়ান বীমা পরিকল্পনা নিয়োগ করে তা হলেও দীর্ঘকালীন নীতির হিসাবে কোন ক্ষতি নেই। 9.7.2004 থেকে এই পরিকল্পনায় নতুন নিয়োগ বন্ধ করে দেওয়া হয়েছে।

54. Wealth Tax-Free Investments :
(সম্পত্তি-করমুক্ত নিয়োগ)

কর-নির্ধারণ বর্ষ 1993-94 তে সম্পত্তি কর আইন 1957-এ প্রচুর পরিবর্তন করা হয়েছে, যার ফলে বহু সম্পত্তি সম্পত্তি-কর দায়রায় বাইরে করে দেওয়া হয়েছে এবং সম্পত্তি-কর দায়িত্বের ব্যাপারে কর মুক্তির যে সীমা নির্ধারিণ করা হয়েছে, তাও 15 মাস টাকার থেকে বাইরে কর-নির্ধারিণ বর্ষ 2010-2011 থেকে 30 লাখ করে দেওয়া হয়েছে। কর-নির্ধারিণ বর্ষ 1993-94 থেকে সবচেয়ে মূল যে বিষয়টি সিদ্ধান্ত রূপে প্রযোজ্য হয়েছে তা হল, এখন থেকে শুধুমাত্র অনউৎপাদক সম্পত্তির উপরেই সম্পত্তি-কর দিতে হবে এবং উৎপাদন-ক্ষেত্রে ব্যবহৃত সম্পত্তির উপর কর দিতে হবে না, যেমন–সীমাহীন শেয়ার, ঋণ-পত্র, এবং মিউচ্যুয়াল ফাণ্ডের ইউনিট, রিজার্ভ ব্যাঙ্কের বণ্ড, সমস্ত ব্যাঙ্কের টাকা, প্রাইভেদ বা অন্য ক্ষেত্রে প্রদেয় ঋণের টাকা এবং ব্যবসায়িক সম্পত্তি এবং নিজের ব্যবসার লাগানো পুঁজি বা অংশীদারী সংস্থায় লাগানো পুঁজি প্রভৃতি সবই কর মুক্ত। এছাড়া একটা বাড়ী সম্পূর্ণ রূপে করমুক্ত। কর-নির্ধারিণ বর্ষ 1999-2000 থেকে একটা বাড়ী বা 500 বর্গ মিটার জমিও কর-মুক্ত। কোন ব্যবসায়িক প্রতিস্ঠান, সম্পত্তি বা বসবাস যোগ্য বাড়ী অন্তত্য পক্ষে 300 দিন ভাড়া থাকে তবে তা যে কোন সময় কর-মুক্ত। যদি কোন শহুরে জমিকে কোন করদাতা ব্যবসার কাজে লাগায় তবে সেই জমির বিকাশে জন্য তা 10 বছর পর্যন্ত কর মুক্ত রাখা হয়, যাতে করদাতাএই জমি বিকশিত করতে পারে। গ্রাম্য জমিতে সম্পত্তি-কর দিতে হয়না, শুধুমাত্র শহরের যে সমস্ত জমি নগর নিগম বা মিউনিসিপ্যালিটির 8 কিঃমিঃ-র ভেতরে, শুধুমাত্র সেই জমিতেই সম্পত্তি কর দিতে হয়। আর্থিক (সংখ্যা ২) আইন, 1996-এ খুবই গুরুত্বপূর্ণ পরিবর্তন করা হয়েছিল, যদি কোন অচল সম্পত্তি ব্যক্তিগত ব্যবসা প্রভৃতির কাজে লাগানো হয় তবে তা সম্পূর্ণ কর মুক্ত। যদি কোন ব্যক্তি বাড়ী প্রভৃতির ব্যাপারে সহকারী সমিতির বা গোস্টির সদস্যের মালিক হয় এবং তাকে যদি কম্পানীর সীমার ভেতরেই বাড়ী দেওয়া হয় যাতে বসবাসের অধিকার পায় তবে এই ব্যক্তিকে এই জমির উপর প্রদেয় সম্পত্তি করের করদাতা বলা হয়। যদি সার্বজনিক পুণার্থ বা ন্যাস আয়কর আইন, 1961-এর নিয়মের উল্লঙ্ঘন করে তবে কর-নির্ধারিণ বর্ষ 1994-94 থেকে সম্পত্তি কর দিতে হবে নতুবা তাও সম্পূর্ণ রূপে কর-মুক্ত।

55. Zero Coupon Bond :
(জিরো কূপন বণ্ড)

ধারা 2(48) অনুসারে পুঁজিগত লাভ ঃ কর যোগ্য
সুরক্ষিত নিয়োগ

আর্থিক অইিন, 2005 দ্বারা এক নতুন নিয়োগের সূত্রপাত হয়েছে। তা হল জিরো কূপন বণ্ড। আয়কর আইন 8B এবং 8C অনুসারে এই বণ্ডগুলির ব্যাপারে ছাড় সম্পর্কিত গণনার ব্যবস্হাপনা আছে। একটি বুনিয়াদী পুঁজি কম্পানী বা সার্বজনিক ক্ষেত্রের কম্পানী 1-6-2005-এর উপর কোন প্রকারের অর্থ প্রদান সম্ভব না। ধারা 2(48) অনুসারে এর পরিভাষা দেওয়া হয়েছে। ধারা (2(47) অনুসারে এর মেয়াদ শেষ হওয়ার পর প্রাপ্ত লাভকে পুঁজিগত লাভ বলেগণ্য করা হবে। ধারা অ194A(3) অনুসারে উদ্‌গম স্হানে কোন রকম কর ছাড় হবেনা। নতুন নিয়ম 8C অনুসারে এই বণ্ডের উপর ধারা 36(i) ·(15A) অনুসারে প্রতি বছরের ডিসকাউন্টের পর ব্যবসায়িক লাভ বার করার জন্য প্রাপ্ত হবে। এটা খুবই সুরক্ষিত নিয়োগ 6-2-2008 তে এক বিজ্ঞপিত দ্বারা রাস্ট্রীয় আবাস ব্যাঙ্কের 10,000 টাকার বণ্ড অধীকৃত করা হয়েছে।

56. Zero Tax Investment :
(শূন্য কর-নিয়োগ)

আয়কর অাইন, 1961-এর ধারা 10 অনুসারে বিভিন্ন প্রকারের নিয়োগের বর্ণনা আছে যার আয় আয়কর আইন অনুসারে সম্পূর্ণরূপে কর মুক্ত। কিছু এই প্রকারের ও নিয়োগ আছে, যেমন 8% রিলিফ পত্র, গ্রামীণ বিকাশ বণ্ড, বিয়রর বণ্ড, 0.5% সঞ্চয়-পত্র, গোল্ড বণ্ড প্রভৃতি, এগুলির আয় সম্পূর্ণ রূপে করমুক্ত বলে ধরা হয়।

একই ভাবে ভালো কম্পানীর শেয়ারে এবং ইউটি আই এবং মিউচ্যুয়াল ফাণ্ডের ইউনিটে অধিকতম্ নিয়োগের উপর পূর্ণ রূপে কর-মুক্তির লাভ, কর-নির্ধারিণ বর্ষ 2004-2005 থেকে পাওয়া যায়।

কিছু নিয়োগের ক্ষেত্রে আরোও একটা পদ্ধতি আছে, এই খাতে অর্থ নিয়োগ করলে নিয়োগকর্তার কর দায়িত্ব অনেকটাই কম হয়। তাহল ধারা 80C অনুসারে কিছু বিশেষ ধরণের নিয়োগ, সর্বাধিক 1,00,000 টাকার উপর ছারের লাভ পাওয়া যায়। প্রত্যেক কর দাতারই ধারা 80C এর 1,00,000 টাকা পর্যন্ত সম্পূর্ণ ছারের লাভ অবশ্যই নেওয়া উচিত যাতে যতটা সম্ভব বেশী আয়কর ছাড় পাওয় যায়। মহিলা করদাতার ধারা 80C অনুসারে 2,90,000 টাকার উপর কোন আয়কর দিতে হয়না যদি সে ধারা 80C অনুসারে 1,00,000 টাকা নিয়োগ করে। একই ভাবে একজন বরিস্ঠ নাগরিক যদি ধারা 80C তে কোন রকম অর্থ নিয়োগ নাও করে তবে ও তাকে মোট আয় 3,40,000 টাকার উপর কোন আয়কর দিতে হবে না। যদি কোন বরিস্ঠ নাগরিক ইন্‌ফ্রাস্ট্রাক্চার বণ্ডে 20,000 টাকা নিয়োগ করে তবে সেইটাকাও তার আয় থেকে বাদ দিয়ে দেওয়া হবে। ইন্‌ফ্রাস্ট্রাকচার বণ্ডে অর্থ নিয়োগ করলে বরিস্ঠ নাগরিক অতিরিক্ত ইনকাম ট্যাক্সের হাত থেকে বাঁচতে সক্ষম হবে।

57. XYZ - Miscellaneous :

(বিবিধ)

শেষে আমরা এমন কিছু নিয়োগ সম্পর্কে বর্ণনা করব যা বিবিধ প্রকারের মধ্যে পড়ে, আগে এর কোন বর্ণনা নেই।

Painting and Objects of Arts :

(চিত্রকলা এবং কলা সম্বন্ধিয় বস্তু)

বহু নিয়োগকারী বর্তমানে বিখ্যাত শিল্পীদের চিত্র এবং কলা সম্পর্কিত বস্তু কিনতে শুরু করেছে। এই ব্যক্তিদের নিজেদের বাড়ী বা অফিস সাজানো উদ্দ্যে নয়, বরং ভবিষ্যৎ-এ এগুলি বিক্রী করে অর্থ উপার্জনই তাদের একমাত্র উদ্দেশ্য কিন্তু এই সম্পর্কে পর্যাপ্ত জ্ঞান থাকার পরেই এই খাতে অর্থ নিয়োগ করা উচিত। কর-নির্বারিন বর্ষ 2008-09 থেকে এগুলি বিক্রী করে যে পুঁজিগত লাভ পাওয়া যায় তা কর যোগ্য বলে বিবেচিত।

Diamonds :

(হিরে)

শুধুমাত্র ধনী নিয়োগকারীদের জন্যই হিরেতে অর্থ নিয়োগ করা ঠিক হবে কারণ, একটা নির্দ্দিস্ট সময় অন্তর আয় হল কিনা তা নিয়ে তাদের মাথা

ব্যথা নেই। সাধারণতঃ হিরেতে অর্থ নিয়োগের আগে কোন জানা শোনা ব্যক্তির কাছ থেকে পরামর্শ নিলে নিয়োগ সম্পূর্ণ রূপে সুরক্ষিত থাকে এং সাট্টা বাজারের উথান-পতন হিরের দামের উপর পড়ে না, কিন্তু হিরের উপর সম্পত্তি কর দিতে হয়, অর্থাৎ যদি কোন ব্যক্তির কাছে হিরে থাকে তবে তার অন্য অন-উৎপাদক সম্পত্তির সাথে হিরের বাজার মূল্য যোগ করে যদি তার মূল্য 15 লাখ টাকার বেশী হয় তবে এক শতাংশ দরে সম্পত্তি-কর লাগানো হয়ে থাকে।

Farming Fish :

(মৎস্য শিল্প)

গত কয়েক বছর ধরে ভারতে মৎস্য শিল্পের প্রতি লোকেদের আগ্রহ বৃদ্ধি পাচেছ, কারণ এতে তারা উজ্জ্বল ভবিষ্যৎ দেখতে পাচেছ, কিছু মৎস্য শিল্প থেকে প্রাপ্ত আয়কে কৃষি আয় বলে গণ্য করা হয়না এবং তার উপর আয়করের ক্ষেত্রেও কোন রকম ছাড় পাওয়া যায়না। তবে যে জমির উপর মৎস্য-শিল্প করা হয় তা সম্পত্তি-কর থেকে করমুক্ত। ভারতের বেশীর ভাগ লোক যে হেতু নিরামিষাশী এবং মৎস্য শিল্পে আগ্রহ রাখেনা তাই অধিকাংশ নিয়োগকারীদের জন্য এই খাতে নিয়োগ করা ঠিক না।

Farming : Poultry :

(মুর্গী পালন)

নিয়োগের দৃষ্টি ভঙ্গীতে বলা যায় যে ব্যক্তি নিরামিষাশী নয় তার ক্ষেত্রে মুর্গী পালনে অর্থ নিয়োগ করে ভালো আমদানি করা সম্ভব, কিন্তু ছোটখাট নিয়োগকারীদের জন্য মুর্গী পালনে অর্থ নিয়োগ করা আয়ের দিক থেকে ঠিক নয়। মধ্যম এবং উচ্চ আয় সম্পন্ন ব্যক্তি এই প্রকার কার্যে অর্থ নিয়োগ করতে পারে।

Farming : Vegetable :

(সব্জি উৎপাদন)

গত কয়েক বছর ধরে নিয়োগকারীদের জন্য এক নতুন নিয়োগের ক্ষেত্র তৈরী হয়েছে। প্রত্যেক রাজ্যেই সব্জি উৎপাদনের জন্য বিভিন্ন পরিকল্পনা করা হয়েছে যার ফলে প্রতি বছর বা 2 বা 3 বছর পর সব্জী উৎপাদন থেকে ভালো টাকা প্রাপ্তির সম্ভাবনা দেখা যায়। সব্জী উৎপাদন কার্য থেকে প্রাপ্ত আয়কে কৃষি আয় ধরা হয় এবং তা সম্পূর্ণরূপে আয়কর মুক্ত। কিন্তু ব্যক্তিগত করদাতা এবং হিন্দু অবিভক্ত পরিবারের নিয়োগকর্তাদের

জন্য তাদের কৃষি হীণ আয়ের সাথে যুক্ত করা হয় ফলে তাদের উপর আয়করের চাপ একটু বৃদ্ধি পায়। তাই সব্জি উৎপাদন নিয়োগের ক্ষেত্রে সবচেয়ে ভালো নিয়োগ ক্ষে-ত্র হল সেই সদস্যের নামে সব্জি উৎপাদন করা, যার অন্য কোন কর-যোগ্য আয় নেই। এই প্রকার অর্থ-নিয়োগের ক্ষেত্রে নিয়োগকারী যে কম্পানী বা দলের সাথে মিলে এই কাজ করছে তার আর্থিক অবস্হা দেখে নেওয়া খুবই জরুরী, এবং তাদের প্রতিপত্তি সম্পর্কেও জেনে নেওয়া ভালো।

Farmland :

(কৃষি-ভূমি)

কোন নিয়োগকারী যদি আগামী দিনে ভালো টাকা আমদানী করতে চায় তবে তার কৃষি ভূমিতে অর্থ নিয়োগ করাই সবচেয়ে লাভজনক বলে প্রমাণীত হবে। এর মুখ্য কারণ হল সারা বিশ্বে বিশেষ করে ভারত বর্ষে জনসংখ্যা প্রবল হারে বৃদ্ধি পাচেছ, কিন্তু কৃষ্য যোগ্য জমির পরিমাণ সীমিতই রয়ে গেছে। কৃষি ভূমিতে অর্থ নিয়োগ করার আগে এই মালিকের এই জমির উপর আইন কতটা অধিকার আছে তা যাচাই করে নিতে ভুলবেন না। এই অঞ্চলে আইনত কতটা কৃষি ভূমি রাখা যায় এবং এই ভূমি বন্ধক দেওয়া আছে কিনা সেটা দেখাও জরুরী। যতদূর সম্ভব, একটু দূরে হলেও সস্তা কৃষিভূমিই কেনা উচত। যদি কৃষি ভূমি শহুরে অঞ্চলে অবস্হিত হয়, অর্থাৎ তা যদি কোন মিউনিসিপ্যালিটির 8 কিঃ মিঃ-র ভেতরে হয় তবে কর-নির্ধারণ বর্ষ 1993-94 থেকে এই ধরণের ভূমির উপর সম্পত্তি কর দিতে হবে।

Senior Citizens Savings Scheme; 2004 :

(বরিষ্ঠ নাগরিক সেভিং পরিকল্পনা, 2004)

1.8.2004 তারিখ থেকে বরিষ্ঠ নাগরিক যাদের বয়স 60 বছরের বেশী তাদের জন্য একটা নতুন সঞ্চয় পরিকল্পনা চালু করা হয়েছে, যাতে প্রতি বছর 9% সুদ পাওয়া যায়। এতে সবাধিক 15 লাখ টাকা নিয়োগ করা যায়। 2008-এর সংশোধন অনুসারে কর-নির্ধারণ বর্ষ 2008-09 থেকে এতে নিয়োগ ধারা 80C অনুসারে ছাড় যোগ্য।

Hire Purchase Business : Investment :

(ভাড়া কেনার ব্যবসা ঃ নিয়োগ)

ভাড়া কেনার ব্যবসা অর্থাৎ হায়ার পার্চেস বিজনেস নিয়োগ এমন ধরণের বোধর তা অনেকটা পাট্টা অর্থাৎ লিজিং-এর ব্যবসার মতন। কিছু ভাড়া কেনার ব্যবসায়ে যে ব্যক্তি এই সম্পত্তি ভাড়ায় কেনে সেইই রক্ষণা-বেক্ষণ ভাতা পেতে থাকে। কিছু ক্ষেত্রে কেন্দ্রীয় প্রত্যক্ষ কর বোর্ডের এক প্রপত্র অনুসারে যে ব্যক্তি এই সম্পত্তির ব্যবসা করে তার উপরে সেও রক্ষণা-বেক্ষণ ভাতা পেয়ে থাকে। কোন ব্যক্তি একা, বা অংশীদারী সংস্হায় বা কোন কম্পানীর রূপে এই ব্যবসা করতে পারে। এই ব্যবসায় যে পুঁজি খাটানো হয় তা সম্পূর্ণ রূপে সম্পত্তিকর থেকে করমুক্ত।

Time-Sharing Holiday Resorts :

(টাইম-শেয়ারিং হলিডে রিসোর্ট)

কালের দিকে তাকিয়ে মানুষ বিদেশে আরাম করার স্হান কেনে। সাধারণত যাদের পক্ষে কোন পাহাড়ী স্হানে ঘুরতে সম্ভব হয়না তাদের জন্য একটা নির্দ্দিস্ট সময় পর্যন্ত অর্থাৎ 7 দিন বা 14 দিনের টাইম-শেয়ারিং নিয়োগ একজন ব্যক্তি ভালো কম্পানির ছুটির কাটাবার রিসোর্টে করতে পারে। অচল সম্পত্তির দাম প্রতি বছর বৃদ্ধি পায়, তাই এই ধরণের সম্পত্তির জন্য নিয়োগের পূর্বে কম্পানর প্রবর্তকের সম্পর্কে খোঁজ খবর নেওয়া দরকার এবং এটাও দেখা জরুরী যে টাইম শেয়ারিং অনুসারে যে রিসোর্ট একজন নিয়োগকারী হিসাবে পাচেছ তা তার সাধারণ বসবাসযোগ্য স্হান বা শহর থেকে কতটা দূরে এবং সে সেখানে যেতে পারবে কিনা। যদি নিজের সীমিত সময় যুক্ত রিসোর্টের অধিকারকে কোন ব্যক্তি বিক্রী করে তবে তার থেকে প্রাপ্ত লাভকে পুঁজিগত লাভ বলে গণ্য করা হবে। একই ভাবে সে নিজের পর্যটন স্হল বা পার্বত্য স্হলে নিজে না থেকে ভাড়া দিতে পারে তবে সেই ভাড়ার জন্য আয়কর দিতে হবে।

Undertakings or Enterprisers in Himachal Pradesh, Sikkim Uttarnchal and North Eastern States :

(হিমাচল প্রদেশ, সিক্কিম, উত্তরাখণ্ড এবং উত্তর-পূর্ব রাজ্য গুলিতে আণ্ডার টেকিং এবং এণ্টার প্রাইজ) ঃ

এই ধরণের এণ্টার প্রাইজ বা শৈল্পিক সংস্থা যা 13 তম পরিশিষ্ঠে বর্ণিত বস্তুগুলি বাদ দিয়ে কোন অন্য বস্তু বা 14 তম পরিশিষ্ঠে বর্ণিত বস্তুগুলি উৎপাদন করে এবং যা এইসম্পর্কিত জ্ঞাপিত কিছু বিশেষ ক্ষেত্রে লেগে থাকে তবে তা উত্তর-পূর্ব রাজ্যের শিল্পের জন্য 10 কর-নির্ধারিণ বর্ষ পর্যন্ত পূর্ণ কর মুক্তির সুবিধা পেয়ে থাকে। নতুন শিল্প ছাড়াও শিল্পের ক্ষেত্রে যদি উল্লেখযোগ্য বিস্তার ঘটে (মেশিনারী বা স্বয়ংক্রিয় নিয়োগে কমপক্ষে 50% বৃদ্ধি) তবে কর-মুক্তি পাওয়া যাবে। উত্তরাঞ্চল এবং হিমাচল প্রদেশে সৃষ্ট শিল্পের জন্য শুধুমাত্র 5 কর-নির্ধারিণ বছরের ক্ষেত্রে 100% কর মুক্ত থাকবে, তারপর পরবর্তী 5 বছরের জন্য 25% ছাড় (কম্পানীগুরি জন্য 30 শতাংশ প্রাপ্ত হবে। এটি কর মুক্ত আর্থিক আইন, 2003-এ ঘোষণা করা হয়েছে।

Assets : Productive :

(সম্পত্তি ঃ উৎপাদক)

কর-নির্ধারিণ বর্ষ 1993-94-র পর উৎপাদক সম্পত্তিতে অর্থ নিয়োগ করা খুবই লাভজনক হয়ে উঠেছে। এর মূল কারণ হল ব্যক্তি এবং অবিভাজিত হিন্দু পরিবারের জন্য বিশেষ করে অধিক সুবিধা দেওয়া হয়েছে, তাহলো তারা নিজেদের টাকা এমন সম্পত্তিতে নিয়োগ করতে পারে, যেমন, ক্রম স্থানের জন্য অফিস ঘর বা দোকান বা গোদাম বা ফ্যাক্টারী বা ব্যবসায়িক স্থান বা ফ্যাক্টরী জোন বা বসবাস যোগ্য বাড়ী যাতে কম পক্ষে 300 দিন ভাড়া থাকতে হবে বা ব্যবসায়িক প্রতিস্ঠান বা দল প্রভৃতি। একই ভাবে নির্দিস্ট সময়ের জন্য ব্যাঙ্কে সঞ্চিত অর্থ বা ইউ.টি.আই.-এর ইউনিটে, বা ব্যক্তিগত ঋণে বা পাবলিক প্রভিডেন্ট ফাণ্ডে, মিউচ্যুয়াল ফাণ্ডের ইউনিটে, শেয়ারে এবং ঋণ-পত্রে তথা ব্যক্তিগত ব্যাবসা বাণিজ্যে বা অংশীদায়ী ব্যবসায় নিয়োগের ক্ষেত্রে কোন সম্পত্তি কর লাগেনা, কোন কম্পানীও এইভাবে ব্যক্তিগত সম্পত্তি রাখতেই পারে, তার উপর কোন রকম সম্পত্তি-কর লাগবে না।

2013 - 14 সালের আর্থিক বর্ষে বিত্ত অধিনিয়ম 2012 সাল অনুসারে গুরুত্বপূর্ণ আয়কর সংশোধন

01. নতুন আয়কর স্তর (স্ল্যাব) এবং আয়কর ছাড়ের সীমা

পুরুষ এবং মহিলাদের জন্য মূলভূত আয়কর ছাড় 2,00,000 টাকা হবে। সুতরাং মহিলা করদাতাদের জন্য বেশী আয়কর ছাড়ের বিশেষ কোন ব্যবস্থা থাকবে না। আর্থিক বর্ষ 2012 - 2013-তে অর্জিত আয়ের জন্য নীচের আয়কর স্ল্যাব প্রযোজ্য হবে ঃ

2,00,000 টাকা পর্যন্ত কিছু নয়
2,00,000 টাকা থেকে 5,00,000 টাকা পর্যন্ত 10 শতাংশ
5,00,000 টাকা থেকে 10,00,000 টাকা পর্যন্ত 20 শতাংশ
10,00,000 টাকার থেকে বেশী 30 শতাংশ

02. জীবন বীমা পলিসি এবং এ্যাশিয়োর্ড অর্থ

01-লা এপ্রিল, 2012-র পরে নতুন জীবন বীমা পলিসি নেওয়া ব্যক্তিদের এটা সুনিশ্চিত করে নেওয়া উচিত যে, নতুন নেওয়া জীবন বীমা পলিসির প্রীমিয়াম যেন এ্যাশিয়োর্ড অর্থের 10 শতাংশের থেকে বেশী না হয়... কারণ কেবল এই অর্থের সীমা পর্যন্তই কর লাভ প্রযোজ্য হবে। সেই প্রকার জীবন বীমা পলিসির ম্যাচিয়োরিটি (নির্দিষ্ট মেয়াদ শেষ হওয়ার পরে)-র পরে প্রাপ্ত অর্থও আয়কর থেকে ছাড় একমাত্র তখনই প্রাপ্ত করতে পারবে... যখন পেমেন্ট করা প্রীমিয়াম এ্যাশিয়োর্ড অর্থের থেকে 10 শতাংশ কম হবে।

03. ট্যাক্স অডিটের সীমায় বৃদ্ধি

বিজনেসে 1 কোটি টাকা পর্যন্ত টার্ণওভার প্রাপ্ত করা ব্যক্তির ক্ষেত্রে কোন কর বা ট্যাক্স অডিট হবে না। এই প্রকার 25 লক্ষ টাকা পর্যন্ত সকল শুল্ক (গ্রস ফীস্)-য়ের পেশাদার ব্যক্তিদের ক্ষেত্রেও কোন ট্যাক্স অডিট হবে না।

04. প্রীজেম্পটিভ ট্যাক্সের জন্য টার্ণওভার সীমায় বৃদ্ধি

বিজনেস করতে থাকা ব্যক্তিদের ক্ষেত্রে প্রীজেম্পটিভ ট্যাক্স (উপধারণাত্মক কর)-য়ের ব্যবস্থা 1 কোটি টাকার টার্ণওভারের ব্যক্তিদের ক্ষেত্রে বৃদ্ধি পাবে। সুতরাং যদি কোন ব্যক্তির টার্ণওভার 1 কোটি টাকা হয়... তাহলে তাঁকে টার্ণওভারের 8 শতাংশের সমান আয়ের ওপরে যুক্ত করা আয়করই প্রদান করতে হবে।

05. সেভিংস ব্যাংক এ্যাকাউন্ট দ্বারা সুদে ছাড়

ব্যাংক, কো-অপারেটিভ সোসাইটি এবং ডাকঘরে খোলা সেভিংস ব্যাংক এ্যাকাউন্টে জমা করা অর্থের সম্বন্ধে সুদের রূপে প্রাপ্ত 10,000 টাকা / প্রতি বছর পর্যন্ত আয়ের ওপরে আয়করে ছাড় প্রাপ্ত হবে।

06. নিবারক স্বাস্থ্য পরীক্ষার ওপরে করা খরচ কর কম করে

নিবারক বা সুরক্ষাত্মক স্বাস্থ্য পরীক্ষা (প্রীভেন্টিভ হেল্‌থ চেক-আপ)-য়ের জন্য করা খরচের ওপরে অধিকতম স্বীকার্য অর্থের অন্তর্গত করে ছাড় সম্বন্ধীয় দাবী জানানো যেতে পারবে।

07. নগদ পেমেন্ট করা ডোনেশনের ওপরে করে কোন ছাড় নেই

10,000 টাকার বেশী নগদ ডোনেশন (দান)-য়ের ওরে আয়কর অধিনিয়ম, 1961-র ধারা

80 (জি)-র অন্তর্গত কর সম্বন্ধীয় কোন ছাড় পাওয়া যাবে না। এই প্রকারে ধারা 80 (জিজিএ) অনুসারে, যদি নগদ ছাড়া অন্য কোন রূপে পেমেন্ট করা অনুদান 10,000 টাকার সীমার থেকে বেশী হয়... তাহলে বৈজ্ঞানিক অনুসন্ধান অথবা গ্রামীণ বিকাশের জন্য প্রদান করা বিশেষ ডোনেশনের ওপরেও করে কোন প্রকারের ছাড় পাওয়া যাবে না।

08. হিন্দু অবিভাজিত আত্মীয়দের জন্য কর-লাভ

হিন্দু অবিভাজিত আত্মীয় (হফ) দ্বারা 'কোন কর নয়' সম্বন্ধিত ব্যবস্থার লাভ এখন হফ্ দ্বারা কৃষি জমির বিক্রয়ের সম্বন্ধে প্রযোজ্য হবে। যদি হফ্ দ্বারা নিজের পরিবারের সদস্যদের থেকে কোন উপহার প্রাপ্ত হয়... তাহলে সেটাকে উপহার হিসেবে গন্য করা হবে না। এই প্রকারে, যদি কোন হফ্ জমি বিক্রয় করেন আর তার থেকে প্রাপ্ত পুঁজি অন্য কোন জমি প্রাপ্ত করতে নিবেশ করেন... তাহলে এমন পরিস্থিতিতে হফের ওপরে কোন দেনদারী থাকবে না এবং তিনি আয়কর অধিনিয়ম, 1961-র ধারা 54 (বি) অনুসারে কর বাঁচাতে সক্ষম হবেন।

09. সিনীয়র সিটিজেনদের ক্ষেত্রে সুখকর কর ব্যবস্থা

সিনীয়র সিটিজেনরা এ্যাডভান্স ট্যাক্স অর্থাৎ অগ্রিম কর প্রদান করতে বাধ্য থাকবেন না। সুতরাং এই কর সিনীয়র সিটিজেন দ্বারা আয়কর রিটার্ন দাখিল করার সময় দেওয়া যেতে পারবে। সিনীয়র সিটিজেন সম্বন্ধীয় সেভিংস প্ল্যানের ওসরে সুদও 9.3 শতাংশ পর্যন্ত বাড়িয়ে দেওয়া হয়েছে।

10. বুলিয়ন এবং জুয়েলারীর নগদ বিক্রয়ের ওপরে, উৎস থেকে সংগৃহিত কর

বুলিয়ন (সোনা-রূপোর ধাতুখণ্ড) এবং জুয়েলারী ক্ষেত্রে নগদ লেন-দেনের মাত্রা কম করার উদ্দেশ্যে এবং বুলিয়ন আর জুয়েলারী ক্ষেত্রের ব্যবসা তন্ত্রে বেহিসাবী (খাতায় না লেখা) অর্থের প্রবাহকে নিয়ন্ত্রিত করার জন্য বুলিয়ন আর জুয়েলারী বিক্রেতারা বুলিয়ন আর জুয়েলারীর প্রতিটি খরিদ্দারের থেকে 1 শতাংশ হারে বিক্রয় কর সংগ্রহ করবেন... যেখানে বিচারাধীন বিক্রয় দু লক্ষ টাকার থেকে বেশী হবে অথবা জুয়েলারী নগদ রূপে পাঁচ লক্ষ টাকার থেকে বেশী হবে আর সেই বিক্রয় নগদ টাকায় হবে। এজন্য যতটা সম্ভব, জুয়েলারী নগদ টাকা দিয়ে কিনবেন না... বরং ক্রেডিট কার্ড বা চেক দ্বারা পেমেন্ট করে জুয়েলারী কেনাটা ভালো হবে। কিন্তু, দশ গ্রাম বা তার থেকে কম ওজনের মুদ্রা বা অন্য কোন প্রকারের উৎপাদনকে বুলিয়ন বিক্রয়ের অন্তর্গত মানা হবে না।

11. আবাসিক সম্পত্তির হস্তান্তরণের ওপরে কোন পুঁজি অভিলাভ কর (ক্যাপিটাল গেন ট্যাক্স) হবে না... যদি সেটা ছোট বা মাঝারী শিল্পের নির্মাণে নিবেশ করা হয়ে থাকে

বিত্ত অধিনিয়ম, 2012 অনুসারে আয়কর অধিনিয়মে এক নতুন ধারা 54 (জিবি) যুক্ত করা হয়েছে... যেটা নির্মাণ ক্ষেত্রে ছোট বা মাঝারী শিল্পের নতুন কোম্পানী শুরু করার সাম্যতা (ইক্যুইটি) প্রাপ্ত করতে বিচারাধীন পুনর্নিবেশ থেকে ছাড় প্রদান করে... যেটার উপযোগ কোম্পানী দ্বারা নতুন প্ল্যান্ট (ইউনিট) আর মেশিনারী কেনার কাজে করা হয়ে থাকে। এমন লাভ প্রাপ্ত করা সম্বন্ধীয় কিছু প্রমুখ শর্ত হচ্ছে এই প্রকার :

(01) কোন ছোট বা মাঝারী শিল্পের কোম্পানীতে ইক্যুইটি শেয়ারে অভিদান (সাবস্ক্রিপশন)-য়ের জন্য, ধারা 139-র উপধারা (01)-য়ের অন্তর্গত আয়ের বিবরণী দেওয়ার অন্তিম তারিখের আগে ব্যক্তি বা হফ্ দ্বারা নেট বিচারাধীন অর্থের উপযোগ করা হয়েছে...যাতে তিনি 50 শতাংশের বেশী শেয়ার পুঁজি বা 50 শতাংশের বেশী মতদানের অধিকার রাখেন।

(02) কোন ছোট বা মাঝারী শিল্পের কোম্পানী দ্বারা ইক্যুইটি শেয়ারে সাবস্ক্রিপশনের তারিখের এক বছরের মধ্যে সাবস্ক্রিপশনের অর্থ শেয়ার পুঁজির রূপে, নতুন ইউনিট আর মেশিনারী কেনার জন্য উপযোগ করা হয়।

(03) যদি ছোট বা মাঝারী শিল্পের কোম্পানীতে ইক্যুইটি শেয়ারের রূপে অভিদান

(সাবস্ক্রিপশন)-য়ের নেট বিচারাধীন অর্থ, ব্যক্তি বা হফ দ্বারা রিটার্ন দাখিল করার অন্তিম তারিখের আগে ইউনিট আর মেশিনারী কেনার কাজে উপযোগ না করা হয়... তাহলে এই উপযোগ না করা অর্থকে নির্দিস্ট জমা যোজনায় জমা করে দেওয়া হবে।

(04) 05 বছর মেয়াদের জন্য কোম্পানীর শেয়ার হস্তান্তরণ (ট্রান্সফার) আটকাতে এবং ইউনিট আর মেশিনারীকে উপযুক্ত সুরক্ষা প্রদান করার দৃষ্টিতে, এই ফাণ্ডের অপযোজন আটকানো সম্বন্ধীয় ব্যবস্থা প্রস্তাবিত রয়েছে। এছাড়া, এগুলোর মধ্যে যে কোন একটা শর্তের উল্লংঘন হলে পুঁজিগত অভিলাভ (ক্যাপিটাল গেন) করযোগ্য হবে।

(05) 31-শে মার্চ, 2017 বা তার আগে আবাসিক সম্পত্তির যে কোন হস্তান্তরণের মামলায় ছাড় দেওয়া হবে।

উপরোক্ত বর্ণিত কর লাভ কেবল আবাসিক সম্পত্তি, যেমন – ভবন বা ভূখণ্ড-য়ের বিক্রয়ে প্রাপ্ত দীর্ঘ মেয়াদী অভিলাভের সম্বন্ধেই প্রযোজ্য হবে।

12. অস্পষ্টীকৃত নিবেশের ওপরে করাধান

যদি 01-লা এপ্রিল, 2012 বা তার পরে গৃহ-সম্পত্তিতে কোন অস্পষ্টীকৃত নিবেশ করা হয়... তাহলে ধারা 115 (বিবিই)-র অন্তর্গত ব্যবস্থা অনুসারে 30 শতাংশ হারে আয়কর লাগানো হবে। এজন্য সকল করদাতাকে বিশেষ করে নিবেশ সম্বন্ধীয় লেন-দেনে সাবধানতা অবলম্বন করার এবং কোন প্রকারের অস্পষ্টীকৃত নিবেশ না করার পরামর্শ দেওয়া হচ্ছে। অন্যথা এমন ব্যক্তির ওপরে আয়করের বিরাট বোঝা চেপে বসবে। এই প্রকার, অস্পষ্টীকৃত নগদ ধার (ক্যাশ ক্রেডিট), অস্পষ্টীকৃত নিবেশ ইত্যাদিও 30 শতাংশ হারে কর যোগ্য হবে।

13. ভারতের বাইরে অবস্থিত পরিসম্পত্তির সম্বন্ধে আয়কর রিটার্ন দাখিল করাটা অনিবার্য

বিত্ত অধিনিয়ম, 2012 অনুসারে আয়কর অধিনিয়মের ধারা 139-তে সংশোধন করা হয়েছে... যার দ্বারা সেই সব (ভারতীয়) নিবাসীদের জন্য আয়কর রিটার্ন দাখিল করাকে অনিবার্য করে তোলা হয়েছে... যাঁদের ভারতের বাইরে কোন সম্পত্তি (যে কোন রূপে আর্থিক অভিরুচি সমেত) রয়েছে বা তিনি ভারতের বাইরে অবস্থিত যে কোন এ্যাকাউন্টে হস্তাক্ষর করার জন্য অথরাইজড। এমন যে কোন নিবাসী দ্বারা এই তথ্যের ওপরে বিচার না করে যে, সেই করদাতা নিবাসীর আয় কর যোগ্য কি না... রিটার্ন দাখিল করাটা অনিবার্য হবে। এই প্রকার, যেখানে ভারতের বাইরে কোন পরিসম্পত্তির সম্বন্ধে আয় এবং তার ওপরে প্রযোজ্য কর নির্দ্ধারণ করা বাদ পড়ে গেছে... সেখানে 16 বছরের নির্দ্ধারণ এবং পুনরায় এ্যাকাউন্ট খোলার জন্য নোটিশ জারী করার সম্বন্ধে উপবন্ধের জন্য আয়কর আইনে সংশোধন করা হয়েছে।

14. ইক্যুইটি শেয়ারে নেওয়া নিবেশের সম্বন্ধে ছাড়

বিত্ত অধিনিয়ম, 2012 নির্দ্ধারণ বর্ষ 2013 - 14-র সম্বন্ধে, আর্থিক বর্ষ 2012 - 13 থেকে এক নতুন ধারা 80 (সিসিজি)-কে শামিল করেছে। এই নতুন ধারা অনুসারে যদি কোন একক ব্যক্তি আর্থিক বর্ষ 2012 - 13-তে সূচীবদ্ধ (লিস্টেড) ইক্যুইটি শেয়ার প্রাপ্ত করে থাকেন... তাহলে তিনি করে ছাড় প্রাপ্ত করবেন। এই প্রকারে, এই ছাড় বিশেষ রূপে কেবল দেশে বসবাসকারী করদাতাদের ক্ষেত্রেই প্রযোজ্য হবে... প্রবাসী করদাতা ব্যক্তিদের ক্ষেত্রে নয়। সুতরাং কোন প্রবাসী ভারতীয় ব্যক্তি যদি ভারতে নিজের আয়কর রিটার্ন দাখিল করেন... তাহলে তিনি এই নতুন ব্যবস্থার অন্তর্গত করে কোন প্রকারের ছাড়ের দাবী জানাতে পারবেন না... কারণ এই নতুন ধারা 80 (সিসিজি) বিশেষ রূপে এটা স্পষ্ট করে যে, এর অন্তর্গত উল্লেখিত করে ছাড় কেবলমাত্র ভারতে বসবাসকারী করদাতা ব্যক্তিরই প্রাপ্ত হবে। এই প্রকারে এই ছাড় হিন্দু অবিভাজিত পরিবারেরও প্রাপ্ত হবে না।

ইক্যুইটি শেয়ারে করা নিবেশের সম্বন্ধে প্রদত্ত ছাড়, এই প্রকারের ইক্যুইটি শেয়ারে নিবেশ

করা অর্থের 50 শতাংশ হারে দেয় হবে এবং এই অধিকতম ছাড় 25,000 টাকা পর্যন্তই হবে। এই প্রকারে, এটা সম্পূর্ণ রূপে স্পষ্ট হয়ে ওঠে যে, কোন ব্যক্তি এক বছরে কেবল সূচীবদ্ধ কোম্পানীর ইক্যুইটি শেয়ারে সর্বাধিক 50,000 টাকা পর্যন্তই নিবেশ করতে পারবেন আর 25,000 টাকা পর্যন্তের কর ছাড়ের লাভ ওঠাতে পারবেন। এই প্রকারে যদি কোন ব্যক্তি 50,000 টাকার থেকে বেশী নিবেশ করে থাকেন... তখনও এই ছাড়ের সীমা 25,000 টাকা পর্যন্তই থাকবে। এই নতুন ধারায় এটাও স্পষ্ট করে দেওয়া হয়েছে যে, যদি কোন নিদ্ধারিতী করে ছাড়ের দাবী জানান আর তিনি এই ধারার অন্তর্গত যে কোন বছরের জন্য, যে কোন অর্থের সম্বন্ধে ছাড় প্রাপ্ত করার অধিকারীও হন... তাহলেও আগামী নিদ্ধারণ বর্ষে তাঁকে এই ধারার অন্তর্গত কোন প্রকারের ছাড় প্রদান করা হবে না।

এই নতুন ধারা 80 (সিসিজি)-তে নিম্ন প্রমুখ শর্তগুলোরও উল্লেখ করা হয়েছে আর যে কোন ব্যক্তির পক্ষে, এই নতুন ধারার সম্বন্ধে করে ছাড়ের দাবী জানানোর জন্য নীচের শর্তগুলোর পালন করাটা অনিবার্য ঃ

(i) সম্বন্ধিত নিদ্ধারণ বর্ষের জন্য নিদ্ধারিতীর মোট আয় 10,00,000 টাকার থেকে বেশী হওয়া উচিত নয়। যদি নিদ্ধারিতীর মোট আয় 10,00,000 টাকার থেকে বেশী হয়ে পড়ে... তাহলে এমন পরিস্থিতিতে, তিনি নিদ্ধারিক ইক্যুইটি শেয়ারে নিজের দ্বারা নিবেশের সম্বন্ধে করে ছাড়ের লাভ ওঠাতে পারবেন না।

(ii) উপরোক্ত ধারার সম্বন্ধে করে ছাড়ের দাবী জানাতে থাকা নিদ্ধারিতীর একক খুচরো নিবেশক (ইণ্ডিভিজুয়াল রিটেল ইনভেস্টর) হওয়া উচিত... যাঁর বিস্তৃত বিবরণ সরকার দ্বারা সেই সময় নির্দিষ্ট করে দেওয়া হবে, যখন বিস্তৃত যোজনার প্রারূপ তৈরী করা হবে।

(iii) কোন ব্যক্তি দ্বারা কেবল এই প্রকারের সূচীবদ্ধ ইক্যুইটি শেয়ারে করা নিবেশ (যেটা কোন বিস্তৃত যোজনা দ্বারা নির্দিষ্ট হবে)-র ঘোষণা পরের কোন তারিখে করা হবে।

(iv) ইক্যুইটি শেয়ারে করা নিবেশ – এই সময়ে করা ঘোষিত বিস্তৃত যোজনার সম্বন্ধে, শেয়ার প্রাপ্ত করার তারিখ থেকে শুরু করে ন্যূনতম তিন বছরের মেয়াদের জন্য লক্ হয়ে পড়ে।

(v) এই সম্বন্ধে ভারত সরকার দ্বারা নিদ্ধারিত অন্য কোন শর্তও প্রযোজ্য হবে।

এই নতুন ধারায় এটাও নির্দিষ্ট করা হয়েছে যে, যদি কোন আর্থিক বছরে, কোন একক নিদ্ধারিতী উপরোক্ত বর্ণিত কোন শর্তের পালন করতে অসমর্থ হয়ে পড়েন... তাহলে সেই পরিস্থিতিতে মূল রূপে যে কর ছাড় দেয় ছিল, সেই বছরে সেটাকেও নিদ্ধারিতীর আয়ের অংশ হিসেবে মানা হবে... যে বছরে তিনি উপরোক্ত কোন শর্তের পালন করতে পারবেন না। যেমন – আমরা এমনই এক শর্ত দেখেছি যে, ইক্যুইটি শেয়ার কেনার দিন থেকে তাতে করা নিবেশ তিন বছর মেয়াদের জন্য লক্ হয়ে পড়বে আর বিশেষ রূপে একক করদাতা কোন কারণে যদি সেই শেয়ার তিন বছর মেয়াদ শেষ হওয়ার আগেই বিক্রী করে দেন... তাহলে তেমন পরিস্থিতিতে মূল রূপে দেয় করে ছাড়কে নিদ্ধারিতীর আয়ের রূপে যুক্ত করা হবে আর তার ওপরে কর লাগবে।

সুতরাং সকল করদাতাদের সেই বিস্তৃত যোজনা দেখার পরামর্শ দেওয়া হচ্ছে... যার রূপরেখা, সেই সময় সরকার দ্বারা তৈরী করা হবে। তবুও, ধারা 80 (সিসিজি)-র অন্তর্গত এই নতুন কর ছাড় নিশ্চিত রূপে সেই সব ব্যক্তিদের পক্ষে কর নিবেশ নীতির এক প্রেরক ভাগ হিসেবে প্রমাণিত হবে... যাঁরা স্টক মার্কেটে নিবেশ করতে সংকোচ অনুভব করেন।

15. প্রবাসী ভারতীয়দের দ্বারা অ-সূচীবদ্ধ সিকিউরিটির ওপরে পুঁজিগত লাভ

বিত্ত অধিনিয়ম, 2012 দ্বারা ধারা 112-তে করা সংশোধন অনুসারে, কোন অ-সূচীবদ্ধ (আনলিস্টেড) সিকিউরিটির ওপরে হওয়া দীর্ঘমেয়াদী পুঁজিগত লাভের ওপরে, কোন প্রবাসী ভারতীয় (কোম্পানী নয়) বা বিনা সূচকাঙ্ক লাভের কোন বিদেশী কোম্পানীর ওপরে আয়কর 10 শতাংশ হবে।

– সুভাষ লখোটিয়া